中国法院2025年度案例

国家法官学院　最高人民法院司法案例研究院 / 编

行政纠纷

中国法治出版社
CHINA LEGAL PUBLISHING HOUSE

《中国法院2025年度案例》通讯编辑名单

刘晓虹　北京市高级人民法院
王　凯　北京市高级人民法院
张　荷　天津市高级人民法院
徐翠翠　河北省高级人民法院
崔铮亮　山西省高级人民法院
杨钰奇　内蒙古自治区高级人民法院
张　健　辽宁省高级人民法院
苏　浩　吉林省高级人民法院
桑　松　黑龙江省高级人民法院
张　蕾　上海市高级人民法院
左一凡　江苏省高级人民法院
冯禹源　江苏省南通市中级人民法院
宋婉龄　江苏省无锡市中级人民法院
李　波　浙江省高级人民法院
刘伟玲　安徽省高级人民法院
林冬颖　福建省高级人民法院
杨云欣　江西省高级人民法院
李璐璐　山东省高级人民法院
卓峻帆　河南省高级人民法院
吴　杨　湖北省高级人民法院
唐　竞　湖南省高级人民法院
邵静红　广东省高级人民法院
邹尚忠　广西壮族自治区高级人民法院
韦丹萍　广西壮族自治区高级人民法院
黄文楠　海南省高级人民法院
吴　小　重庆市高级人民法院
任　梦　四川省高级人民法院
颜　源　贵州省高级人民法院
戚　雷　贵州省贵阳市中级人民法院
李丽玲　云南省高级人民法院
赵鸿章　云南省昆明市中级人民法院
索朗达杰　西藏自治区高级人民法院
郑亚非　陕西省高级人民法院
吴　莹　甘肃省高级人民法院
王　晶　青海省高级人民法院
马博文　宁夏回族自治区高级人民法院
石孝能　新疆维吾尔自治区高级人民法院
李　冰　新疆维吾尔自治区高级人民法院生产建设兵团分院

序

为深入学习贯彻习近平法治思想，落实习近平总书记“一个案例胜过一打文件”的重要指示精神，人民法院始终把完善中国特色案例制度，加强以案释法作为推进全面依法治国、支撑和服务中国式现代化的重要途径。人民法院案例库向社会开放一年多来，最高人民法院始终坚持高标准建设，实现入库案例对常见案由和罪名全覆盖，对于促进法律适用统一，实现严格公正司法发挥了重要作用。

“中国法院年度案例系列”丛书以及时记录人民法院司法审判工作新发展、新成就为己任，通过总结提炼典型案例的裁判规则、裁判方法和裁判理念，发挥案例鲜活生动、针对性强的优势，以案释法，以点带面，有针对性地阐释法律条文和立法精神，促进社会公众通过案例更加方便地学习法律，领悟法治精神，体现司法规范、指导、评价、引领的重要作用，大力弘扬社会主义核心价值观，积极服务人民法院案例库建设，加强对案例库案例的研究，促进统一法律适用，提升审判质效，丰富实践法学研究，增强全民法治意识和法治素养，展现新时代我国法治建设新成就。

“中国法院年度案例系列”丛书自2012年编辑出版以来，已连续出版13年，受到读者广泛好评。为更加全面地反映我国司法审判执行工作的发展进程，顺应审判执行实践需要，响应读者需求，丛书于2014年度新增金融纠纷、行政纠纷、刑事案例3个分册，2015年度将刑事案例调整为刑法总则案例、刑法分则案例2个分册，2016年度新增知识产权纠纷分册，2017年度新增执行案例分册，2018年度将刑事案例扩充为4个分册，2022年度将土地纠纷（含林地纠纷）分册改为土地纠纷（含环境资源纠纷）分册。自2020年起，丛书由国家法官学院与最高人民法院司法案例研究院共同编辑，每年年初定期出版。在全国各级人民法院的大力支持下，丛书编委会现编辑出版《中国法院2025年度案例系列》丛书，共23册。

“中国法院年度案例系列”丛书以开放务实的态度、简洁明快的风格，在编辑过程中坚持以下方法，努力让案例书籍“好读有用”：一是高度提炼案例内容，控制案例篇幅，每个案例字数基本在3000字左右；二是突出争议焦点，力求在有限的篇幅内为读者提供更多有效信息，便于读者快速抓取案例要点；三是注重释法说理，案例由法官撰写“法官后语”，高度提炼、总结案例的指导价值，引发读者思考，为司法审判提供借鉴，为法学研究提供启迪。

“中国法院年度案例系列”丛书编辑工作坚持以下原则：一是以研究案例库案例为首要任务。自2024年起，“中国法院年度案例系列”丛书优先选用人民法院案例库案例作为研究对象，力求对案例库案例裁判要旨的基本内涵、价值导向、法理基础、适用要点等进行深入分析，增强丛书的权威性、参考性。二是广泛选编案例。国家法官学院和最高人民法院司法案例研究院每年通过各高级人民法院从辖区法院汇集上一年度审结的典型案例近万件，使丛书有广泛的精选基础，通过优中选优，可提供给读者新近发生的多种类型的典型、疑难案例。三是方便读者检索。丛书坚持以读者为本，做到分卷细化，每卷案例主要根据案由或罪名分类编排，每个案例用一句话概括裁判要旨或焦点问题作为主标题，让读者一目了然，迅速找到目标案例。

中国法治出版社始终全力支持“中国法院年度案例系列”丛书的出版，给了编者们巨大的鼓励。2025年，丛书将继续提供数据库增值服务。购买本系列丛书，扫描腰封二维码，即可在本年度免费查阅往年同类案例数据库。我们在此谨表谢忱，并希望通过共同努力，逐步完善，做得更好，探索出一条充分挖掘好、宣传好人民法院案例库案例和其他典型案例价值的新路，为广大法律工作者和社会公众提供权威、鲜活、精准的办案参考、研究素材，更好地服务司法审判实践、服务法学教育研究、服务法治中国建设。

“中国法院年度案例系列”丛书既是法官、检察官、律师等法律工作者的办案参考和司法人员培训辅助教材，也是社会大众学法用法的经典案例读本，同时为教学科研机构开展案例研究提供了良好的系列素材。当然，编者们在编写过程中也难以一步到位实现目标愿景，客观上会存在各种不足甚至错误，欢迎读者批评指正。我们诚心听取各方建议，立足提质增效，不断拓宽司法案例研究领域，创新司法案例研究方法，助推实现中国特色司法案例研究事业的高质量发展。

国家法官学院　最高人民法院司法案例研究院

2025 年 3 月

目　录

Contents

一、行政处罚

二、行政强制执行

三、行政许可

四、行政登记

五、行政确认

六、政府信息公开

七、行政协议

八、行政补偿

九、其　他

一、行政处罚

1

知识产权民事侵权责任的免除不影响行政责任的承担

——某水泥公司诉某市市场监督管理局行政处罚案

【案件基本信息】

1. 裁判书字号

广西壮族自治区贵港市覃塘区人民法院（2023）桂0804行初7号行政判决书

2. 案由：行政处罚纠纷

3. 当事人

原告：某水泥公司

被告：某市市场监督管理局（以下简称某市市监局）

【基本案情】

某水泥公司持有“名×”商标，核定使用商品/服务第19类，在专用权保护期限内。某水泥公司持有的商标曾被多次授予荣誉。案外人某某公司控股（香港）有限公司（以下简称某公司）经核准注册了“王牌××”商标，核定使用商品/服务第19类建筑用木材、混凝土、石膏、水泥、砖、石棉灰泥等，专用权期限为2018年1月14日至2028年1月13日。某市市监局接到报案线索后，于 2022 年 4 月 28 日、5 月 5 日，到某水泥公司生产车间进行检查，发现某水泥公司使用印有“王牌××”字样的水泥包装袋，并封存某水泥公司印有“王牌××”字样的包装袋 2905 条。同年 5 月，某市市监局到桂平市某亿水泥店进行检查，并对该店经营者进行询问，确认其店内售卖的印有“名×”及“王牌××”等字样的白水泥是其从某水泥公司处购进。后某市市监局还先后询问了某水泥公司的办公室主任兰某良、员工吴某梅。同年 6 月 23 日，某市市监局送达行政处罚告知书给某水泥公司，告知拟处罚内容、事实及理由，并告知某水泥公司有权陈述、申辩、要求听证。同年 7 月 22 日，某市市监局举行了听证会。同年 8 月 17 日，某市市监局作出行政处罚决定书。该处罚决定书已于 2022 年 8 月 18 日送达给某水泥公司。某水泥公司已缴纳罚款 150000 元。某水泥公司对某市市监局的行政处罚决定不服，于 2023 年 1 月 28 日诉至桂平市人民法院，该院于 2023 年 3 月 16 日开庭审理本案，后于同年 4 月 25 日以本案属知识产权行政纠纷为由将本案移送贵港市覃塘区人民法院处理。

【案件焦点】

民事侵权责任的免除是否影响行政责任的承担。

【法院裁判要旨】①

广西壮族自治区贵港市覃塘区人民法院经审理认为：某市市监局作为工商行政管理部门，具有对某水泥公司涉嫌侵犯他人注册商标专用权的行为进行查处的法定职责。即使某水泥公司与某公司存在其他商业合作关系，某公司自愿放弃追究某水泥公司的民事责任，也不妨碍某市市监局依法履行法定职责，对本案进行取证调查、作出行政处罚。虽某水泥公司已同时在包装袋上使用了其自有商标，但该使用未起到识别商品来源的作用，不足以避免相关公众的混淆误认。某水泥公司未经某公司的许可，在水泥包装袋正中间使用的“王牌××”字样，字体较大且位置醒目，客观上能起到识别商品来源的

---

① 本书【法院裁判要旨】适用的法律法规等条文均为案件裁判当时有效，下文不再对此进行提示。

作用，易使相关公众对该水泥商品的来源产生误认或者认为其来源与某公司的“王牌××”商标商品有特定联系，构成商标性使用，已侵犯了某公司的“王牌××”商标专用权。某市市监局对某水泥公司的案涉违法行为立案调查后，认定某水泥公司的侵权行为成立，进行了行政处罚告知，召开了听证会，听取了某水泥公司的申辩、陈述后作出的被诉行政处罚决定，证据确凿，适用法律、法规正确，符合法定程序，应予维持。某市市监局在作出被诉行政处罚前已就某水泥公司的违法经营额进行了充分调查取证，但因某水泥公司在销售带有“王牌××”字样的白水泥时未作单独登记、统计，导致某市市监局对某水泥公司的违法经营额无法具体计算。庭审中，对于某水泥公司销售带有“王牌××”字样的白水泥所得经营额，双方再次明确表示无法计算。结合某水泥公司的经营情况、销售时间、包装袋数量、已销售情况以及某水泥公司配合调查等情况，某市市监局根据《中华人民共和国商标法》第六十条第二款的规定，对某水泥公司处以150000元的罚款合法、适当，故法院对某水泥公司的主张不予支持。

广西壮族自治区贵港市覃塘区人民法院判决如下：

驳回原告某水泥公司的全部诉讼请求。

判决后，双方当事人均未上诉，本判决现已生效。

【法官后语】①

企业作为市场经营主体，应当严格遵守《中华人民共和国商标法》等法律的有关规定，诚信经营，发展其自有品牌、增强其品牌辨识度，共同维护市场经营秩序。但当其侵害他人合法商标时，应承担相应的法律责任，如赔偿被侵权人所遭受的损失、被处行政处罚，如构成犯罪的还应承担刑事责任。本案中，主要探讨以下问题：侵权人与注册商标权利人就民事侵权责任达成和解后，行政责任如何承担。

---

① 本书【法官后语】对相关法律问题涉及的法律法规等进行了时效性更新，下文不再对此进行提示。

一、民事责任、行政责任、刑事责任不可互相替代

《中华人民共和国民法典》第一百八十七条规定："民事主体因同一行为应当承担民事责任、行政责任和刑事责任的，承担行政责任或者刑事责任不影响承担民事责任；民事主体的财产不足以支付的，优先用于承担民事责任。"《中华人民共和国行政处罚法》第八条规定："公民、法人或者其他组织因违法行为受到行政处罚，其违法行为对他人造成损害的，应当依法承担民事责任。违法行为构成犯罪，应当依法追究刑事责任的，不得以行政处罚代替刑事处罚。"从上述法律规定中，不难看出，民事责任、行政责任以及刑事责任之间不可相互替代，三者之间是并存的关系，只是存在有优先顺序，故同一个当事人基于同一个行为可能会同时产生民事责任、行政责任以及刑事责任，且均应承担，不能因某一责任的免除而主张不承担其他的责任。例如，本案中，虽然侵权人只实施了一个违法行为，即在同类产品中使用了他人的注册商标，违反了《中华人民共和国商标法》第五十七条第二项、《中华人民共和国商标法实施条例》第七十六条的规定，侵犯了他人的商标专用权，同时产生了民事责任和行政责任。民事责任是在侵权人与被侵权人之间产生，是由于侵犯了被侵权人的注册商标，减损了被侵权人的利益，而需停止侵权行为并对因此造成的损失进行赔偿。而行政责任则是在侵权人与行政机关之间产生，行政机关基于《中华人民共和国商标法》第六十条第二款、第六十一条的规定，享有对侵权人侵犯注册商标专用权的行为进行查处、罚款的职权，并根据侵权人的侵权行为进行行政处罚，由此侵权人就产生了行政责任。以上所述的民事责任与行政责任是并存的关系，侵权人均需承担。

二、民事责任与行政责任的区别

在本案中，主要探索的是民事责任与行政责任之间的关系，民事责任主要是对被侵权人权利的恢复，赔偿或补偿被侵权人所受损失，是一种补偿性法律责任，承担责任的方式有赔偿损失、支付违约金、停止侵权、排除妨碍、消除危险、返还财产、恢复原状以及消除影响和赔礼道歉等，可由双方当事人就具体内容或承担方式进行协商、和解或调解，无须国家机关介入；而行政责任则

是重在维护公共利益和社会秩序，通过行政处罚对侵权人进行惩戒，从而达到减少再次实施违法行为的可能性，主要方式有警告、罚款、行政拘留、没收违法所得、没收非法财物、责令停产停业、暂扣或吊销许可证、暂扣或吊销执照等，是一种惩罚性法律责任，具有强制性。回到本案中，侵权人主张其与被侵权人已经达成和解，被侵权人已经放弃对其进行起诉、主张权利，且没有造成危害性后果，故行政机关不应再对其进行行政处罚。但是根据以上所述，民事责任双方可以自行和解，但行政责任具有惩罚性，目的是对侵权人进行惩戒，避免其再次发生类似行为，维护社会的稳定，具有强制性，系行政机关履行法定职权，故即便侵权人已就民事侵权责任达成和解，仍应承担行政责任，接受因自身违法行为而带来的不利后果。

编写人：广西壮族自治区贵港市覃塘区人民法院　廖坤凤

2

行政处罚中没收违法所得应否扣除经营成本

——某海鲜摊诉某市场监督管理局、某市人民政府行政处罚案

【案件基本信息】

1. 裁判书字号

广西壮族自治区防城港市中级人民法院（2024）桂06行终6号行政判决书

2. 案由：行政处罚纠纷

3. 当事人

原告（上诉人）：某海鲜摊

被告（被上诉人）：某市场监督管理局、某市人民政府

【基本案情】

2023年4月30日，某海鲜摊经营者梁某某在某市国贸市场对面杂货摊购买三台电子计价秤；购买后，其对上述三台电子计价秤称重数值进行调试，按按键“数字9+去皮+单价4”可使2000克砝码在秤具上显示为4.8市斤即折算为2400克。

自2023年5月1日开始，某海鲜摊使用上述调试的三台电子计价秤用于称重销售海鲜交易结算。

2023年5月2日，某市场监督管理局执法人员对某海鲜摊进行计量器具检查，发现某海鲜摊所使用的三台电子计价秤分别用2000克标准砝码检测时均显示为4.8市斤即折算为2400克，电子计价秤所显示重量读数与砝码实际重量不相符，且执法人员对摊前挂的微信收款码所关联的手机微信收款记录检查发现，某海鲜摊于2023年5月1日至2日使用上述三台电子秤期间销售海鲜产品共完成474笔，营业额共计90300.1元。某市场监督管理局执法人员认为某海鲜摊的上述行为涉嫌违反《广西壮族自治区计量条例》第十一条第五项的规定，经某市场监督管理局负责人批准于2023年5月2日立案，同时对上述三台电子计价秤采取先行登记保存措施，并送至某市市场监督管理检验监测中心进行计量鉴定。经鉴定，上述三台电子计价秤的计量安全性显示为不符合。

调查终结后，经某市场监督管理局政策法规部的审核机构负责人法制审核及负责人集体讨论，一致同意对某海鲜摊拟作出如下处罚：（1）没收三台电子计价秤；（2）没收违法所得90300.1元；（3）罚款800元。2023年6月6日，某市场监督管理局向某海鲜摊送达《行政处罚告知书》。2023年6月14日，某市场监督管理局向某海鲜摊送达《行政处罚决定书》。

后某海鲜摊不服上述行政处罚决定，向某市人民政府申请行政复议。2023年9月4日，某市人民政府作出《行政复议决定书》，维持某市场监督管理局《行政处罚决定书》。

【案件焦点】

行政处罚中没收违法所得应否扣除经营成本。

【法院裁判要旨】

广西壮族自治区东兴市人民法院经审理认为：《中华人民共和国行政处罚法》第二十八条第二款规定，当事人有违法所得，除依法应当退赔的外，应当予以没收。违法所得是指实施违法行为所取得的款项。法律、行政法规、部门规章对违法所得的计算另有规定的，从其规定。《中华人民共和国计量法》第二十六条规定，使用不合格的计量器具或者破坏计量器具准确度，给国家和消费者造成损失的，责令赔偿损失，没收计量器具和违法所得，可以并处罚款。

本案中，某海鲜摊于2023年4月30日购买了三台电子秤后进行调试，使得电子秤称量的产品重量显示为实际产品重量的1.2倍，并于2023年5月1日至2日使用上述三台电子秤销售海鲜完成474笔，营业额计90300.1元。某海鲜摊的行为属于以欺骗消费者为目的的故意违法行为，某市场监督管理局对某海鲜摊处罚没收违法所得90300.1元有事实根据和法律依据。关于某市场监督管理局、某市人民政府的法定职权、事实认定、行政程序的合法性审查问题，法院结合案件查明事实予以处理，各方当事人均无异议。

广西壮族自治区东兴市人民法院依照《中华人民共和国行政诉讼法》第六十九条之规定，判决如下：

驳回某海鲜摊的诉讼请求。

某海鲜摊不服，提出上诉。广西壮族自治区防城港市中级人民法院经审理认为：同意一审法院裁判意见。判决如下：

驳回上诉，维持原判。

【法官后语】

"没收违法所得"作为行政处罚的一个类型，其中"违法所得"的范围界定与计算标准问题，在学界与实务界争议较大，系本案中值得研究探讨的重点问题。

一、《中华人民共和国行政处罚法》修订前："违法所得"多种标准并存

2021年《中华人民共和国行政处罚法》修订前，原《中华人民共和国行政处罚法》第二十三条规定，行政机关实施行政处罚时，应当责令当事人改正或

者限期改正违法行为。可见，修订前的《中华人民共和国行政处罚法》对“违法所得”的范围和计算标准并未统一。但根据各部门处罚实践可知：“违法所得”的范围与计算主要存在“收入论”“收益论”和“折中论”三种观点。

“收入论”认为，当事人实施违法行为所取得的一切收入均属“违法所得”。例如，原国家安全监管总局《安全生产违法行为行政处罚办法》第五十八条规定，违法所得包括销售收入、服务收入、报酬等。

“收益论”认为，“违法所得”系当事人实施违法行为所取得的收入扣除成本以后的收益。如原国家工商行政管理总局《工商行政管理机关行政处罚案件违法所得认定办法》第二条“以当事人违法生产、销售商品或者提供服务所获得的全部收入扣除当事人直接用于经营活动的适当的合理支出，为违法所得”。

“折中论”认为，对当事人的“违法所得”，应视具体情况分析，综合考虑行为人的违法目的、主观意图、损害后果等。如行为人明知其行为违反行政法律法规，则应将违法行为持续期间取得的全部收入认定为“违法所得”；如行为人因过失实施违法行为，则仅应将其违法行为持续期间取得的利润认定为“违法所得”。

二、《中华人民共和国行政处罚法》修订后：以违法所得“全部收入”为原则

《中华人民共和国行政处罚法》第二十八条第二款规定，当事人有违法所得，除依法应当退赔的外，应当予以没收。违法所得是指实施违法行为所取得的款项。法律、行政法规、部门规章对违法所得的计算另有规定的，从其规定。此处明确了认定“违法所得”的基本原则与一般标准，即违法所得是指实施违法行为所取得的款项，不扣除成本，体现了“收入论”之观点。

此外，《中华人民共和国行政处罚法》第二十八条第二款在确立“违法所得收入论”这一基本原则的同时，保留了“例外规定”，即“法律、行政法规、部门规章对违法所得的计算另有规定的，从其规定”。考虑到行政执法领域的广泛性、差异性、复杂性，实务中在适用上述规定时应注意以下几点：

首先，应核查被处罚的违法行为属于哪一领域的法规规范，该领域法律、行政法规、部门规章是否有对“违法所得”作专门规定。

其次，若相关领域均无专门规定，则按以下方法处理：一是对于应退赔和已退赔的及已交税款从违法所得中扣除。二是对于违法情节不重、成本过大且清晰而收益不大者，出于比例原则和过罚相当原则考虑，可酌情考虑扣除合理成本。对违法所得可扣除合理成本者，必须采取限缩原则，框定于以下条件：(1) 违法情节不重。重大的或故意实施的违法行为不适用。(2) 成本清晰，可与违法所得相分离，如成本很难计算清楚，可不适用。(3) 其他应考虑扣除成本的情形。实际上此处体现的是“违法所得折中论”。

本案中，某海鲜摊以欺骗消费者为目的，故意使用不合格的计量器具称重销售海鲜，仅两天营业额达 90300.1 元，本案在适用《中华人民共和国行政处罚法》第二十八条第二款时，查阅了计量器具领域的法规规范，在相关法规规范均未对“没收违法所得”如何计算作出细致规定的情况下，同时参考了国家相关部门对计量器具违法案件有关违法所得计算问题的回复所体现的精神。故，认定某市场监督管理局对某海鲜摊的营业额全部予以没收，符合“过罚相当”原则，未违反法律法规规定。

编写人：广西壮族自治区东兴市人民法院　冯建华　徐丽廷　周万林

3

对责任能力欠缺的行政相对人作出不予处罚决定应通知其法定代理人或监护人陪同

——刘某诉某派出所、某区政府不予行政处罚及行政复议案

【案件基本信息】

1. 裁判书字号

北京市第一中级人民法院（2023）京 01 行终 944 号行政判决书

2. 案由：不予行政处罚及行政复议纠纷

3. 当事人

原告（上诉人）：刘某

被告（上诉人）：某派出所

被告：某区政府

【基本案情】

刘某单独租住在位于某市某区公寓A室，其与租住在隔壁B室的邻居常某并不相识。刘某因认为存在噪音等问题，怀疑常某对其进行监控，遂在2021年2月21日20时34分许，刘某走到B室门口，测量B室门宽度及B室与A室的间隔宽度后回到A室。此时常某打开B室门，刘某随即从A室出来用脚触碰了B室门一下。双方发生短暂口角后各自返回屋内。间隔约1分钟后，刘某将一个瓶子放到B室门把手上，并在旁边观察了约2分钟后将瓶子取回，又用手机贴到B室门上播放警报声音。常某打开屋门，刘某用手机对常某进行了拍照。双方再次发生短暂口角后，刘某回到A室。常某随即拨打110电话报警，并到公寓楼外等待民警。在此期间，刘某持刀来到B室门口用手机贴到B室门上播放警报声音。常某听到警报声音后回到楼道内与刘某再次发生口角。在双方口角过程中，刘某实施了用刀拍打自己腿部、持刀放到身后和用刀柄指向常某的动作。常某随即又回到公寓楼外继续等待民警。刘某亦返回A室并关闭室门。

某派出所民警接警后立即出警，将刘某传唤至派出所，同时将常某及公寓管理员黄某一同带回派出所进行询问。

公寓管理员黄某在接受民警询问过程中，如实提供了刘某在公寓登记的紧急联系人信息情况，其中包括刘某的父亲的电话、母亲的电话、姐妹的电话等情况。但民警在传唤刘某后，并未将有关传唤刘某的情况通知刘某的家属。

2021年2月22日，民警对本案制作了《受案登记表》，并向常某出具了《受案回执》。民警组织常某准确对刘某进行了辨认。

2021年3月14日，派出所经上级公安机关批准办理了《呈请延长办案时间审批表》，将本案的治安案件办案时间延长30日。

派出所于2021年3月18日向具有相关鉴定资质的某司法鉴定所出具《鉴定聘请书》，聘请对刘某在案发时的行为责任能力进行鉴定。该司法鉴定所根据派出所的委托，于2021年11月1日出具《司法鉴定意见书》：“……六、鉴定意见：被鉴定人刘某诊断为精神分裂症，案发时处于疾病期，其在实施违法行为时评定为无受治安处罚能力。”派出所于2021年11月4日将鉴定结果通过电话告知方式分别通知了刘某和常某。

派出所于2022年10月12日对刘某作出《不予行政处罚决定书》，主要内容为：现查明2021年2月21日20时许，违法行为人刘某在某区公寓楼道内，手持一把水果刀对邻居进行威胁，后被民警查获。根据《中华人民共和国治安管理处罚法》第十三条的规定，现决定不予行政处罚。同日，民警在派出所内向刘某同时送达《司法鉴定意见书》和《不予行政处罚决定书》。常某亦于当日领取《不予行政处罚决定书》。

2022年12月8日，刘某作为申请人以派出所作为被申请人，向当地的某区政府提交《行政复议申请书》及复议申请材料，复议请求：要求撤销《不予行政处罚决定书》。某区政府于当日受理后，于2022年12月9日向派出所送达《行政复议答复通知书》及《行政复议申请书》副本。派出所于2022年12月16日向某区政府提交《行政复议答复意见书》和证据材料及法律依据。某区政府在2023年2月3日以案情复杂为由，决定行政复议决定延期30日作出。某区政府采用书面方式审查后，于2023年3月4日作出《行政复议决定书》，认定派出所作出《不予行政处罚决定》书虽然认定事实清楚、证据确凿，适用法律依据正确，但存在未将传唤刘某的事项通知刘某家属、对于《司法鉴定意见书》超期送达刘某且未向常某依法送达、超过法定办案期限的问题，因此属于程序违法。依据《中华人民共和国行政复议法》规定，决定确认《不予行政处罚决定书》违法。某区政府后依法向刘某和派出所分别以邮寄方式进行了送达。

刘某仍不服，遂在法定期限内由其父亲作为法定代理人的情况下，向人民法院提起行政诉讼，诉讼请求：（1）撤销派出所作出的《不予行政处罚决定书》；（2）变更某区政府作出的《行政复议决定书》；（3）责令派出所对于引发刘某在 2021 年 2 月 21 日被传唤的报警事项重新履行治安处理职责；（4）诉讼费用由派出所和某区政府承担。

【案件焦点】

在行政执法程序中，在行政行为相对人的责任能力欠缺的情况下，如何保障其合法权益。

【法院裁判要旨】

北京市石景山区人民法院经审理认为：派出所不仅在传唤刘某后，并未履行通知其家属的法定义务，而且在采信《司法鉴定意见书》的情况下，仍未通知刘某的父母或其他近亲属作为监护人或法定代理人参加治安处理行政程序。虽然《公安机关办理行政案件程序规定》对此没有明确规定，但结合本案的具体情况，派出所的前述行为不仅影响了刘某陈述申辩权的行使，而且实质影响了刘某的实体权利保障，因此应当属于违反正当程序原则。

派出所不仅未在法定期限内向刘某送达《司法鉴定意见书》，而且将《司法鉴定意见书》与《不予行政处罚决定书》同时向刘某进行送达的行为也违反了《公安机关办理行政案件程序规定》的相关规定内容，应属于违反法定程序。派出所在治安处理行政程序中作出《不予行政处罚决定书》的期限明显超过《中华人民共和国治安管理处罚法》前述规定，应属于违反法定程序。

派出所虽然在治安处理行政程序中接受了常某的报警，向常某进行了调查且组织了辨认，还向常某送达了《不予行政处罚决定书》，但在《不予行政处罚决定书》中，并未对刘某在本案中实施行为的受害人进行明确认定，因此仍应当属于认定事实不清。派出所在本案诉讼过程中无正当理由的情况下，并未向本院提供刘某实施行为时使用刀具的有关实物或照片或对该刀具采取保全措施等证据材料，应当属于提供证据并不充分。

由于派出所作出的《不予行政处罚决定书》存在前述执法程序、认定事实及提供证据等方面的违法情形，因此应当予以撤销。由于派出所对于引发刘某在 2021 年 2 月 21 日被传唤的报警事项，仍存在重新裁量处理的空间，因此应当依法重新履行治安处理职责。

某区政府在采信《司法鉴定意见书》内容且未重新鉴定的情况下，并未通知刘某的父母或其他近亲属作为法定代理人参加行政复议程序，不利于实质保障刘某的合法权利，作出的《行政复议决定书》应当属于程序不当。

某区政府在被诉行政复议决定书中，虽然对于派出所在传唤刘某后未通知其家属的行为、超期向刘某送达《司法鉴定意见书》的行为、办案超过法定期限的行为，均通过认定属于程序违法的方式进行纠正，但对派出所其他程序违法行为并未进行纠正；且亦未对《不予行政处罚决定书》未明确认定受害人的情况进行纠正；还未能提供证据证明在行政复议程序中对刘某实施行为时使用刀具的有关证据材料进行了充分审查。在此情况下，某区政府作出的《行政复议决定书》仅决定确认《不予行政处罚决定书》违法，而并未决定撤销，应当属于复议结果不当。

虽然某区政府作出的《行政复议决定书》存在前述不当情形，但并不属于人民法院判决变更行政行为的范围，故应当予以撤销。

综上所述，依据《中华人民共和国行政诉讼法》第七十条第一项、第三项的规定，判决如下：

一、撤销派出所作出的《不予行政处罚决定书》；

二、撤销某区政府作出的《行政复议决定书》；

三、责令派出所在本判决书生效后的法定期限内，对于引发刘某在 2021 年 2 月 21 日被传唤的报警事项重新履行治安处理职责。

刘某和派出所均不服一审判决，并提出上诉。

北京市第一中级人民法院经审理认为：一审法院以《不予行政处罚决定书》证据不足、程序违法为由予以撤销并责令派出所重新调查，同时一并撤销《行政复议决定书》的理由和结论正确，应予维持。派出所和刘某的上诉请求不能成立，不予支持。依照《中华人民共和国行政诉讼法》第八十九条第一款第一项的规定，判决如下：

驳回上诉，维持原判。

【法官后语】

本案审理中的主要争议焦点在于，公安机关对责任能力欠缺的精神病人进行调查和作出决定时，是否应当根据正当程序要求，通知其法定代理人或监护人到场。

当前，《中华人民共和国治安管理处罚法》等法律规范中并没有对精神病人进行调查和决定工作作出特殊性程序规定。仅对一般违法行为人及未成年人的调查和决定程序进行了规定。例如，《中华人民共和国治安管理处罚法》第八十三条规定："对违反治安管理行为人，公安机关传唤后应当及时询问查证……公安机关应当及时将传唤的原因和处所通知被传唤人家属。"第八十四条规定："……询问不满十六周岁的违反治安管理行为人，应当通知其父母或者其他监护人到场。"

本案中，派出所虽然对刘某作出的是《不予行政处罚决定书》，但在该决定书中却是确认了刘某实施了违法行为，仅是以刘某不具备承担治安处罚责任能力为由，才决定不予处罚，而不是确认刘某没有任何违法行为或违法事实不成立，决定不予处罚。因此该《不予行政处罚决定书》对于刘某而言，并不属于纯获利的行政决定，而是属于会导致对刘某产生法律上不利评价与影响的行政决定。因而，本案不能根据"纯获利益行为无需代理人同意或追认"规则，佐证对刘某的不予处罚决定可以不通知其代理人。①

在这种情况下，由于刘某在本案中不具有独立参加治安行政活动的行为能力，从更有利于保障刘某的合法权益的角度出发，派出所不通知刘某的法定代理人或监护人或其他近亲属或亲属到场，不仅没有充分履行《中华人民共和国治安管理处罚法》《公安机关办理行政案件程序规定》中规定的法定调查处理职责，也未能真正查清相关案件事实情况，而且没有确保刘某在治安行政程序中真正行使《中华人民共和国治安管理处罚法》《公安机关办理行政案件程序

① 《中华人民共和国民法典》第一百四十五条第一款规定："限制民事行为能力人实施的纯获利益的民事法律行为或者与其年龄、智力、精神健康状况相适应的民事法律行为有效；实施的其他民事法律行为经法定代理人同意或者追认后有效。"

规定》中规定的相关陈述权、申辩权、发表意见的权利。这样实际上会致使前述法律规定的所有调查、处理程序性规定均无法实现法律价值，刘某的合法权益也无法在治安执法活动中得到有效保障。

因此，派出所在传唤刘某之后，及时通知刘某的法定代理人或监护人或其他近亲属或亲属参加治安行政活动的法律意义，就不仅仅只是《中华人民共和国治安管理处罚法》第八十三条规定的在传唤刘某之后应及时通知家属的法定程序意义，而应当理解为在刘某不具有独立参加治安行政活动行为能力的情况下，真正查明事实，真正确保听取刘某的意见，保障刘某对于治安行政执法活动的实质参与权及相关合法权益不被侵害，而不使派出所的调查工作流于形式的正当程序意义。

综上所述，为确保派出所真正查明案件事实，真正保障刘某的合法权益，虽然法律没有明确规定公安机关对精神病人进行调查和作出决定时必须通知其法定代理人或监护人，但派出所也应根据正当程序要求，必须通知刘某的法定代理人或监护人到场。而且根据本案中的具体情况，派出所在调查过程中，通过公寓管理员黄某实际掌握了刘某父母和姐妹的联系方式，因此实际上派出所也具备通知刘某的法定代理人或监护人参加治安行政执法活动的条件。在此情况下，人民法院确认派出所在治安行政执法活动中，在采信《司法鉴定意见书》的情况下，仍未通知刘某的父母或其他近亲属作为监护人或法定代理人参加治安处理行政程序的行为，属于违反正当程序，是正确的。同样道理，人民法院确认某区政府在采信《司法鉴定意见书》内容且未重新鉴定的情况下，并未通知刘某的父母或其他近亲属作为法定代理人参加行政复议程序，不利于实质保障刘某的合法权利，作出的《行政复议决定书》亦应属于程序不当，也是正确的。

编写人：北京市石景山区人民法院　滕恩荣

4

瞒报生产安全事故属于具有继续状态的违法行为

——某公司诉某区应急管理局行政处罚案

【案件基本信息】

1. 裁判书字号

山东省临沂市中级人民法院（2023）鲁13行终80号行政判决书

2. 案由：行政处罚纠纷

3. 当事人

原告（上诉人）：某公司

被告（被上诉人）：某区应急管理局

【基本案情】

2022年1月22日，某省政府安委会办公室向各市政府安委会下发《关于抓紧做好审计发现部分市县涉嫌瞒报漏报事故核查和整改工作的通知》。某公司涉嫌瞒报2018年11月20日发生的生产安全事故。2022年3月20日，某区安全生产委员会办公室出具某公司某项目一般高处坠落生产安全事故调查报告。

1. 事故发生经过：2018年11月20日7点58分左右，某公司职工李某在某项目部办公室简单交流工程进度后，于8点11分自行到项目工地7号楼进行工作检查。14点40分左右，广西某公司工人史某寻找施工过程中落下的梯子时发现有人趴在7号楼负三层电梯井，立即上报项目分管经理并报警。17点40分左右将电梯井内人员搬运到地面，经辨认系该单位职工李某（120医护人员确认已死亡）。经公安部门调查，李某死亡原因无法查明是失血性休克死亡还是溺亡。

2. 善后处理情况：某公司和死者亲属达成赔偿协议，并申报工伤认定、死亡赔偿等各项赔偿共计 170 万元已经全部赔偿到位。

3. 事故发生原因及性质。(1) 直接原因：李某在检查工程进度时不慎坠落电梯井基坑内死亡。(2) 间接原因：安全设施及警示标志缺失。事故发生时，7 号楼负二层南侧电梯井周围用四条钢筋搭建的简易护栏，不符合国家标准要求；没有设置“当心坠落”“禁止靠近”等安全警示标志；(3) 事故性质：经调查认定，某公司职工李某坠落死亡事故是一起一般生产安全责任事故。事故发生后，某公司及负责人未向当地安全生产监督管理部门和负有安全生产监督管理职责的有关部门报告，属于瞒报。

某区人民政府批复同意事故调查组对事故的原因分析和责任认定，以及对有关责任人和责任单位的处理建议。某区应急管理局对某公司瞒报一般生产安全事故一案立案调查并作出处罚。

【案件焦点】

某公司瞒报生产安全事故的行为，是否应当适用《中华人民共和国行政处罚法》“违法行为在两年内未被发现的，不再给予行政处罚”的规定。

【法院裁判要旨】

山东省临沂市兰山区人民法院经审理认为：向有关主管部门报告生产事故，是生产单位应尽的义务，不论事故发生多长时间，生产单位都有义务向主管部门报告曾经发生生产事故的情况，瞒报属于持续性的违法行为，故某公司主张超过处罚时效的理由不能成立。某区应急管理局作出的案涉行政处罚决定认定事实清楚，证据充分，适用法律正确，程序合法，处罚适当。依据《中华人民共和国行政诉讼法》第六十九条之规定，判决如下：

驳回某公司的诉讼请求。

某公司不服一审判决，提出上诉。

山东省临沂市中级人民法院经审理认为：瞒报生产安全事故属于具有继续状态的违法行为。因此不论事故发生多长时间，生产单位都有义务向主管部门报告曾经发生的生产安全事故的情况。山东省临沂市中级人民法院依照《中华人民共和国行政诉讼法》第八十六条、第八十九条第一款第一项的规定，判决如下：

驳回上诉，维持原判。

【法官后语】

有的生产经营单位及其有关负责人在生产安全事故发生后，抱有侥幸心理，幻想着“大事化小、小事化了”，瞒报生产安全事故，导致贻误救援，使小事故升级成大事故，造成无法挽回的重大损失。

对瞒报生产安全事故超过二年的应如何处理，在执法、司法实践中有不同认识。有观点认为，瞒报不属于持续性的违法行为，超过两年未被发现的，应当不再给予行政处罚。另一种观点认为，瞒报属于持续性的违法行为，较迟报行为更为恶劣，需要依法从严查处。但在司法实践中，对于瞒报为什么属于持续性的违法行为没有分析阐释，缺乏有力的论证基础。

本案中，从某省人民政府安委会办公室下发的《关于抓紧做好审计发现部分市县涉嫌瞒报漏报事故核查和整改工作的通知》来看，生产经营单位瞒报、漏报生产安全事故的行为数量多、涉及面广，社会影响大。极有必要对该问题进行明确回答，从而统一认识和裁判尺度。

本案从法律责任本质、瞒报行为性质、瞒报和迟报行为相互关系以及社会价值导向等方面，详细论证了瞒报生产安全事故行为应属具有继续状态的违法行为，应从行为终了之日起计算追责期限，而不能适用违法行为在二年内未被发现的不再给予行政处罚的规定。

将瞒报生产安全事故界定为具有继续状态的违法行为，符合违法行为必然产生法律责任的法学理论。法体现了社会的价值观念，是指引和评价人的行为的规范。法律责任的本质是对行为的规范评价，对违反法律规范的行为持否定性态度。《中华人民共和国安全生产法》规定了生产经营单位及其主要负责人及时、如实报告生产安全事故的职责。如果生产经营单位及其主要负责人没有履行及时、如实报告生产安全事故的职责，那么，在没有法律规定减轻或者免除法律责任的情形下，生产经营单位及其主要负责人就要承担法律责任，从而弥补社会损害，恢复被损害的社会秩序，维护社会公正。

将瞒报生产安全事故界定为具有继续状态的违法行为，能够切实有效发挥及时、如实报告安全事故的制度价值。生产安全事故具有复杂性、不确定性和处置急迫性等特征，如果对事故信息掌握不准确，很容易错过最佳处置时机，进而导致事故后果扩大，也不利于后期的事故调查顺利开展。法律规定及时、如实报告安全事故的作用就是迅速、全面掌握事故信息，从而有效应对突发事件，把握最佳救援时机，最大程度拯救生命和减少财产损失。而瞒报生产安全事故会贻误救援，扩大事故造成的损害，是对安全生产法治环境的严重破坏，是严重的违法行为，必须予以严重处理。

将瞒报生产安全事故界定为具有继续状态的违法行为，符合文义解释和体系解释的要求。《生产安全事故罚款处罚规定》第五条第一项规定："报告事故的时间超过规定时限的，属于迟报。"由此可见，首先，根据该规定的文义内容，超过规定时限报告事故，无论超过多长时间，都属于迟报行为。那么，对于迟报行为的处罚，自然不受行政处罚法规定的两年的追责期限的限制。而瞒报行为，其行为性质较迟报行为更为恶劣，理应承担更为严重的法律责任。其次，法律法规对迟报生产安全事故的行为予以处罚，即说明及时、如实报告生产安全事故的义务并不仅仅限于法律法规规定的报告期限之内。如果认为及时、如实报告生产安全事故的义务仅限于法律法规规定的报告期限之内，那么追究迟报、瞒报违法者就没有依据可循。

将瞒报生产安全事故界定为具有继续状态的违法行为，符合法律、政策的价值取向，体现社会主义核心价值观的根本要求。《中共中央　国务院关于推进安全生产领域改革发展的意见》《中华人民共和国安全生产法》《生产安全事故报告和调查处理条例》等法律法规，确立了严格安全生产责任追究制度，要求从严查处瞒报、谎报、漏报、迟报事故行为。将瞒报生产安全事故界定为具有继续状态的违法行为，从而应当从违法行为终了之日其计算追责期限，体现了上述法律法规从严查处瞒报事故行为的精神，也是诚信、公正、法治等社会主义核心价值观的体现。

综上，瞒报生产安全事故属于具有继续状态的违法行为，应依照《中华人民共和国行政处罚法》第三十六条第二款“违法行为有连续或者继续状态的，从行为终了之日其计算”的规定计算追责期限，从而充分发挥事故报告制度的效用，警示督促有关生产经营单位和责任人员放弃侥幸心理，及时如实报告生产安全事故，有效处置突发事件，最大程度减少损失，维护人民群众生命财产安全。

编写人：山东省临沂市中级人民法院 邵锟

5

美容公司“超范围经营”与其工作人员“无证开展医疗美容服务”同时受到行政处罚不违反“一事不二罚”原则

——岳某诉某县卫生健康局行政处罚案

【案件基本信息】

1. 裁判书字号

山东省淄博市中级人民法院（2024）鲁 03 行终 4 号行政判决书

2. 案由：行政处罚纠纷

3. 当事人

原告（上诉人）：岳某

被告（被上诉人）：某县卫生健康局（以下简称某卫健局）

【基本案情】

2022 年 11 月 1 日，被告某卫健局在检查中发现原告岳某涉嫌未注册取得医师执业证书在某医疗美容诊所开展医疗美容服务。2022 年 12 月 28 日，被告某卫健局作出18号行政处罚决定书，认定原告的行为违反了《中华人民共和国医师法》第十三条第四款的规定，依据《中华人民共和国医师法》第五十九条规定，决定给予岳某罚款人民币贰万元整（¥20000.00）的行政处罚。同日，某卫健局以某医疗美容诊所超范围开展医疗美容诊疗活动以及使用非卫生技术人员从事医疗卫生技术工作，违反《医疗机构管理条例》第二十六条、第二十七条的规定，作出17号行政处罚决定书。原告认为，被告已认定原告系某医疗美容诊所工作人员，且对某医疗美容诊所作出17号处罚后，再引用《中华人民共和国医师法》第五十九条对原告个人进行处罚，违反了“一事不二罚”原则，因此提起行政诉讼，要求撤销被告作出的18号行政处罚决定书。

【案件焦点】

美容公司“超范围经营”与其工作人员“无证开展医疗美容服务”同时受到行政处罚是否违反“一事不二罚”原则。

【法院裁判要旨】

山东省淄博市桓台县人民法院经审理认为：《医疗美容服务管理办法》第十一条规定，负责实施医疗美容项目的主诊医师必须同时具备下列条件：（1）具有执业医师资格，经执业医师注册机关注册；（2）具有从事相关临床学科工作经历。其中……负责实施美容中医科和美容皮肤科项目的应分别具有3年以上从事中医专业和皮肤病专业临床工作经历；（3）经过医疗美容专业培训或进修并合格，或已从事医疗美容临床工作1年以上；（4）省级人民政府卫生行政部门规定的其他条件。第十二条规定，不具备本办法第十一条规定的主诊医师条件的执业医师，可在主诊医师的指导下从事医疗美容临床技术服务工作。第十四条规定，未经卫生行政部门核定并办理执业注册手续的人员不得从事医疗美容诊疗服务。由上可知，实施医疗美容项目的主诊医师应当首先取得执业医师资格，本案原告岳某并未取得执业医师资格。结合原告所使用的仪器说明书及《医疗美容项目分级管理目录》内容，可确定，强脉冲光（IPL）治疗属于医疗美容中美容皮肤科项目。故，被告某县卫生健康局在收集现场笔录、询问笔录、取证照片及相关记录等证据的基础上，认为原告岳某未取得《医师资格证书》《医师执业证书》擅自在某医疗美容诊所开展医疗美容服务，并依据《中华人民共和国医师法》第五十九条的规定，对原告岳某作出《行政处罚决定书》，认定事实清楚，证据充分，适用法律正确。且，被告某县卫生健康局依法履行了立案、调查、告知、决定、送达等程序，处罚决定程序合法。判决如下：

驳回原告岳某的诉讼请求。

岳某不服一审判决，提出上诉。

山东省淄博市中级人民法院经审理认为：根据《医疗美容项目分级管理目录》规定，强脉冲光（IPL）治疗属于医疗美容中美容皮肤科项下治疗项目。根据《医疗美容服务管理办法》规定，负责实施医疗美容项目的主诊医师必须具有执业医师资格，经执业医师注册机关注册。不具备主诊医师条件的执业医师，可在主诊医师的指导下从事医疗美容临床技术服务工作。未经卫生行政部门核定并办理执业注册手续的人员不得从事医疗美容诊疗服务。因此，被上诉人某卫健局认定上诉人岳某未取得《医师资格证书》《医师执业证书》，使用强脉冲光脱毛/嫩肤仪为顾客进行面部美容，具有事实根据和法律依据。上诉人岳某还主张其系某医疗美容诊所工作人员，其行为属于职务行为，处罚的对象应为某医疗美容诊所，在已对公司进行处罚的情况下，不应再对工作人员个人进行处罚。对此，法院认为，医疗行业作为关乎公众生命健康的特殊行业，法律、法规等对相关从业机构和人员均制定了严格要求。不仅医疗机构的设置、执业、使用人员等有相关规定，对具体从事医疗行业的人员所需要的相关资格、资质等亦有专门规定。本案中，被上诉人某卫健局对某医疗美容诊所进行处罚系因其超范围开展医疗美容诊疗活动以及使用非卫生技术人员从事医疗卫生技术工作，违反了《医疗机构管理条例》第二十六条、第二十七条的规定，进而依据《医疗机构管理条例》第四十六条、第四十七条的规定予以处罚。而对上诉人岳某进行处罚则系因其未取得《医师资格证书》《医师执业证书》的情况下开展医疗美容服务，违反了《中华人民共和国医师法》第十三条第四款的规定，进而依据《中华人民共和国医师法》第五十九条进行处罚。被上诉人某卫健局分别针对医疗机构和从事医疗行业的人员不同主体违反不同法律、法规的行为予以处罚，并无不当。上诉人岳某关于在对某医疗美容诊所处罚后不应再处罚工作人员的主张缺乏依据，不能成立，本院依法不予支持，判决如下：

驳回上诉，维持原判。

【法官后语】

要正确处理好本案，关键在于如何理解《中华人民共和国行政处罚法》第二十九条“对当事人的同一个违法行为，不得给予两次以上罚款的行政处罚。同一个违法行为违反多个法律规范应当给予罚款处罚的，按照罚款数额高的规定处罚”的规定，才能正确判断原告的违法行为与单位的违法行为是否属于“一事”，进而判断能否“二罚”？

在我国，行政处罚属于行政制裁范畴，是国家对违反行政管理法规的组织以及个人依法进行教育、惩戒的行为，其最终目的是让行为人或组织不会产生同一违法行为的重犯。行政处罚“一事不二罚”原则中的“一事”，指当事人的“同一个违法行为”。如何认定“一事”，就是如何认定“同一个违法行为”。这一违法行为是一个独立存在的违法行为，并不是一类违法行为。因此，对于同一个违法行为的准确界定，是“一事不二罚”原则实施的前提和基础。

一、“一事”的界定

将行为的同质性及构成要件中各行为所保护法益是否相同作为认定标准，同时满足行为同质性与保护法益相同，则视为“一事”。例如，《中华人民共和国产品质量法》第三十九条规定，销售者销售产品，不得掺杂、掺假，不得以假充真、以次充好，不得以不合格产品冒充合格产品。从该条的规定来看，诸多情形所涉行为是同质的，即以瑕疵产品冒充无瑕疵产品，其目的均是保护消费者的合法权益，因此违反上述情形，无论是出现一种还是多种行为，都可视为行为单数即“一事”。在此认定上，如果还触犯其他法律规范，则属想象竞合，择一重处。《中华人民共和国治安管理处罚法》第四十九条规定，盗窃、诈骗、哄抢、抢夺、敲诈勒索或者故意损毁公私财物的，处五日以上十日以下拘留，可以并处五百元以下罚款；情节较重的，处十日以上十五日以下拘留，可以并处一千元以下罚款。由于该条规定中不同行为的异质性，且保护的权益也各有侧重，则应当视为行为复数，分别处罚。因此，同一违法事实的“一事”应当是侵害的法益同一，具备独立性、完整性、客观性的单独存在。

一是具备行政法律规范所保护并已经被违法行为所侵害的法益。法律的一个重要目的是为了保护法益，因此，在进行行为评价时，法益这个因素应当被充分考虑。从大的方面来讲，法益即违法客体，在行政法领域可以称之为行政管理秩序。具体而言，根据法益的主体可分为国家法益、社会法益和个人法益。个人法益主要包括财产法益和人身法益。人身法益主要包括生命、健康、名誉等法益，由于其具有个人专属性，应当分别评价，此时即便是出于单一或概括的故意针对不同对象而进行的行为，亦不应评价为一个行为。而关于财产类的法益侵害的是一行为还是多行为则不能一概而论。如盗窃物品后又毁坏的行为，由于实质上仅侵害一个财产所有权，被侵害的财产法益具有重合性，一般应以一行为论处。关于财产法益，如果一个行为侵害了数个法益，是否成立数行为还须结合其他因素综合权衡，看是否存在例外情形，如不存在，则应当认定为一行为。而侵犯国家、社会法益的情形则比较复杂。法益之间往往具有包容性，即一种法益被包容于另一种法益之中。如擅自转让行为侵害了海关对监管货物的所有权从而侵害了国家税收等法益，而擅自发运行为则侵害了海关对所监管货物的占有，但擅自转让行为一般都包含了擅自发运行为，擅自转让必然有擅自发运，此时由于擅自发运可包容于擅自转让的行为之中，如一行为为擅自转让，则进行评价时就无须再评价其中的擅自发运行为，因此仅以擅自转让一个行为进行评价。具体到案件中，《中华人民共和国医师法》第十三条规定：“国家实行医师执业注册制度……未注册取得医师执业证书，不得从事医师执业活动。”该规定保护的法益是个人法益中的人身法益。原告未取得《医师资格证书》《医师执业证书》而在某医疗美容诊所开展医疗美容服务，侵犯的是被服务人员的人身法益，即身体健康的合法权益。《医疗机构管理条例》第二十六条规定，医疗机构必须按照核准登记或者备案的诊疗科目开展诊疗活动。第二十七条规定，医疗机构不得使用非卫生技术人员从事医疗卫生技术工作。该规定规范的是医疗机构的经营秩序。根据上述规定，某医疗美容诊所存在超范围经营以及使用非卫生技术人员从事医疗卫生技术的行为，侵犯的是社会法益。因此，原告侵犯的法益不能被某医疗美容诊所侵犯的法益所包容。且二者的违法行为均已侵害了法律所保护的法益。

二是违法行为所侵害的法益是否具备同一性。内容同质为法益同一性提供了可能。当然，内容同质并不等于法益同一。这是因为法益内容是否同质，只是对法律条文规范目的的抽象判断；而法益同一性判断，则是对行为事实所侵害的法益具体内容是否能为一个行政处罚规定所包含的具体判断。案件中，《医疗机构管理条例》第二十六条规定，医疗机构必须按照核准登记或者备案的诊疗科目开展诊疗活动。因此，医疗机构应该在核准登记或者备案的诊疗科目范围内开展医疗活动。但某医疗美容诊所作为医疗美容公司则存在“超范围经营医疗活动”，其侵害的是医疗卫生机构诊疗从业市场的经营秩序与公共卫生管理秩序，违背了《中华人民共和国基本医疗卫生与健康促进法》第一条关于“发展医疗卫生与健康事业，保障公民享有基本医疗卫生服务，提高公民健康水平，推进健康中国建设”的立法目的。该法保护的法益是医疗卫生机构与医疗卫生人员的执业行为。而原告在未取得医师资格证书、医师执业证书的情况下擅自从事医疗美容执业活动，即“无证行医”，违背了《中华人民共和国医师法》第一条关于“保障医师合法权益，规范医师执业行为，加强医师队伍建设，保护人民健康，推进健康中国建设”的立法目的。该法侧重于评价医师的执业行为。侵害的法益是国家对于医师执业的管理秩序以及就诊者的生命健康安全。因此，某医疗美容诊所的违法行为与原告违法行为侵害的法益在内容上不具有同一性。

三是多个具体法律行为之间的关系是否存在关联性。这里的关系既包括先后顺序，也包括因果关系。当多个具体法律行为存在先后次序，如必经阶段、组成部分、当然结果，可以认定为同一违法行为。倘若多个具体法律行为之间具有目的与手段、原因与结果等因果关系，此时也可以认定为同一违法行为。具体到案件中，某医疗美容诊所的违法行为是因为其超范围经营以及使用非卫生技术人员从事医疗卫生技术工作，违反的是《医疗机构管理条例》第二十六条、第二十七条的规定。原告的违法行为是因为未取得《医师资格证书》《医师执业证书》擅自在某医疗美容诊所开展医疗美容服务的行为，违反的是《中华人民共和国医师法》第十三条第四款的规定。两个违法行为无论是在违法行为的性质上还是在所触犯的法律规定方面均不相同，因此，某医疗美容诊所的违法行为与原告的违法行为是两个独立的违法行为，两个行为之间不存在先后顺序，亦不存在因果关系等，因此，不具有任何关联性。

四是实施主体是否为同一个违法行为人。一般情况下，同一违法行为的实施主体是同一个违法行为人。例外情况下，在共同实施违法行为时，虽然违法行为人不同，但基于共同的违法事实，也应认定为“同一违法事实”，对共同违法行为人分别实施处罚，也不违反“一事不二罚”原则。而案件中，首先，某医疗美容诊所与原告是两个不同的违法主体，一个是法人、一个是自然人。其次，二者在违法的事实、性质、违反的法律规定等方面均不相同。二者亦不存在共同的违法动机和违法故意，因此，不属于共同违法。故，某医疗美容诊所与原告在违法主体方面不能视为同一个违法行为人。

综上，某医疗美容诊所与原告的违法行为不属于“一事”即同一违法行为，因此亦不存在违反“二罚”的规定，可以依据各自违法行为违反的法律规定分别作出处罚。

二、行政处罚案件“一事不二罚”原则的检验

“一事不二罚”是我国行政法理论和实际执法中普遍适用的一个原则，但其具体含义和判定标准却存在争论。对一事不二罚原则的适用，可以选择多种学说中的某一种，但无论选取哪一种学说来适用一事不二罚原则，均可以从以下三个方面来进行检验：

第一，是否符合立法目的。我国行政处罚法第六条规定，实施行政处罚，纠正违法行为，应当坚持处罚与教育相结合，教育公民、法人或者其他组织自觉守法。由于行政处罚对相对人的权利义务影响甚重，因此，对其适用不得不十分谨慎。行政处罚法也并非以处罚作为立法目的，而是为了引导教育违法行

为人进行改正，这是行政处罚法的一个大方向。案件中，对某医疗美容诊所与原告的处罚分别是基于不同的法律规定，规范不同的社会秩序，并未违反行政处罚的目的，符合行政处罚法教育与处罚的立法目的。

第二，是否违反比例原则。无论是对当事人的违法行为进行一次行政处罚还是多次处罚，核心都不能突破比例原则，即过罚应具有相当性。行政机关遵循一事不二罚原则对当事人的一个违法行为只进行一次处罚，也应当把握好处罚的度，不能因为一事不能二罚，而在法律规定的幅度内不加限制地对当事人进行处罚，而是应当在适合当事人违法程度的幅度内进行处罚才是合法、合理的。从行政主体的角度来看，行政处罚的目的在于制裁违法行为，维护公共利益和社会秩序，教育公众自觉守法，因此，行政处罚的力度应与当事人的过错程度、社会危害程度相适应、成比例，既不能处罚过重或重复处罚，也不能处罚过轻，使违法者逃脱责任。因某医疗美容诊所与原告的行为分别违反的是《医疗机构管理条例》和《中华人民共和国医师法》两个法律规定，对其分别予以处罚，且对二者的处罚亦在法定幅度内，因此未违反比例原则，能够更好地处罚违法者，恢复受损的社会秩序。

第三，当事人是否具有期待可能性。比如，当事人在接到行政机关的告知后，这时当事人是需要一定的合理期间来进行改正的，而不能由于当事人没能立即改正违法行为就让当事人再次接受处罚，因为在绝大多数场合下，当事人立即改正违法行为不具有期待可能性。本案中涉及两个不同的违法主体某医疗美容诊所与原告，因此，一个案件的违法行为人对另一个案件的违法行为是不具有违法阻却事由的期待可能性。分别对其进行处罚，不违反期待可能性的原则。

编写人：山东省淄博市博山区人民法院　郑娟
山东省淄博市中级人民法院　刘敏

6

食药同源产品的性质应当结合其主要成分、制作方法、宣传用途等进行综合判定

——郑某诉街道办、市政府行政处罚及行政复议案

【案件基本信息】

1. 裁判书字号

江苏省无锡市中级人民法院（2023）苏02行终323号行政判决书

2. 案由：行政处罚及行政复议纠纷

3. 当事人

原告（上诉人）：郑某

被告（被上诉人）：街道办、市政府

【基本案情】

2019年3月起，郑某租赁小作坊一间用于生产“瘦身消脂茶”（以下简称消脂茶）等产品。消脂茶的主要成分有：山楂、荷叶、薏仁、芡实、白术、茯苓、泽泻、莲子、桂枝、干姜、大枣、陈皮等，外包装上写有“男女通用、反对节食、健脾消脂、促进代谢、开水冲服、忌食寒凉”等内容。2021年7月起，郑某通过其注册的微店销售消脂茶，价格分别为192元/包、216元/包、240元/包，至2022年3月累计销售1182包，金额共计243408元。

2022年3月5日，市监局执法人员在检查中发现郑某涉嫌未取得《食品生产许可证》或《小作坊登记证》生产消脂茶，在市监局调查过程中，郑某称消脂茶的主要工序是打粉、灌装，在其诊所抓药混合，用塑料袋装好用粉碎机打粉，灌到茶包里封口，再装入纸袋中就完成了，消脂茶主要功效为健脾、化湿、

利尿、扶阳、消脂，其中肯定没有西药成分，都是用的中药饮片。因行政处罚权相对集中调整，市监局将该线索及相关证据材料移交街道办立案调查。在街道办调查过程中，郑某称消脂茶配方是固定的，所有人通用，主要销售人群是自我感觉肠胃不好、肥胖、大便溏稀的，其认为消脂茶是一款代茶饮，没有申请食品生产许可。

2022 年 9 月 5 日，街道办认定郑某生产售卖消脂茶的行为违反了《中华人民共和国食品安全法》第三十五条的规定，遂对郑某作出没收违法生产经营的食品和生产工具、没收违法所得，并处罚款的行政处罚决定。郑某不服该处罚决定，向市政府提起行政复议，2023 年 1 月 16 日，市政府作出维持原处罚决定的复议决定书。郑某又以行政机关对消脂茶定性为食品没有依据等理由起诉至法院，请求撤销案涉处罚决定书及复议决定书。

【案件焦点】

案涉消脂茶应当被认定为食品还是药品。

【法院裁判要旨】

江苏省江阴市人民法院经审理认为：《中华人民共和国食品安全法》第一百五十条第一款规定："食品，指各种供人食用或者饮用的成品和原料以及按照传统既是食品又是中药材的物品，但是不包括以治疗为目的的物品。"《中华人民共和国药品管理法》第二条第二款规定："本法所称药品，是指用于预防、治疗、诊断人的疾病，有目的地调节人的生理机能并规定有适应症或者功能主治、用法和用量的物质，包括中药、化学药和生物制品等"。

本案中，根据《卫生部关于进一步规范保健食品原料管理的通知》，消脂茶主要成分中的山楂、荷叶、薏仁等属于《既是食品又是药品的物品名单》，白术、泽泻属于《可用于保健食品的物品名单》，经检测，消脂茶中不含有被禁用的西布曲明成分，故消脂茶原料选材均为食药同源物品，其性质应根据制作工序、宣传功能等因素加以界定。首先，消脂茶外包装显示其主要用途是健脾消脂、促进代谢等，未规定具体的适用证或功能主治，未限定具体适用人群，未规定医学上的用法用量，未强调其药物属性。其次，消脂茶主要的工序就是原料混合、打粉、灌装，与中医药所强调的加工炮制等特定工序不同。最后，郑某在调查中自身也认为消脂茶系一款“代茶饮”，进一步证明其并不以治疗为目的。综上，街道办将消脂茶定性为食品并无不当。

江苏省江阴市人民法院根据《中华人民共和国行政诉讼法》第六十九条、七十九条之规定，判决如下：

驳回郑某的全部诉讼请求。

郑某不服一审判决，提出上诉。江苏省无锡市中级人民法院经审理认为：同意一审法院裁判意见。判决如下：

驳回上诉，维持原判。

【法官后语】

本案系人民法院依法支持行政机关强化统一市场监管执法的典型案例。近年来，许多商家抓住了减肥者“身材焦虑”心理，通过宣传产品“减肥”功效来吸引消费者购买，而大部分减肥产品原料选材均为“食药同源”物质。“食药同源”物质在属于食品还是药品上没有明确界限，既能当作食物食用，同时又具有治疗功效。由于《中华人民共和国食品安全法》对食品的经营管理以及《中华人民共和国药品管理法》对药品的经营管理各自有明确的规定，因此，市场监管部门对此类产品进行查处时，将产品性质认定为食品还是药品对最终的处罚决定具有重大影响。法院在审查此类案件时，也需首先对产品性质作出认定，方可进一步审查行政处罚之合法性。

选材为“食药同源”物质的产品性质具体如何认定，应当从主要成分、制作工序、宣传功能等方面进行综合考量。首先，需明确产品是否含有西布曲明等西药成分。其次，从制作工序看，中医药品往往具备炮制等特定工序，如果仅仅是通过原料混合、打粉、装罐等程序制作而成，则更偏向于食品范畴。最后，从宣传功效看，药品往往会规定具体的适用证或功能主治以及医学上的用法用量，若产品标签其他表述中无适用病症、主治病症或预防病症等药品特征表述，不以治疗为目的，则不宜将其认定为药品范畴。本案中，消脂茶用食药同源物品粉碎后以袋装沸水泡服，并主要宣称有减肥功能，原料及宣传并未强调其药品属性，故与《食品生产许可分类目录》里保健食品中的茶剂种类相符，定性为食品并无不当。另外，既然案涉消脂茶作为一款“代茶饮”属于食品而非药品，且国家对食品生产经营实行许可制度，同时规定食品生产加工小作坊和从事食品生产经营活动需要办理许可证，那么消脂茶的生产应当符合《中华人民共和国食品安全法》规定的生产经营规模、条件相适应的食品安全要求，保证所生产经营的食品卫生、无毒、无害。

本案对消脂茶属于食品还是药品进行了充分的论证并明确了认定标准，在认定消脂茶属于食品的基础上全面查清事实、准确适用法律，最终判决支持行政机关对案涉违法行为予以严格处罚，一方面充分表明人民法院对食品安全领域违法犯罪“零容忍”的态度和立场，对增强各类市场主体法治意识、预防违法行为具有重要警示教育作用；另一方面有力保障行政机关整顿市场，对食品安全领域违法行为下重拳，改善消费环境，强化消费者权益保护，支持提升消费服务质量。

编写人：江苏省江阴市人民法院　孙妍　沈金锋　顾彧

7

未明示收集目的、未经同意使用消费者个人信息的行为违法

——某公司诉某市市场监督管理局责令改正及罚款案

【案件基本信息】

1. 裁判书字号

江苏省南通经济技术开发区人民法院（2023）苏 0691 行初 81 号行政判决书

2. 案由：责令改正及罚款纠纷

3. 当事人

原告：某公司

被告：某市市场监督管理局（以下简称某市监局）

【基本案情】

某公司注册成立于2008年8月13日，经营范围为建筑装修装饰工程专业承包（凭资质证书承接业务）、装潢材料销售。某公司未明示收集、使用信息的目的、方式和范围及未经被收集信息者同意，通过客户上门咨询登记、小区驻点采单等方式登记某小区业主个人信息1057条。

2022年4月14日，某市监局到某公司经营场所进行执法检查时，发现办公桌上摆放前述消费者个人信息明细单，内容包括姓名、联系方式、楼室号等，并备注“未接”“挂了”“暂时不装”“不装修”“拒接”“空号”“不考虑”“装好了”等状态。当日，某市监局制作现场检查笔录、对消费者个人信息明细表拍照留存，某公司法定代表人现场陪同检查，并在现场检查笔录上签字确认。

因某公司收集、使用消费者个人信息的行为涉嫌违法，某市监局于4月25日立案调查。同日，某公司法定代表人丁某、业务员范某至某市监局处接受调查，并认可实施了收集1057条消费者个人信息的行为，对收集信息时未告知消费者使用目的、出于商业营销目的对信息进行使用的行为亦无异议，因行情不好一直没有成交。为调查某公司获利情况，某市监局于同日向某公司作出《限期提供材料通知书》，要求某公司提供近三年财务账册及损益表。后某公司向某市监局提供了2019年至2022年4月的资产负债表及利润表，显示某公司并无利润。

7月11日，某市监局作出行政处罚决定，认定某公司通过客户上门咨询主动登记，小区驻点采单等方式向消费者收集了1057条消费者个人信息，但是在收集的时候没有向消费者明示收集信息的目的。某公司工作人员对前述消费者进行电话营销，出于商业目的使用该1057条消费者个人信息。某公司的行为违反了《中华人民共和国消费者权益保护法》第二十九条第一款的规定，根据该法第五十六条第一款第九项的规定，责令某公司立即改正违法行为，并处罚款30000元。

【案件焦点】

1. 认定事实是否清楚。即某公司是否存在收集信息时未明示收集目的，未经消费者同意使用1057条个人信息的行为；某公司是否有违法所得。2. 适用法律是否正确。3. 处罚程序是否合法。4. 量罚是否适当。

【法院裁判要旨】

江苏省南通经济技术开发区人民法院经审理认为：首先，无论是《中华人民共和国民法典》还是《中华人民共和国个人信息保护法》，均明确了保护个人信息权益以及促进个人信息合理利用的基本原则并规定侵害个人信息权益应依法承担法律责任。具体到本案，所涉1057条信息内容涵盖了两个小区部分业主的姓名、联系方式、楼室号等，这些信息相结合显然可以定位到特定个人，具有明显的个人可识别性，属于前述法律规定的应受法律保护的个人信息。其次，某公司在收集信息时未明示收集目的，未经消费者同意使用1057条个人信息，有相应陈述及询问笔录为证，违法收集、使用消费者个人信息的行为事实清楚。关于某公司提出其收集信息时经过消费者同意，故不属于违法行为的意见。某公司属于混淆了使用行为与使用结果之间的关系。某公司以拨打电话、添加微信等方式招揽业务事实上就是使用案涉登记的个人信息行为，至于消费者是否接听电话、是否同意装修等均属于使用信息后产生的结果，两者是不同性质的概念，不可混同。最后，处罚决定认定某公司无违法所得并无不当。所谓违法所得，是指因违法行为获得的作为收入的款项。某公司提供的资产负债表及利润表显示，某公司并无获利，该事实与某公司法定代表人、业务员的陈述相互印证，故认定某公司无违法所得，具有事实根据。此外，处罚决定适用法律、程序、量罚均合法适当。

综上，江苏省南通经济技术开发区人民法院依照《中华人民共和国行政诉讼法》第六十九条之规定，判决如下：

驳回某公司的诉讼请求。

判决后，双方当事人均未上诉，本判决现已生效。

【法官后语】

随着数字化时代的到来，个人信息保护已成为一个日益重要的问题。个人信息不仅关系到个人的隐私权，也涉及数据安全和个人权益的保护。《中华人民共和国消费者权益保护法》第二十九条对经营者收集、使用消费者个人信息时应当遵循的原则、履行的义务作了规定，并在第五十六条规定了侵害消费者个人信息的法律后果。民法典颁布后，为了规范个人信息的处理活动，保护个人信息主体的合法权益，促进信息资源的合理利用，维护网络空间的公共利益和社会秩序，我国制定了个人信息保护法。个人信息保护法作为消费者权益保护法、网络安全法等法律规范的“一般法”地位，与消费者权益保护法、网络安全法共同组成了对个人信息的全方位保护。

一、个人信息的含义及保护意义

《中华人民共和国民法典》第一千零三十四条第二款以及《中华人民共和国个人信息保护法》第四条第一款对个人信息作出了定义，即以电子或者其他方式记录的能够单独或者与其他信息结合识别特定自然人的各种信息，包括自然人的姓名、出生日期、身份证号码、生物识别信息、住址、电话号码、电子邮箱、健康信息、行踪信息等，不包括匿名化处理后的信息。个人信息的核心特点为可识别性，包括对个体身份以及个体特征的识别，包括但不限于姓名、身份证号码、联系方式、家庭住址、健康信息等，这些都是个人隐私的一部分。保护个人信息，就是保护个人隐私不被侵犯。个人信息的泄露可能导致身份盗用，给个人带来经济损失和信用损害，个人信息的滥用也可能会被用于诈骗、骚扰等违法行为，扰乱社会秩序。

二、消费者权益保护法第二十九条第一款的理解与适用

《中华人民共和国消费者权益保护法》第二十九条第一款规定，经营者收集、使用消费者个人信息，应当遵循合法、正当、必要的原则，明示收集、使用信息的目的、方式和范围，并经消费者同意。经营者收集、使用消费者个人信息，应当公开其收集、使用规则，不得违反法律、法规的规定和双方的约定收集、使用信息。该条在实践中需要正确适用，主要涉及处理个人信息应当遵

循的原则、收集使用信息的合法要件等内容。

1. 处理个人信息应当遵循的原则

根据《中华人民共和国民法典》第一千零三十五条规定，处理个人信息必须遵循合法、正当、必要的原则，明示收集、使用信息的目的、方式和范围，并经被收集者同意，不得违反法律、法规的规定和双方的约定收集、使用信息。为保护消费者的合法权益，规范经营者收集、使用在为消费者提供生产、销售商品或者提供服务的过程中取得的消费者个人信息的行为，消费者权益保护法延续了民法典的相关规定。无论是《中华人民共和国民法典》还是《中华人民共和国个人信息保护法》，均明确了保护个人信息权益以及促进个人信息合理利用的基本原则并规定侵害个人信息权益应依法承担法律责任。其遵循的原则是合法、正当、必要。合法，是指符合法律、法规等规定，不存在违反规定的地方，这里的法律法规，除消费者权益保护法外，还应当包括《中华人民共和国民法典》《中华人民共和国网络安全法》《中华人民共和国数据安全法》《中华人民共和国电子商务法》《中华人民共和国个人信息保护法》等涉及个人信息的法律法规在内。正当，是指符合正常的情理和一般规则，这里涉及社会正常人的普通认知以及相应的惯例做法。必要，是指不可缺少，即不能超过必要的限度，在正常人的容忍范围内。

2. 收集使用信息的合法要件

根据规定，收集、使用消费者个人信息，应当需要满足两大要件：一是明示收集、使用个人信息的目的、方式和范围的义务；二是必须取得消费者同意，二者缺一不可。仅仅是经过消费者同意，但是未明示收集、使用目的、方式和范围仍应属于侵害消费者个人信息的行为。本案中，作为经营者一方的原告即抗辩称取得了消费者的同意，但从查明的事实看，经营者在收集信息时，并未明示收集、使用个人信息的目的、方式和范围，因此，仍然属于违反法律的情形。

3. 关于是否使用个人信息的认定

使用个人信息与使用信息是否取得相应的效果与结果是不同的概念，实践中需要注意进行区分。利用个人信息进行商业行为，如本案中的拨打电话、添加微信等行为，即属于使用行为，至于后续是否因为使用行为获得相应的商业效果，并不能否定使用的认定。

国家对个人信息保护早已提上议程，并通过立法、修法相继颁布了配套的法律法规，共同编织成了一张消费者个人信息的“保护网”。但个人信息的主动保护意识并未能紧随法治的脚步，无论是公民个人还是相关企事业单位，对于个人信息的保护不够重视，尚未形成应有的法治氛围。个人信息包括个人姓名、家庭地址、通信方式等核心要素，一旦使用不当，极易引发相关的违法犯罪活动。个人信息泄露成为信息时代的痛点，无论是各行各业从业者、消费者个人还是负有个人信息保护职能的行政机关都应当肩负起相应的主体责任和法律责任。本案的处理，对于经营者在商业活动中收集使用相关个人信息时注意提高个人信息保护意识，把信息保护作为从事商业活动的重要前提和不可逾越的底线，作出了指引。同时，也对个人增强主动保护个人信息的责任意识以及行政机关强化行政监督责任起到了很好的警示作用。

编写人：江苏省南通经济技术开发区人民法院　潘雄博　李会利

8

现场即时采样的监测结果可作为判定污染物是否超标的证据

——某矿业有限责任公司诉某市河流水生态保护综合执法局罚款案

【案件基本信息】

1. 裁判书字号

湖北省宜昌市中级人民法院（2023）鄂05行终210号行政判决书

2. 案由：罚款纠纷

3. 当事人

原告（上诉人）：某矿业有限责任公司

被告（被上诉人）：某市河流水生态保护综合执法局

【基本案情】

2022 年 7 月 12 日，某市水生态保护综合执法局执法人员对某矿业有限责任公司位于某村一组的挑水河磷矿东部矿段 909 工区生活污水处理设施进行现场检查，并委托第三方检测机构对生活污水排口排水进行采样检测。根据第三方检测机构 2022 年 7 月 18 日出具的《检测报告》，污染物总磷浓度为 4.5 毫克/升、氨氮浓度为 52.7 毫克/升、悬浮物浓度为 184 毫克/升、化学需氧量浓度为 333 毫克/升，前述四项污染因子排放浓度均超过《关于挑水河磷矿东部矿段磷矿资源开发利用项目环境影响报告书的批复》核准的《污水综合排放标准》（GB8978-1996）中的一级排放标准。某市水生态保护综合执法局经复核该矿业公司的申辩意见后，依法作出《行政处罚决定书》，决定对某矿业有限责任公司处以罚款 22 万元的行政处罚。

【案件焦点】

1. 某市水生态保护综合执法局以即时采样结果作为处罚依据是否合法；2. 某矿业有限责任公司超标排污的行为是否属于轻微违法、应当或者可以不予处罚的情形。

【法院裁判要旨】

湖北省宜昌市西陵区人民法院经审理认为：能否依据即时采样结果进行处罚，实质既涉及污染物排放是否超标的事实判断，同时，也涉及法律适用的价值判断。一方面，即时采样的数值是污染物排放的真实数值，更接近排污是否超标的事实本身，而混合采样的数值可以理解为多次加权平均的模拟数值，更适合用来分析排污规律和趋势。简言之，相比混合样数值，即时采样数值作为排污是否超标事实判断的依据更为科学、准确。另一方面，从法律适用角度看，原国家环保总局于 2007 年 2 月 27 日发布《关于环保部门现场检查中排污监测方法问题的解释》明确：“根据有关法律规定，排放标准具有强制实施的效力，必须执行。遵守排放标准是排污单位的法定义务。排放标准中规定的污染物排放方式、排放限值等是判定排污行为是否超标的技术依据，在任何时间、任何情况下，排污单位的排污行为均不得违反排放标准中的有关规定。环保部门对排污单位进行监督性检查时，可以环保工作人员现场即时采样或监测的结果作为判定排污行为是否超标以及实施相关环境保护管理的依据。”2010年3月1日起施行的环保部《环保行政处罚办法》第三十七条规定，环境保护主管部门在对排污单位进行监督检查时，可以现场即时采样，监测结果可以作为判定污染物排放是否超标的证据。因此，无论是从生态环境保护立法初衷出发，或是考虑生态环境行政执法的可操作性，将即时取样的结果单独作为行政处罚依据符合行政法基本原则精神和《中华人民共和国行政处罚法》的相关规定。

水污染所产生的污染后果及环境效应一般具有滞后性，往往在污染发生时不易被发现，但一旦污染后果发生就表示环境污染已经达到了相当严重的地步。本案中，某矿业有限责任公司生活污水排放的污染物经检测有4项因子超标，且总磷浓度超标倍数在10倍以上，对水环境产生了影响和破坏，已经造成了环境污染后果。不符合《湖北省生态环境轻微违法不予处罚专项清单（2021版）》中的情形。故，某矿业有限责任公司关于轻微违法应当或者可以不予处罚的意见，法院依法不予采纳。

因此，某市河流水生态保护综合执法局作出的案涉《行政处罚决定书》事实清楚，证据充分、程序合法、适用法律正确。

湖北省宜昌市西陵区人民法院根据《中华人民共和国行政诉讼法》第六十九条之规定，判决如下：

驳回某矿业有限责任公司的全部诉讼请求。

某矿业有限责任公司不服，提出上诉。

湖北省宜昌市中级人民法院经审理认为：同意一审法院裁判意见。判决如下：

驳回上诉，维持原判。

【法官后语】

证据是可以用于证明案件事实的材料。能够反映案件真实情况、与待证事实相关联、来源和形式符合法律规定的证据，应当作为认定案件事实的根据。《中华人民共和国行政处罚法》第五十六条规定，行政机关在收集证据时，可以采取抽样取证的方法。可见，抽样取证是行政机关在执法过程中调查收集证据的一种重要方式。

现场即时采样，是指现场检查时取一个样品进行监测，是生态环境执法过程中，尤其是判断污水是否超标排放、大气污染物排放是否超标时运用较多的一种取证方式，它对及时发现环境违法行为、客观反映违法排污的情形和情节，加大环境执法力度发挥着非常重要的作用。现场即时采样是抽样取证的一种特殊方式。

污染物排放是否超标，作为一个事实认定或事实判断，本质是何种检测数值代表排放数值更为科学的问题：多个样本平均值代表污染物排放数值更合理，或是每个瞬时样本数值都可以认定为排放数值？从排放数值的定义看，每个即时采样数值都代表污染物排放情况，若干数量的即时取样数值可以计算某一时段排放均值，数量足够的即时采样数值绘制的曲线可以得出排放规律。所以，即时采样数值就是污染物排放状况的真实体现。但从研究排污规律或计算排污平均值角度，混合样肯定要比一次即时采样更为科学、更能准确反映排污规律。考虑检测监测成本、操作可行性等现实因素，间隔 2 小时采样的混合取样应当是当前法规政策对采样频率与成本曲线的合理估算，以及对企业承受能力限度的平衡考虑。但伴随着检测监测技术进步、成本逐步降低，为了更及时、更准确掌握排污状况，即时采样势在必行。相比混合样数值，即时采样数值作为排污是否超标事实判断的依据更为科学、准确。

生态环境执法部门作为生态领域行政管理部门，肩负依法治污的职责，不论是行政管理的效率、管理成本需要还是生态环境严格保护制度要求，生态环境执法部门排污监督检查中依法即时采样监测是合法、有效、可操作执行的事实认定方式，该方式一定程度上减少相对人在固定时限内多次采样而“适时调整”客观排污数据的可能，即时采样监测与严格依法治污、推进生态优先、保护生态环境的大政方针的根本宗旨相符。

依据《中华人民共和国行政处罚法》第三十三条、《生态环境部关于进一步规范适用环境行政处罚自由裁量权的指导意见》、《湖北省生态环境行政处罚裁量基准规定（2021年修订版）》第十二条第一款第二项规定以及《湖北省生态环境轻微违法不予处罚专项清单（2021年版）》来看，认定违法行为是否轻微，过错责任只是裁量要素之一，应从排污企业的排污时间、超标因子的数量及超标倍数等因素予以考量。本案中，某矿业有限责任公司生活污水排放的污染物经检测有4项因子超标，有的检测项目已超标数倍，在客观上对水环境水资源已经产生了影响和破坏。企业本该积极履行环保责任，却为了一己私利降低成本，超标排放污水。某市生态保护综合执法局依法对其作出行政处罚决定，是积极履行流域执法保护职责的具体体现。

编写人：湖北省宜昌市西陵区人民法院　张玲玲

9

行政机关纠正已经生效的行政处罚应当基于正当事由并履行法定程序

——刘某某诉某市公安局交通管理局行政处罚案

【案件基本信息】

1. 裁判书字号

河北省石家庄市中级人民法院（2023）冀01行终511号行政判决书

2. 案由：行政处罚纠纷

3. 当事人

原告（上诉人）：刘某某

被告（被上诉人）：某市公安局交通管理局

【基本案情】

2022年6月13日21时许，刘某某驾驶轻型仓栏式货车，因涉嫌饮酒后驾驶机动车被执勤民警查获。刘某某现场酒精呼气测试结果为67毫克/100毫升，执勤民警制作了现场笔录，刘某某表示无异议并签字确认。2022年6月13日，交警大队对案件进行立案调查。2022年7月13日，交警大队向刘某某作出公安行政处罚告知笔录，告知刘某某拟作出行政处罚的事实、理由、依据及拟对刘某某进行行政拘留15日的处罚。刘某某未提出陈述申辩。2022年7月14日，某市公安局交通管理局作出《行政处罚决定书》（以下简称4号处罚决定），决定对刘某某罚款5000元整，行政拘留15日，并将该处罚决定送达刘某某。同日，某市公安局交通管理局出具另一份同编号的《行政处罚决定书》，决定对刘某某行政拘留15日，卷宗中无送达材料。2022年7月14日至29日，刘某某被执行拘留15日的处罚。

2022年8月15日，某市公安局交通管理局再次向刘某某作出行政处罚告知笔录，告知刘某某拟对其饮酒后驾驶营运机动车的违法行为进行处罚，但未告知拟作出处罚的种类。刘某某未提出陈述申辩，不申请听证。2022年8月26日，某市公安局交通管理局作出《行政处罚决定书》（以下简称3号处罚决定），罚款5000元，吊销机动车驾驶证。2022年9月7日，刘某某交纳罚款5000元。

刘某某认为某市公安局交通管理局作出的处罚程序违法，一事多罚，要求撤销2022年8月26日被告某市公安局交通管理局作出的3号处罚决定。

【案件焦点】

行政机关是否应当基于正当事由并履行法定程序纠正已经生效的行政处罚。

【法院裁判要旨】

河北省石家庄市桥西区人民法院经审理认为：《中华人民共和国道路交通安全法》第九十一条第三款规定："饮酒后驾驶营运机动车的，处十五日拘留，并处五千元罚款，吊销机动车驾驶证，五年内不得重新取得机动车驾驶证。"本案中，刘某某经现场呼气式酒精测试结果为67毫克/100毫升，构成饮酒后驾驶营运机动车的违法行为，依法应当予以处罚。针对刘某某饮酒后驾驶营运机动车的违法行为，某市公安局交通管理局先后作出三份处罚决定。其中，2022年7月14日，某市公安局交通管理局作出的4号处罚决定，处罚内容为罚款5000元，行政拘留15日，该处罚决定书已向刘某某送达；2022年7月14日，某市公安局交通管理局作出的处罚决定书，处罚内容为拘留15日，该处罚决定书无向刘某某送达材料；2022年8月26日，某市公安局交通管理局作出的3号处罚决定，处罚内容为罚款5000元，吊销机动车驾驶证，该处罚决定书已向刘某某送达。某市公安局交通管理局于2022年7月14日作出了处罚内容为罚款5000元，行政拘留15日的行政处罚决定，该处罚决定已经送达且某市公安局交通管理局并未履行相关法律程序撤销该处罚决定书，因此该处罚决定书具有法律效力。该决定未被依照法定程序撤销的情况下，某市公安局交通管理局又于2022年8月26日作出行政处罚决定，两个生效处罚决定的罚款部分重复，违反了“一事不二罚”的规定，刘某某的诉讼理由成立。

河北省石家庄市桥西区人民法院依照《中华人民共和国行政诉讼法》第七十条第二项之规定，判决如下：

一、撤销某市公安局交通管理局于2022年8月26日作出的3号处罚决定；

二、责令某市公安局交通管理局于法定期限内重新作出行政行为。

刘某某不服一审判决，提出上诉。

河北省石家庄市中级人民法院经审理认为：同意一审法院裁判意见。判决如下：

驳回上诉，维持原判。

【法官后语】

依法处罚饮酒后驾驶机动车的行为，保卫人民群众道路交通安全是交通管理部门的法定职责。交通管理部门须不断提高行政执法办案水平，避免因执法不规范导致执法效能折扣情况的出现。

为维护社会秩序稳定，行政处罚决定生效后具有确定力，其内容不得随意变更，具有相对稳定性。但是，有错必纠也是行政机关的法定义务。《中华人民共和国行政处罚法》第七十五条第二款规定，行政机关实施行政处罚应当接受社会监督。公民、法人或者其他组织对行政机关实施行政处罚的行为，有权申诉或者检举；行政机关应当认真审查，发现有错误的，应当主动改正。因此，为缓解行政处罚决定的效力稳定性和内容合法性之间的张力，需要行政机关在改正已经生效的行政处罚决定时更加谨慎，以正当事由为基础，综合考量改正过程中应当考虑的相关因素。

一、纠正行政处罚决定正当事由的确定

行政机关决定改正已经生效的行政处罚决定，应当基于正当事由，通常情况下以“错误”为认定应当改正的正当事由，而“错误”应当为事实认定错误或者法律适用错误，并不包含行政机关改变裁量权后使得行政决定更加“合理”的情形。例如，对饮酒后驾驶营运机动车的行为，应当作出15日拘留+5000元罚款+吊销机动车驾驶证+五年内不得重新取得机动车驾驶证的处罚。处罚决定书的内容与法定的处罚内容不一致时，出现处罚漏项的情况，属于法律适用错误，故基于正当事由应予以改正。而对于伪造机动号牌的违法行为，应当作出15日以下拘留+2000元以上5000元以下罚款的处罚，行政机关不能以违法行为危害性不大为由将15日拘留改正为14日拘留，损害行政处罚决定的确定力。当然，在“明显不当”的情况下，依据《中华人民共和国行政诉讼法》第七十条第六项的规定应当予以撤销，行政机关在此情况下，依然应当以法律规定为准，主动改正“明显不当”的行政处罚决定。

二、纠正错误行政处罚决定的法定程序

对于已经生效的行政处罚决定，行政机关确实需要予以纠正的，应当履行法定的程序。

依据《中华人民共和国行政处罚法》第五章第三节关于行政处罚的普通程序规定，行政机关作出行政处罚需要经过立案、调查、告知陈述申辩权利、作出处罚决定并送达等重要程序。行政机关纠正错误行政处罚决定的程序因对当事人权利义务产生重大影响，故而也应当履行法定程序，包括：调查程序以查明是否有必要撤销原决定及如何重新作出决定；告知陈述申辩的权利以保障案件的公正处理；送达程序以保障撤销决定和新决定的生效等。

三、作出新的行政处罚决定应以撤销原行政处罚决定为前提

已经生效的行政处罚决定，非经法定的撤销程序予以撤销的，仍然为生效决定，在此基础上，行政机关再次作出新的处罚，构成重复处罚。即使两次处罚内容不相同，由于新处罚决定所依据的事实与原处罚决定相同或者基本一致，两次处罚叠加于行政相对人，实质上仍然是行政机关针对行政相对人的同一违法行为予以重复处罚，违反“一事不再罚”原则。

本案中，行政机关认为 4 号处罚决定错误需要予以纠正，但是在未撤销该处罚决定的情况下，又针对同一违法行为作出 3 号处罚决定，导致对当事人的同一违法行为给予了两次罚款，违反了《中华人民共和国行政处罚法》第二十九条“对当事人的同一个违法行为，不得给予两次以上罚款的行政处罚”的规定，应当予以撤销。

编写人：河北省石家庄市桥西区人民法院　王清正　郭雨佳　齐立霞

10

营销推广性质的扫码免费赠与商品属于经营行为

——某品种盐公司蒙城分公司诉某县市场监督管理局罚款案

【案件基本信息】

1. 裁判书字号

安徽省亳州市蒙城县人民法院（2022）皖 1622 行初 18 号行政判决书

2. 案由：罚款纠纷

3. 当事人

原告：某品种盐公司蒙城分公司

被告：某县市场监督管理局

【基本案情】

2020 年 1 月 8 日，某品种盐公司蒙城分公司从某品种盐公司调拨“××牌”深井岩盐 104 件，规格为每件 60 袋，每袋 320 克，表明生产日期为 2018 年 1 月 30 日，注明保质期 36 个月，因包装箱破损，另赠送“××牌”深井岩盐 16 件。2020 年 7 月某品种盐公司蒙城分公司将 104 件“××牌”深井岩盐销售给蒙城某某超市。剩余 16 件食盐，某品种盐公司蒙城分公司于 2021 年 4 月 25 日赠送给任某某、李某某各 1 件，4 件（240 袋）同日在蒙城某博览会以 0.33 元/袋的价格销售，另有 584 袋以扫码免费赠送的方式送出，剩余 16 袋被某县市场监督管理局查获扣押。2021 年 4 月 26 日，某品种盐公司蒙城分公司发出公告，告知参与 2021 年 4 月 25 日在广场赠送食盐的消费者，受赠食盐需召回。2021 年 8 月 10 日某县市场监督管理局作出行政处罚决定，认定某品种盐公司蒙城分公司违反了《中华人民共和国食品安全法》第三十四条第一项、第十项之规定，构成经营超过保质期食品的行为。依据《中华人民共和国食品安全法》第一百二十四条第一款第五项的规定，结合《安徽省市场监督管理行政处罚自由裁量权适用规则（试行）》第十四条决定对某品种盐公司蒙城分公司处罚如下：（1）没收超过保质期的××牌深井岩盐 16 袋；（2）没收违法所得 79.2 元；（3）罚款 86000 元。某品种盐公司蒙城分公司不服，提起行政诉讼，请求撤销上述处罚决定。

【案件焦点】

1.“扫码免费赠与过期食盐”的行为是否属于食品安全法中的经营行为；2. 某县市场监督管理局的处罚是否适当。

【法院裁判要旨】

安徽省亳州市蒙城县人民法院经审理认为：《中华人民共和国行政处罚法》第五条第二款规定：“设定和实施行政处罚必须以事实为依据，与违法行为的事实、性质、情节以及社会危害程度相当。”第六条“实施行政处罚，纠正违法行为，应当坚持处罚与教育相结合，教育公民、法人或者其他组织自觉守法。”第三十二条“当事人有下列情形之一，应当从轻或者减轻行政处罚：（一）主动消除或者减轻违法行为危害后果的……（五）法律、法规、规章规定其他应当从轻或者减轻行政处罚的”以及《安徽省市场监督管理行政处罚裁量权基准（2020 本）》相关规定。本案原告低价销售和赠送的部分食盐由于受客观因素影响，超过了保质期，在被查处时，原告积极配合，如实陈述违法事实，主动提供进货来源并主动采取召回措施消除危害后果。被告依据《中华人民共和国食品安全法》第一百二十四条第一款第五项、《安徽省市场监督管理行政处罚自由裁量权适用规则（试行）》第十四条对原告处以 86000 元罚款，在处罚幅度上明显不当。故，根据《中华人民共和国行政处罚法》第三十二条、《安徽省市场监督管理行政处罚裁量权基准（2020 本）》的规定，应当予以减轻处罚，结合违法情节及社会危害后果，本院依法将罚款数额变更为 30000 元。

安徽省亳州市蒙城县人民法院依照《中华人民共和国行政诉讼法》第七十七条的规定，判决如下：

一、变更被告某县市场监督管理局作出的行政处罚决定书第三项中“处 86000 元罚款”为“罚款 30000 元”；

二、驳回原告某品种盐公司蒙城分公司的其他诉讼请求。

判决后，双方当事人均未上诉，本判决现已生效。

【法官后语】

某品种盐公司蒙城分公司的“扫码免费赠与过期食盐”属于“经营行为”是某县市场监督管理局适用《中华人民共和国食品安全法》处罚的前提。而经营行为不只是买卖行为，“扫码免费赠与过期食盐”的行为是否应认定为“经营行为”应以是否具有产生市场有利效果的目的综合判断。在具有推广宣传性质的展销会上设有摊位，以扫码方式赠与食盐，是面向消费者对其商品和品牌的宣传行为，具有推广营销的性质，有利于扩大市场上的商标知名度，能产生增加经济利益的影响。同时免费获赠的人也需扫码关注，推广营销行为所面向的市场客体附加了交换义务，使得经营者扩大知名度、获得目标客户的营销目的得以实现。故，赠与行为并非单纯的好意施惠，免费获赠的人实际上仍是消费者身份而非单纯的获益人。综上，“扫码免费赠与过期食盐”应认定为食品安全法中的经营行为。

本案某县市场监督管理局在接到某品种盐公司蒙城分公司销售过期食盐的举报后，对案件进行了立案、现场调查、询问并履行处罚前告知、听证等程序，某县市场监督管理局认定某品种盐公司蒙城分公司销售和赠与超过保质期的食盐事实清楚，程序合法。某品种盐公司蒙城分公司低价销售和赠与的部分食盐由于受客观因素影响，超过了保质期，在被查处时，某品种盐公司蒙城分公司积极配合，如实陈述违法事实，主动提供进货来源并主动采取召回措施消除危害后果。某县市场监督管理局依据《中华人民共和国食品安全法》第一百二十四条第一款第五项、《安徽省市场监督管理行政处罚自由裁量权适用规则（试行）》第十四条对某品种盐公司蒙城分公司处以86000元罚款，在处罚幅度上明显不当。《中华人民共和国行政处罚法》第五条第二款规定：“设定和实施行政处罚必须以事实为依据，与违法行为的事实、性质、情节以及社会危害程度相当。”是合理性原则的体现。行政处罚法是普通法，食品安全法是特别法，二者是普通法和特别法的关系，通常情况下应优先适用食品安全法，在食品安全法没有明确规定时，可以适用行政处罚法的有关规定。在行政相对人被查处时，如果有积极配合，如实陈述违法事实，提供进货来源并主动采取召回措施有效消除危害后果的行为，行政机关应依据《中华人民共和国行政处罚法》第三十二条的规定，结合违法情节及社会危害后果，予以减轻处罚。故，法院根据《中华人民共和国行政处罚法》第三十二条、《安徽省市场监督管理行政处罚裁量权基准（2020本）》的规定，结合违法情节及社会危害后果，依法将罚款数额变更为30000元。

编写人：安徽省亳州市蒙城县人民法院　井飞雪　郭璇

11

责令停止供气工作函属于行政诉讼受案范围的认定标准

——宋某某诉某街道办事处责令停止供气案

【案件基本信息】

1. 裁判书字号

北京市第一中级人民法院（2022）京 01 行终 911 号行政判决书

2. 案由：责令停止供气纠纷

3. 当事人

原告（被上诉人）：宋某某

被告（上诉人）：某街道办事处（以下简称街道办）

第三人（被上诉人）：石油气公司

【基本案情】

某餐厅系个体工商户，其经营者登记为段某某。2022 年 3 月 19 日，段某某因病去世。宋某某系段某某之子。2021 年 6 月 22 日，某餐厅与石油气公司签订《北京市非居民瓶装液化石油气供用合同》，由石油气公司向该餐厅提供瓶装液化石油气。2021 年 9 月 28 日，街道办向石油气公司出具《某街道办事处关于请石油气公司配合政府对违法建设用气客户实施停止供气工作的函》（以下简称停止供气工作函），主要内容为：根据某区治违办的工作要求并结合辖区实际情况，依据《北京市城乡规划条例》及《北京市禁止违法建设若干规定》等法律法规，街道办于 2020 年 10 月份对××路×号×排、×排违法建设情况进行调查，经调查上述四处建筑物总建筑面积共 83.33 平方米，未依法取得建筑工程规划许可证。经现场走访，该四处房屋均有住人且有重大安全隐患，该处房屋为贵公司提供非居民瓶装液化石油气客户，用户名称为某餐厅。为保证全面消除安全隐患，并保证拆除过程安全，请石油气公司配合街道办尽快对违法建设用电客户实施停止供气工作。附件：关于××路×号×排、×排所建建筑物规划审批情况的函。

2021 年 9 月 30 日，石油气公司停止向某餐厅供应液化石油气。宋某某作为某餐厅的实际经营者不服，向法院提起行政诉讼，请求法院查清事实，确认街道办自 2021 年 9 月 30 日至 10 月 10 日以违法建设的名义要求石油气公司对宋某某的某餐厅实施停止供应液化石油气的行政行为违法。

【案件焦点】

1. 街道办作出的停止供气工作函是否属于行政指导行为；2. 停止供气工作函是否产生了外部化的效果，是否具有可诉性。

【法院裁判要旨】

北京市海淀区人民法院经审理认为：本案中，街道办于 2021 年 9 月 28 日向石油气公司作出停止供气工作函，要求石油气公司配合街道办对某餐厅实施停止供气相关事宜。石油气公司于 2021 年 9 月 30 日停止向某餐厅供气。尽管上述停止供气工作函是街道办向石油气公司作出的，街道办并未直接向某餐厅作出停止供气工作函，但该函的内容涉及对涉案建筑停止供气问题，某餐厅又是与石油气公司就涉案建筑签订了《北京市非居民瓶装液化石油气供用合同》的用气人，且石油气公司依据停止供气工作函对涉案建筑停止了供气，因此街道办作出停止供气工作函的行为对某餐厅的权利义务产生了实际影响，该行为依法属于行政诉讼的受案范围。同时，宋某某作为某餐厅的实际投资人、实际经营者，其权利义务受到该行为的实际影响，其与该行为具有利害关系，依法具有针对该行为提起行政诉讼的主体资格。

《中华人民共和国行政诉讼法》第三十四条规定，被告对作出的行政行为负有举证责任，应当提供作出该行政行为的证据和所依据的规范性文件。如果被告不提供或者无正当理由逾期提供证据，视为没有相应证据。本案中，街道办向石油气公司作出停止供气工作函，认定某餐厅所属房屋未取得建筑工程规划许可证，系违法建设，要求石油气公司配合街道实施停止供气工作，但街道办并未向法院提交认定某餐厅所属房屋为违法建设并据此停止供气的相关证据材料，其作出的停止供气工作函明显属于认定事实不清，主要证据不足，应予纠正。

综上，依照《中华人民共和国行政诉讼法》第七十条第一项之规定，判决如下：

撤销某街道办事处向石油气公司作出的《某街道办事处关于请石油气公司配合政府对违法建设用气客户实施停止供气工作的函》。

街道办不服，提出上诉。

北京市第一中级人民法院经审理认为：同意一审法院裁判意见。判决如下：

驳回上诉，维持原判。

【法官后语】

本案系街道办为实施拆除违法建设行为，向石油气公司发送停止供气工作函，要求石油气公司对某餐厅实施停止供气行为而引发的行政争议。街道办主张，停止供气工作函属于拆除违法建设前的过程性行为及行政指导行为，不具有行政强制力及可诉性，不属于行政诉讼的受案范围。鉴于此，停止供气工作函是否属于行政诉讼受案范围成为本案首要解决的问题。

一、街道办作出的停止供气工作函并非行政指导行为

行政指导，是指行政机关在其所管辖事务的范围内，对于特定的公民、企业、社会团体等，通过制定诱导性法规、政策、计划、纲要等规范性文件以及采用具体的示范、建议、劝告、鼓励、提倡、限制等非强制性方式，并辅之以利益诱导促使相对人自愿作出或不作出某种行为，以实现一定行政目的的行为。如果行政机关以行政指导的形式，作出了发生行政法律关系的意思表示或者在事实上影响了行政相对人的合法权益的行为，那么这种行为就不再是行政指导行为。当事人对此种行为不服，可以向人民法院提起行政诉讼。①

---

① 最高人民法院行政审判庭编著：《最高人民法院行政诉讼法司法解释理解与适用》〔上〕，人民法院出版社 2018 年版，第 49 页。

行政机关作出的行政行为，并不因为具有行政指导行为的外观而免除司法审查，是否属于行政诉讼受案范围需要坚持“对当事人权利义务产生实际影响”为标准进行判断。

本案中，街道办作出的停止供气工作函不是行政指导行为，主要理由如下：(1) 该函是要求相对人石油气公司为特定行为，即要求石油气公司尽快对某餐厅实施停止供气行为，配合街道办完成拆除违法建设工作，具有指令性。(2) 从内容看，该函认定涉案四处建筑为违法建设，并认定四处建筑均住人且具有重大安全隐患，同时确定了实施停止供气的时间。(3) 从效果看，实施停气的目的是保证消除安全隐患，并保证拆除房屋过程安全。因此，街道办作为行政机关，以停止供气工作函的形式，要求石油气公司对某餐厅实施停止供气行为，显然具有行政指令性质和强制色彩。上诉人作为某餐厅的实际投资人和经营者，石油气公司依据停止供气工作函对该餐厅停止供气，该餐厅无法经营的后果必定对投资人和经营者的权益产生实际影响。石油气公司实施停气行为并非该公司的意志，实质上对上诉人权益产生影响的行为是街道办通知石油气公司停气的行为，造成的法律后果应当由作出指示命令的街道办来承担。此外，街道办在停止供气工作函中直接认定涉案建筑为违法建设，亦直接影响了上诉人的权利义务。因此，街道办作出的停止供气工作函属于行政诉讼受案范围。

二、街道办作出的停止供气工作函已经产生了外部化的法律效果，对上诉人的权益产生了实际影响，具有可诉性

所谓多阶段行政行为，是指行政机关作出行政行为，须有其他行政机关批准、附和、参与始能完成之情形。各行政机关之间，既可能是平行关系，也可能是垂直关系。后者一般如下级机关的行政行为须经上级机关批准才能对外生效，或者上级机关指示其下级机关对外作出发生法律效果的行政行为。在存在复数行政行为的情况下，只有直接对外发生法律效果的那个行为才是可诉的行政行为，其他阶段的行政行为只是行政机关的内部程序。行政机关在实施多阶段行政行为的过程中，各行为之间通常存在先后顺序，有的行为之间具有程序

上的递进关系、有的行为之间具有要件上的构成关系，有的行为之间具有执行上的依据关系。就多阶段行政行为的可诉性而言，直接对外发生法律效果、直接对相对人权利义务产生实际影响的行政行为具有可诉性，过程性行为一般不具有可诉性。但如果过程性行政行为外化，对当事人的权利义务产生了实际影响，则具有可诉性。行政审判实践中，过程性行政行为外化主要表现在以下几个方面：一是通过行政机关法定的送达程序获知；二是通过行政机关具体的执行行为获知；三是通过其他正当途径获知等。

查处违法建设涉及一系列行为，属于多阶段行政行为。《北京市禁止违法建设若干规定》第三条规定，区人民政府领导本行政区域内城乡规划的实施，组织、协调、监督违法建设制止和查处工作，将制止和查处违法建设情况纳入相关考核。街道办、乡镇人民政府根据职责具体组织、协调本行政区域内违法建设的制止和查处工作。在街道办查处违法建设的过程中，往往需要协调多个主体相互之间的行为。就本案而言，街道办作出的停止供气工作函是其拆除违法建设过程中的一个行为，可能会被最终的拆除违法建设行为所吸收，并不对外发生法律效力。但在石油气公司依据停止供气工作函对某餐厅实施停止供气行为后，街道办并未实施后续的拆除违法建设工作，也未作出与停止供气相关联的其他行政行为。也就是说，石油气公司的停止供气行为没有被街道办后续的行政行为所吸收覆盖，变成了一种独立的行政事实行为。街道办作出的停止供气工作函和石油气公司停止供气行为之间形成了执行上的依据关系，停止供气工作函已经实际执行并对外发生法律效力，对上诉人的合法权益产生了实际影响，属于内部行政行为效力外部化。起诉人对停止供气工作函的作出行为提起诉讼，属于行政诉讼的受案范围。

编写人：北京市第一中级人民法院　梁菲　王素南

12

肇事后虽将伤者送至医院，但未接受交通管理部门处理自行离开的应视为交通肇事后逃逸

——李某诉某县公安交通警察大队罚款及暂扣许可证件案

【案件基本信息】

1. 裁判书字号

辽宁省锦州市中级人民法院（2023）辽07行终53号行政判决书

2. 案由：罚款及暂扣许可证件纠纷

3. 当事人

原告（上诉人）：李某

被告（被上诉人）：某县公安交通警察大队

【基本案情】

2022年7月30日，在某县东外环路十字路口南200米，李某驾驶小型普通客车由北向南行驶时，与行人杨某华发生碰撞，致杨某华受伤。事故发生后，李某将伤者杨某华送医后未报警，离开事故现场并关机。时隔两日，2022年8月1日，李某到某县公安交通警察大队接受询问，某县公安交通警察大队于2022年8月30日向李某作出公安交通管理行政处罚决定书和公安交通管理行政强制措施凭证，处以2000元罚款，记12分，扣留机动车驾驶证。李某不服上述行政处罚，提起行政诉讼。

【案件焦点】

李某肇事后虽将伤者送至医院，但未接受交通管理部门处理自行离开的是

否应视为“交通肇事后逃逸”。

【法院裁判要旨】

辽宁省黑山县人民法院经审理认为：首先，李某作为发生交通事故的车辆驾驶人违反了法定的义务。根据《中华人民共和国道路交通安全法》第七十条的规定，发生交通事故后车辆驾驶人具有立即采取必要措施保护现场、抢救伤员以及迅速报案的法定义务。具体到本案，李某在伤员已经有 120 救护车运送并有两位成年朋友随行，其完全可以报案并保护现场等待处理，其离开事故现场并于事故发生之后第三日投案，妨碍民警正确认定事故责任，属于未正确履行法定义务。其次，李某的行为符合交通肇事后逃逸的规定。本案中，李某及其朋友虽将伤者送到医院，但未报案亦未给伤者或家属留下姓名、联系方式，亦无向交通警察迅速报告、听候处理、配合调查，其无故离开医院，已经构成对法律责任的逃避履行，应视为交通肇事后逃逸。最后，根据《中华人民共和国道路交通安全法》第九十九条第三项规定，造成交通事故后逃逸，尚不构成犯罪的，由公安机关交通管理部门处 200 元以上 2000 元以下罚款。本案中，某县公安交通警察大队依据《辽宁省道路交通安全违法行为罚款执行标准规定》第三十九条规定，处 2000 元罚款；依据《道路交通安全违法行为记分管理办法》第八条规定，一次记 12 分；依据《中华人民共和国道路交通安全法》第二十四条规定，扣留机动车驾驶证。上述处理行为认定事实清楚，程序合法，适用法律正确，并无不当。

辽宁省黑山县人民法院根据《中华人民共和国行政诉讼法》第六十九条的规定，判决如下：

驳回李某的诉讼请求。

李某不服一审判决，提出上诉。

辽宁省锦州市中级人民法院经审理认为：同意一审法院裁判意见。判决如下：

驳回上诉，维持原判。

【法官后语】

“交通事故后逃逸”是指行为人在发生事故后逃跑的行为，但实践中，行为人在交通事故后现场隐匿、冒名顶替、借故离开，形式变化多样，导致事故调查处理无法正常开展，受害人的权益得不到及时、有效的保护，能否认定为“交通事故逃逸”存在争议。对此刑法学者将交通肇事逃逸视为交通肇事罪的加重量刑情节，关于交通肇事逃逸的理论学说主要为“逃避法律追究说”和“逃避救助义务说”。前者认为，行为人明知自己造成了重大交通事故，并且具有逃避法律责任的目的，属于逃逸。[①] 后者认为，只要行为人第一时间救助了伤者，离开现场的行为就不属于逃逸。[②] 笔者认为，“交通事故后逃逸”应当区分行政违法与刑事违法，与刑法不同，行政管理中的“交通事故后逃逸”并非行政处罚的加重情节而是构成要件，其强调的是行政责任而非因果构成，如本文案例，李某肇事后将伤者送至医院后自行离开是否属于“交通事故后逃逸”，关键要看行为人主观上是否存在逃避法律追究的故意，客观上是否拒绝履行救治伤者及配合公安机关交通管理部门调查的义务。

一、“交通事故后逃逸”行为定性的法理依据

“交通事故后逃逸”在民法典和道路交通安全法中没有定义，《最高人民法院关于审理交通肇事刑事案件具体应用法律若干问题的解释》第三条表述为：“发生交通事故后，为逃避法律追究而逃跑的行为。”《道路交通事故处理程序规定》第一百一十二条第一项中表述为：“发生道路交通事故后，当事人为逃避法律责任，驾驶或者遗弃车辆逃离道路交通事故现场以及潜逃藏匿的行为。”该行政规章中对于逃逸的认定是为了遏制事故发生后行为人不尽保护现场、抢救受伤人员、报警并接受处理的义务，与刑法为制裁行为人逃避法律追究致使被害人因得不到救助而伤亡的管理目的明显不同，行政管理范畴的逃逸和刑法救助范畴的逃逸不能一概而论。行政法意义上“交通事故后逃逸”的要件是行为人具有主观故意即逃避法律责任，客观体现为驾车逃逸、弃车逃逸以及潜逃藏匿。关于驾车逃逸、弃车逃逸属于通说逃逸行为，其行为表现明显，认定主观具有逃

---

① 邹兵建：《论交通肇事罪中的逃逸问题》，载《法治现代化研究》2020年第6期。

② 张明楷：《将人送到医院后逃跑，属于交通肇事后逃逸吗?》，载《人民法院报》2022年5月。

避法律责任的目的不存在障碍。但关于“潜逃藏匿”行为，由于客观事实纷繁复杂，主观目的隐蔽性强，如何从事实行为推定主观目的是司法实践中的难题。

二、“潜逃藏匿”行为法院裁判应把握的重点

打击“潜逃藏匿”行为的宗旨是为了维护公共利益和社会秩序，保护公民、法人或者其他组织的合法权益，故对其辨析应当重点把握行为人是否具有法定义务，是否拒绝履行法定义务，该拒绝行为是否导致了事故调查处理无法正常开展，受害人的权益得不到及时、有效的保护。

首先，行为人义务由法律规制，无正当理由不能拒绝。根据《中华人民共和国道路交通安全法》第七十条的规定，事故发生后，行为人的法定义务就是保护现场、抢救受伤人员、报警并接受处理。

其次，行为人明确和默示拒绝行为均构成不履行法定义务。如不履行现场保护义务，擅自变动现场的，但因抢救受伤人员并标明位置的除外；如不履行救治伤员义务，无故离开现场未报警或者报警后失联的，但肇事者担心被伤者亲属责难临时躲避，或者为救助伤者去周边寻求帮助等原因暂时离开现场的除外；如不履行报警并接受处理义务，在事故现场躲藏、指使、同意他人冒名顶替、否认侵害行为不接受和配合调查、将受伤人员送至医院后离开，没有留下真实姓名和联系方式的，但之后报警及时交代的情况除外。无论行为人出于何种心态，其冷漠的态度和不良的陋习违背中华民族的传统美德，背离了社会主义核心价值体系，增加了被害人生命财产损失的风险，不应被肯定。

最后，行为人不履行法定义务行为与社会秩序的混乱之间需存在因果关系，进而推定其行政归责性。如本文案例，李某作为肇事者，其在事故现场已经拨打120急救电话，伤员已经有120救护车运送并有李某的两位成年朋友随行，其完全可以报警、保护现场并等待处理，离开事故现场不具有必要性。李某在医院没有给伤者留下联系电话，未及时联系警察，而是时隔两日后投案，该行为不利于警察及时固定、提取证据材料和正确认定事故责任，无法排除是否存在故意犯罪、醉酒、吸毒等加重情节，加大案件的侦破难度，妨碍了正常的社会管理，与社会秩序的混乱存在因果关系，具有逃避法律责任的主观恶性，虽

然对于伤者进行了救治但亦应当认定构成行政法意义上的“交通肇事后逃逸”。

三、“交通事故后逃逸”的教育和惩罚

“交通事故后逃逸”是以破坏秩序，挑战公德，躲避责任，拒绝文明为内容的陋习，为防止对我们的经济建设和社会发展产生负面作用，对其准确定性并适当处罚符合正当性、必要性。当然，行政处罚不是目的，是通过行政责任的认定充分发挥惩戒、警示教育作用的一种手段。行政法意义上的“交通事故后逃逸”不限定逃逸的时间和场所，对于肇事后未逃离事故现场，将伤者送至医院后或者等待交通管理部门处理的时候自行离开的视为交通肇事后逃逸，不违反教育和处罚相结合的原则，有助于明确行为人的法定责任，便于公安机关交通管理部门在今后工作中查清事故责任和及时调查取证，从而杜绝漠视伤者救助、逃避法律责任的陋习。面对交通事故，行为人需要理性审视、明智取舍，摆脱束缚人们思想、制约社会发展的陋习，珍视和传承中华优秀传统文化中的精华，赋予其新时代价值，追求更加公正、和谐、法治的社会状态。

编写人：辽宁省锦州市中级人民法院　王锦鹏

13

教师对学生实施教育惩戒行为失当违反治安管理处罚法的，公安机关需对其进行治安处罚

——张某某诉某市人民政府行政复议案

【案件基本信息】

1. 裁判书字号

黑龙江省高级人民法院（2023）黑行终508号行政判决书

2. 案由：行政复议纠纷

3. 当事人

原告（被上诉人）：张某某

被告（上诉人）：某市人民政府（以下简称某市政府）

第三人（上诉人）：芦某

第三人：某市公安局某分局

【基本案情】

2021年9月，芦某在某艺术学校教室内检查素描作业时，认为张某某完成作业不认真，将其叫到讲台附近后进行询问并实施殴打，造成张某某左侧外耳道充血，左耳鼓膜略充血。2021年10月，某市公安局某分局作出行政处罚决定，认定芦某殴打他人，依据《中华人民共和国治安管理处罚法》第四十三条第一款规定，决定对芦某处行政拘留五日并处罚款两百元。芦某不服该处罚决定向某市政府申请行政复议。2021年12月，某市政府作出复议决定，以某市公安局某分局作出的处罚决定适用依据错误为由，撤销该处罚决定。张某某不服，提起本案诉讼，请求撤销该复议决定。

【案件焦点】

教师在对学生进行教育管理的过程中对学生实施体罚的行为是否属于治安管理处罚法的调整范围。

【法院裁判要旨】

黑龙江省哈尔滨市中级人民法院经审理认为：公安机关作为治安管理行政执法机关，对于涉及违反治安管理行为的举报、控告，应当依法进行调查，查明是否属于职务行为，若属于职务行为，是否有适用治安处罚的法律指引，进而准确适用法律，作出处理。教师超出正常履职范畴而对学生实施的殴打、伤害行为，则属《中华人民共和国治安管理处罚法》的管辖范围，并非只要具有了教师身份，其在教学时间和教学场所针对学生实施的殴打、伤害行为，就理应被评价为教师“体罚”学生，从而就不受《中华人民共和国治安管理处罚法》的管辖。本案中，芦某与张某某均处于教学时间和教学场所，事发之前以及事发时，张某某都未有扰乱正常教学秩序或是不服管教、违反学校纪律等不当行为。事发时，教学场所内的教学活动正在正常进行，张某某作为学生完成并上交了素描作业，服从了芦某要求其到讲台附近的指令并如实回答了芦某提出的问题。芦某称其实施殴打行为的目的是管教张某某，但其在实施殴打行为前，并未对张某某进行较为缓和的言语教导或批评等在教学中更为常见和适当的教导，而是直接进行了殴打。而且，不仅没有证据证明事发时张某某存在需要教师进行惩戒的行为，也没有证据证明芦某殴打张某某是为了履行教育与管理职务而采用的惩戒手段以及其并不具有殴打和伤害张某某的故意。据此，案涉复议决定关于“现有证据能够证明芦某在对学生张某某进行教育管理的过程中存在体罚学生行为，申请人的行为属于履行职务不当，依法应予处分，不属于《中华人民共和国治安管理处罚法》的管辖范围”的认定，属认定事实不清、证据不足，适用法律错误。

黑龙江省哈尔滨市中级人民法院依照《中华人民共和国行政诉讼法》第七十条第一项、第二项之规定，判决如下：

一、撤销某市政府2021年12月17日作出的案涉复议决定；

二、某市政府于判决生效之日起六十日内重新作出行政复议决定。

某市政府、芦某不服，提出上诉。

黑龙江省高级人民法院经审理判决：

驳回上诉，维持原判。

【法官后语】

行政相对人的同一违法行为违反不同行政管理秩序、不同行政法律规范设定不同行政处罚的，有处罚权的行政主体如何处理以及复议机关或司法机关如何进行法律评价。下面将以本案中教师“体罚”学生行为为例，对该问题予以具体阐释。

一、教师“体罚”学生可能侵犯的法益

教师在履行教育职责过程中，为了维护正常的教学秩序，可以对违规违纪学生进行管理、训导和矫治等教育惩戒，但不应超过教育管理的合理边界。《中华人民共和国教师法》第三十七条第一款规定，教师体罚学生，经教育不改的，由所在学校、其他教育机构或者教育行政部门给予行政处分或者解聘。由此可见，教师超过教育管理的必要限度对学生实施“体罚”，违反了法律和职业道德，侵犯了正常的教育管理秩序。同时，构成“殴打他人”并造成了被“体罚”学生的人身损害，亦侵犯了治安管理秩序。

二、《中华人民共和国治安管理处罚法》与《中华人民共和国教师法》的法条竞合与排他适用

教师“体罚”学生，同时违反了教育管理秩序和治安管理秩序，因此同时属于《中华人民共和国治安管理处罚法》与《中华人民共和国教师法》的调整范围。有处罚权的行政机关需根据违法行为的性质、程度、损害后果以及是否有不予处罚、从轻、减轻情节，在法定处罚幅度范围内作出行政处罚决定。本案中，复议机关认为教师芦某体罚学生张某某系违反教育管理秩序的行为，应适用教师法对其进行校内处分，不应由公安机关依据治安管理处罚法作出治安处罚决定，存在法律适用错误。教师超出正常履职范畴而对学生实施的殴打、伤害行为，仍应受到《中华人民共和国治安管理处罚法》的调整。人民法院在对教师惩戒学生行为进行评价时应当充分考量行政主体、被侵害法益以及惩戒行为是否超过必要限度等因素，并非只要具有教师身份，其在教学时间和教学场所针对学生实施的殴打、伤害行为，就理应被评价为教师“体罚”学生，从而豁免于治安处罚。

三、假使教育主管部门依据《中华人民共和国教师法》对芦某作出处罚，是否违反“一事不两罚”原则

教师芦某“体罚”学生张某某事件中，仅某市公安局某分局对其作出的行政处罚决定进入行政复议和行政诉讼程序。假设学校或教育局在公安机关对芦某进行治安处罚后又依据教师法第三十七条规定对芦某进行处分，是否违反“一事不两罚”原则？笔者认为，答案是否定的。第一，《中华人民共和国行政处罚法》第二十九条规定，对当事人的同一个违法行为，不得给予两次以上罚

款的行政处罚。对于教师“体罚”学生的行为，治安管理处罚法规定了行政拘留和罚款，系人身罚和财产罚；而教师法规定的行政处分或者解聘，系行为罚或申诫罚，二者并不属于相同的处罚种类，因此并不受“一事不两罚”原则的限制。第二，行政处罚设立“一事不两罚”原则，原因在于行政处罚的功能和目的不仅在于惩戒，更在于教育，因此应当保持谦抑审慎、不得滥用。如果一次处罚即可达到目的，就不宜再对相对人进行另外的处罚。但本案中，由于治安管理处罚法和教师法对于教师“体罚”学生行为规定的处罚种类并不相同，惩戒和教育目的也并不相同，故二者适用并不排他。教师超过必要限度对学生实施惩戒行为，构成“体罚”的，学校或教育主管部门需依据教师法相关规定对违法行为人进行处分，同时构成殴打他人的，公安机关得依据治安管理处罚法对违法行为人作出行政拘留或罚款等治安处罚决定。

编写人：黑龙江省高级人民法院　赵良宇　王乔

二、行政强制执行

14

违法建筑案件中行政机关与行政相对人混合过错中的信赖利益认定

——陈某某诉某县某镇政府强制拆除房屋及行政赔偿案

【案件基本信息】

1. 裁判书字号

广西壮族自治区贵港市中级人民法院（2023）桂08行终213号行政判决书

2. 案由：强制拆除房屋及行政赔偿纠纷

3. 当事人

原告（上诉人）：陈某某

被告（被上诉人）：某县某镇政府

【基本案情】

2017年年底，陈某某向案外人方某某（后因非法倒卖土地使用权罪被判刑）购买某县某镇国道与通往高速路口道路夹角的某社区70平方米集体土地作建房用地，陈某某与方某均非该集体经济组织成员。根据《某县某镇总体规划》（2013年11月），建房地块属远期发展备用地，根据《某县某镇土地利用总体规划图》，属于限制建设区，建房不符合土地利用总体规划。某镇国规站时任负责人王某某（后因滥用职权罪、受贿罪被判刑）滥用职权，违反规定以某镇国规站的名义为陈某某颁发落款为2017年1月26日的《乡村建设规划许可证》。

自2019年起，某县某镇政府发现不断有群众在上述地段建房，在无法准确调查建房户主信息的情况下，2019年12月，某县某镇政府以“某镇某小区建房户”为对象下发《停工通知书》《限期拆除通知书》。2020年1月、4月，某县自然资源局、平南县住房和城乡建设局以“某地段范围内所有建房户”为对象分别下发《责令停止违法行为通知书》。2020年12月，某县自然资源局对陈某某非法买卖土地建房行为立案调查并责令停止违法行为。2021年3月8日，某县自然资源局对陈某某非法买卖土地建设房屋行为作出行政处罚，限定陈某某在15日内自行拆除在非法转让的土地上新建的房屋，恢复土地原状；并处非法转让土地罚款8400元。2021年6月3日，某县某镇政府在建房户墙壁及当地显眼地段张贴《通告》，内容为某社区某地段的建筑均未取得完全合法建设手续，属违法建筑。根据相关规定，现责令上述各建房户于通告发布之日起5日内将违法建筑自行拆除，逾期不拆除的，相关部门将依法强制拆除，因此引发的损失自行承担。但包括陈某某户在内的各建房户均没有自行拆除。

2021年10月18日，某县自然资源局认定陈某某所持的《乡村建设规划许可证》属某镇国规站越权发放，撤销了该证。2021年10月19日，某县某镇政府组织力量强制拆除了包括陈某某户在内的建（构）筑物共67间。2020年8月陈某某开始建设房屋，2021年10月19日陈某某房屋被强制拆除时，房屋建到两层，面积为175平方米，陈某某房屋旁堆放有少量红砖，数量无法查清。陈某某认为某县某镇政府的强制拆除行为损害其合法权益，遂提起本案行政诉讼，请求：（1）判决确认某县某镇政府于2021年10月19日拆除陈某某房屋行为违法；（2）判决某县某镇政府赔偿陈某某经济损失239768元；（3）本案诉讼费由某县某镇政府承担。

【案件焦点】

1. 行政机关颁发建设规划证又撤销证件是否存在信赖利益；2. 某镇政府拆除违法建筑应否赔偿损失。

【法院裁判要旨】

广西壮族自治区平南县人民法院经审理认为：根据《中华人民共和国土地管理法》第七十四条规定，对违反土地利用总体规划擅自将农用地改为建设用地的，限期拆除在非法转让的土地上新建的建筑物和其他设施，恢复土地原状。《广西壮族自治区人民政府关于印发广西壮族自治区农村宅基地审批管理办法的通知》第三条第二款规定，市、县（市）国土资源行政主管部门负责农村宅基地申请的审核并报有权审批的人民政府审批。第七条规定，村民申请宅基地应当向市、县（市）国土资源行政主管部门提出，由有批准权的人民政府审批。具体程序为：（1）村民向村（居）民小组提出申请，填写《广西壮族自治区农村居民建设住宅用地申请表》；（2）村（居）民小组讨论同意后报村（居）民委员会，经村（居）民委员会同意并在村（居）民小组内公示 15 日，无异议后报乡（镇）国土资源所、乡（镇）人民政府审核；（3）乡（镇）人民政府审核同意后，由市、县（市）国土资源行政主管部门审核报市、县（市）人民政府批准；（4）农村宅基地经有批准权的人民政府批准后，由市、县（市）国土资源行政主管部门核发《农村宅基地建设用地批准通知书》，由村（居）民小组或村（居）民委员会将审批结果在当地张榜公布。《中华人民共和国城乡规划法》第四十一条第三款、第四款规定，在乡、村庄规划区内进行乡镇企业、乡村公共设施和公益事业建设以及农村村民住宅建设，不得占用农用地；确需占用农用地的，应当依照《中华人民共和国土地管理法》有关规定办理农用地转用审批手续后，由城市、县人民政府城乡规划主管部门核发乡村建设规划许可证。建设单位或者个人在取得乡村建设规划许可证后，方可办理用地审批手续。《广西壮族自治区实施〈中华人民共和国城乡规划法〉办法》第三十八条规定，村民在乡、村庄规划区范围内进行住宅建设的，应当办理乡村建设规划许可证。不属于使用原有宅基地建造住宅的，由乡镇人民政府提出初审意见，报上一级人民政府城乡规划主管部门审定、核发乡村建设规划许可证。

关于某县某镇政府是否有权对涉案房屋采取强制拆除措施的问题。根据

《中华人民共和国城乡规划法》第六十五条规定，在乡、村庄规划区内未依法取得乡村建设规划许可证或者未按照乡村建设规划许可证的规定进行建设的，由乡、镇人民政府责令停止建设、限期改正；逾期不改正的，可以拆除。某县某镇政府依法具有对辖区内房屋采取强制措施的职权。陈某某用于建设房屋的地块属于某镇某社区集体所有，根据《某县某镇总体规划》（2013 年 11 月），建房地块属远期发展备用地，根据《某县某镇土地利用总体规划图》［2010—2020 年（2015 年调整）］，属于限制建设区，建房不符合土地利用总体规划。某县某镇政府有权对涉案房屋采取强制措施进行拆除，其执法依据属法律授权。

关于某县某镇政府强制拆除陈某某房屋行为是否合法的问题。本案中，某县某镇政府对涉案房屋有权实施行政强制措施予以拆除，但该行为应当遵守《中华人民共和国行政强制法》第十八条的相关规定。而某县某镇政府在对案涉房屋采取强制措施予以拆除时，没有制作现场笔录，在当事人不到场时没有邀请见证人到场，由见证人和行政执法人员在现场笔录上签名或者盖章等，确实存在程序违法之处。

关于某县某镇政府是否需要承担赔偿责任的问题。《中华人民共和国国家赔偿法》第二条第一款规定，国家机关和国家机关工作人员行使职权，有本法规定的侵犯公民、法人和其他组织合法权益的情形，造成损害的，受害人有依照本法取得国家赔偿的权利。第四条第二项规定，违法对财产采取查封、扣押、冻结等行政强制措施的，受害人有取得赔偿的权利。根据上述法律规定，只有国家机关和国家机关工作人员行使行政职权被确认违法，且该违法行政行为对公民、法人和其他组织的合法权益造成损害时，才产生行政赔偿。本案中，陈某某在未依法取得用地审批，未依法取得规划部门颁发的建设许可情况下建造房屋，涉案房屋依法不能认定为其受法律保护的合法财产，陈某某请求赔偿房屋损失，本院依法不予支持。某县某镇政府在实施被诉强制拆除时有义务关注并保护陈某某的合法财产。本案中，某县某镇政府虽然制作了《限期拆除通知书》，但某县某镇政府在实施强制拆除陈某某房屋行为时，将堆放在房屋旁尚未用于建设的红砖一并铲除，而没有将红砖进行登记、移交给陈某某或采取保护措施不当，某县某镇政府应对该部分合法财产损失承担赔偿责任，但陈某某在收到《限期拆除通知书》后没有将红砖及时转移，也存在一定的过错，也应当对该部分物品的损失承担相应的责任，鉴于对红砖的价值双方均没有确凿的证据证明，故综合考虑原告、某县某镇政府双方的责任，本院酌情确定某县某镇政府应赔偿强制拆除行为造成陈某某红砖损失为 1000 元。对于陈某某主张卷闸门及木头的损失，因该部分物品属于房屋必要组成部分，不能认定为受法律保护的合法财产，对该部分物品的损失，本院依法不予支持。陈某某以其取得的《乡村建设规划许可证》主张建房存在对政府合理信赖利益的意见，根据《中华人民共和国土地管理法》第七十四条，《广西壮族自治区人民政府关于印发广西壮族自治区农村宅基地审批管理办法的通知》第三条第二款，《中华人民共和国城乡规划法》第四十一条第三款、第四款，《广西壮族自治区实施〈中华人民共和国城乡规划法〉办法》第三十八条的规定，农村村民建设住宅，对不属于使用原有宅基地建造住宅的需要由乡、镇人民政府报市、县人民政府城乡规划主管部门核发乡村建设规划许可证。如需要使用到农用地建设房屋，还需要办理农用地转用手续，并取得《农村宅基地建设用地批准通知书》。本案中，陈某某非涉案土地所属集体经济组织成员，向案外人购买土地建设住宅，在未取得《农村宅基地建设用地批准通知书》及未取得依法由市、县人民政府城乡规划主管部门核发的乡村建设规划许可证情况下，其自行建设的房屋，是其个人行为，不属于得到政府的许可，不存在政府信赖利益。陈某某该项主张于法无据，本院不予支持。

广西壮族自治区平南县人民法院根据《中华人民共和国行政诉讼法》第七十四条第二款第一项，第七十六条，第三十八条第二款，《中华人民共和国国家赔偿法》第二条第一款，第四条第二项，第三十二条第一款，第三十六条第四项、第八项，《最高人民法院关于审理行政赔偿案件若干问题的规定》第三十一条，第三十二条第四项，《最高人民法院关于适用〈中华人民共和国行政诉讼法〉的解释》第四十七条第三款的规定，判决如下：

一、确认某县某镇政府某镇人民政府于2021年10月19日强制拆除陈某某房屋的行为违法；

二、某县某镇政府某镇人民政府赔偿陈某某红砖损失1000元及利息损失（该利息损失以1000元为计算基数，按照LPR从2021年10月19日计算至实际给付之日止，不计算复利）；

三、驳回陈某某的其他诉讼请求。

陈某某不服一审判决，提出上诉。

广西壮族自治区贵港市中级人民法院经审理认为：一审判决认定事实清楚，适用法律正确，依法应予维持。广西壮族自治区贵港市中级人民法院依照《中华人民共和国行政诉讼法》第八十九条第一款第一项之规定，判决如下：

驳回上诉，维持原判。

【法官后语】

信赖利益保护原则是指行政相对人对行政机关作出的行政行为或承诺形成合理信赖，并且行政相对人基于此信赖实施了信赖行为，因此享有信赖利益，且这种利益值得被保护时，行政主体不得随意变更、撤销或者废止行政行为，如果在权衡信赖利益和公共利益后，确因公共利益的需要而需变更、撤销或者废止行政行为时，则必须对行政相对人受到的损害予以补偿或者赔偿。本案中，行政相对人在建设违法建筑过程中曾经获得被撤销的规划许可证，在获得规划许可证后建设的房屋是否享有信赖利益，是本案审理中最为关键的问题。

一、行政相对人主张保护信赖利益应具备的要件

一是有信赖的基础，即行政机关作出了一定的行为，包括作为、不作为以及承诺等，且该行政行为足以引起相对人对公权力的合理期待；二是相对人基于信赖基础（行政行为）有效存在，根据自身利益实施了特定的信赖行为，如果相对人在实施信赖行为前不知道信赖行政行为的存在，则其后实施的行为不属于信赖行为；三是相对人所形成的信赖利益值得保护，是“正当利益”，如果相对人是采取欺骗、贿赂等不正当手段获得的利益，则是不正当的信赖，法律不予保护。《中华人民共和国行政许可法》对信赖利益保护主要体现为第八

条和第六十九条的规定，其中第六十九条规定，行政机关工作人员滥用职权、玩忽职守作出准予行政许可决定或超越法定职权作出准予行政许可决定的，作出行政许可决定的行政机关可以撤销行政许可，被许可人的合法权益受到损害的，行政机关应当依法给予赔偿；被许可人以欺骗、贿赂等不正当手段取得行政许可的，应当予以撤销，被许可人基于行政许可取得的利益不受保护。本案中，陈某某通过向非该集体经济组织成员的方某某非法购买获得涉案土地，虽然是基于信任某镇国规站颁发的《乡村建设规划证》而建设房屋，但《乡村建设规划证》是方某某通过贿赂时任某镇国规站的玉某某滥用、超越职权发放所得。虽然陈某某符合主张保护信赖利益的前两个要件，但是陈某某基于贿赂手段得到《乡村建设规划证》而建设的房屋属于不正当利益，法律不予保护。

二、行政机关与行政相对人混合过错情形下的信赖利益保护

对于损害的发生，在行政机关与行政相对人都有过错的情形下，判断相对人是否仍有信赖利益保护请求权，不是看行政行为是否违法，也不是看行政机关工作人员是否有故意或过失，而是看最终形成的利益是否是“正当利益”。如果是因为相对人的故意或重大过失导致获得的信赖利益不值得被保护的，则相对人的信赖利益保护请求权不能成立；如果是因为相对人故意或重大过失以外的错误获得信赖利益导致的损害后果，不影响相对人信赖利益保护请求权的成立，但是会影响相对人根据信赖利益保护请求行政机关补偿或赔偿数额的比例，相对人要对因其过错造成损害承担相应的责任。本案中，根据某镇规划，陈某某购买的涉案土地是农用地，属于限制建设区，陈某某要想获得《乡村建设规划证》应办理农用地转批手续并由城市、县人民政府城乡规划主管部门核发，某镇国规站是无权核发的。陈某某辩称不知道该证是方某某行贿获取的，基于对该证的信任建设的房屋应受保护，但陈某某是和方某某通过违法买卖土地的方式获得涉案土地，陈某某没有填写提交任何申请材料则能直接获取《乡村建设规划证》，且《乡村建设规划证》未办理其他用地审批手续，与生活常理不符，可以推测陈某某应当知道方某某是通过不正当手段获取的《乡村建设

规划证》。如果方某某没有行贿、玉某某没有滥用职权，某镇国规站是不可能给陈某某发放《乡村建设规划证》的，所以因行贿获得的《乡村建设规划证》不值得被保护，自然资源局撤销该证也无须承担补偿责任，陈某某基于该证建设的违法建筑也不应得到保护，某镇政府在拆除违法建筑时无须补偿。但某镇政府在拆除违法建筑的过程中仍应注意保护陈某某的合法财产，对违法建筑旁尚未使用的红砖没有予以登记、清空并妥善处置导致灭失，某镇政府应当对陈某某灭失的合法财产承担赔偿责任。

编写人：广西壮族自治区平南县人民法院　吴明燕

15

已为后续具体行为吸收的前行政强制措施不具有可诉性

——郑某诉某区交通大队行政强制措施案

【案件基本信息】

1. 裁判书字号

湖北省武汉市武昌区人民法院（2023）鄂0106行初289号行政裁定书

2. 案由：行政强制措施纠纷

3. 当事人

原告：郑某

被告：某区交通大队

【基本案情】

2023年6月9日1时36分，郑某饮酒后驾驶机动车，被某区交通大队查获，现场酒精呼气测试结果为48毫克/100毫升，郑某当场签字确认。

当日，某区交通大队采取行政强制措施：扣押机动车驾驶证、拖移机动车、检验血液。但某区交通大队未实施拖移机动车及检验血液的强制措施，仅扣押了郑某的机动车驾驶证。

2023年11月2日，某区交通大队以郑某前述违法行为属于在一个记分周期内累计达到12分的违法行为，采取行政强制措施：扣押机动车驾驶证。

2023年11月2日，某区交通大队作出行政处罚决定书，以郑某的前述违法行为，决定处以：郑某罚款2000元；暂扣机动车驾驶证6个月。

【案件焦点】

郑某原诉请撤销某区交通大队作出的扣留机动车驾驶证的行政强制措施，是否就该行政强制措施行为合法进行审查。

【法院裁判要旨】

湖北省武汉市武昌区人民法院经审理认为：本案系因郑某不服某区交通大队扣押机动车驾驶证的行政强制措施而提起的诉讼，在诉讼过程中，郑某提出新的诉讼请求，其实质是请求将后续的行政强制措施和行政处罚决定书与之前的行政强制措施的三个具体行政行为进行合并审理。根据《最高人民法院关于适用〈中华人民共和国行政诉讼法〉的解释》第七十条的规定，起诉状副本送达被告后，原告提出新的诉讼请求的，人民法院不予准许，但有正当理由的除外。据此，应对郑某提出的新的诉讼请求，是否具有正当理由，进行分析判断郑某原诉请撤销某区交通大队作出的扣留机动车驾驶证的行政强制措施，由于该行政强制措施已经被后续案涉行政处罚所吸收，本院已不必就该行政强制措施行为是否合法进行审查。而郑某提出的新的诉讼请求，不符合合并审理法定条件，应当另案起诉。经本院向郑某进行指导和释明，郑某坚持变更、增加诉请并要求合并一案审理，依法应裁定驳回其起诉。

湖北省武汉市武昌区人民法院裁定如下：

驳回原告郑某的起诉。

裁定后，双方当事人均未上诉，本裁定现已生效。

【法官后语】

首先，不是每种行政强制措施都具有可诉性。行政强制措施是指行政机关在行政管理过程中，为制止违法行为、防止证据损毁、避免危害发生、控制危险扩大等情形，依法对公民的人身自由实施的暂时性限制，或者对公民、法人或者其他组织的财物实施暂时性控制的行为。一个特定的行政强制措施是否具有可诉性，取决于它是否是一个独立完整的已经成立的具体行政行为及其与相对人权益的关系。《中华人民共和国行政诉讼法》第十二条第一款第二项虽然明确将行政强制措施纳入人民法院的受案范围，但并不表明任何形态的行政强制措施都具有可诉性。某一具体的行政强制措施是否具有可诉性，取决于该行政强制措施是否达到了自身的独立性和成熟性，取决于它与相对人权益的关系。行政强制措施的独立性和成熟性，是指行政强制措施作为一个独立完整的具体行政行为是否已经成立。而行政强制措施与相对人权益的关系则是法律上的利害关系，即行政强制措施的采取是否影响或可能影响相对人的合法权益。根据行政强制措施实施带来结果的不同，其可诉性有所不同。一般来说，行政主体实施了行政强制措施，紧随其后又实施了行政处罚或其他具体行政行为，这时的行政强制措施就与紧随其后的具体行政行为形成了先行后续、无法割舍的关系。在多数情况下，这种行政强制措施的实际作用就是保障或辅助后续的具体行政行为的作出。在后续的具体行政行为作出后，行政强制措施应理解为已被具体行政行为所吸收，而不再具有独立的意义。另一种情况是行政主体采取了行政强制措施以后，因种种条件和原因，没有必要、也不再实施后续的具体行政行为。这时的行政强制措施就成为一个直接影响相对人权益的、独立、完整的具体行政行为。产生第一种结果的行政强制措施因其不具有独立性和完整性，而没有可诉性，相对人对这种强制措施的异议和权利请求，可以归并入对后续具体行政行为的异议和权利请求之中。产生第二种结果的行政强制措施，在特定的场合和特定的行政活动中，是独立完整并且是唯一的，对相对人权益的影响也是独立和直接的。因而这种行政强制措施具有可诉性。本案中，根据上述分析所得出的结论即为：在先的行政强制措施旨在制止违法行为、避免危害发生、控制危险扩大，目的不是为行政处罚收集证据并防止证据损毁，该扣押机动车驾驶证的强制措施已经被后续行政强制措施和行政处罚决定书吸收，已经不是一个独立完整的已经成立的具体行政行为，应归并入对后续案涉行政处罚这一具体行政行为的异议和权利请求之中。

其次，《最高人民法院第一巡回法庭关于行政审判法律适用若干问题的会议纪要》就“起诉人同时起诉多个行政行为的，人民法院应当如何处理?”指出：“起诉人同时对多个行政行为提起诉讼，人民法院应当分别对每一个行政行为是否符合法定起诉条件进行审查。起诉人起诉的多个行政行为系关联性行为，均符合法定起诉条件的，人民法院应当合并一案立案审理。人民法院认为起诉人起诉的多个行政行为不宜合并一案审理的，应当向起诉人进行指导和释明，要求起诉人分别起诉。起诉人坚持一并起诉的，人民法院可以根据《最高人民法院关于适用〈中华人民共和国行政诉讼法〉的解释》第六十九条第一款第十项规定，以起诉不符合合并审理法定条件为由，裁定驳回起诉。”即每一个行政行为均构成一个独立的诉，人民法院应当分别对每一个被诉行政行为是否符合起诉条件分别进行审查，作出判断。虽然合并审理是节约诉讼成本、实质化解争议的有效方式，但是否应当合并审理，是法定的起诉条件之一，对于不符合合并审理法定条件的，应当分别起诉。如前所述，在先的行政强制措施并不是作出案涉行政处罚的法定先置程序条件，其是否合法不直接影响作出案涉行政处罚的证据是否充分合法，之间不具有直接因果关系，即该行政强制措施并不是法律规定的行政处罚所必须遵守的程序，其不具备行政处罚的程序目的，不符合合并审理法定条件。

编写人：湖北省武汉市武昌区人民法院　王勇睿

16

强制拆除无需等待执行决定救济期限届满即可实施

——某公司诉某区执法局强制拆除房屋案

【案件基本信息】

1. 裁判书字号

江苏省苏州市中级人民法院（2023）苏05行终503号行政判决书

2. 案由：强制拆除房屋纠纷

3. 当事人

原告（上诉人）：某公司

被告（被上诉人）：某区执法局

【基本案情】

2019年9月11日，某区执法局作出处罚决定，查明某公司未取得建设工程规划许可证在厂区红线范围内存在15处（项）建筑，故责令限期十五日内自行拆除。该处罚决定经行政复议、行政诉讼后被维持。某区执法局经催告、责成后于2021年12月2日作出强制执行决定，并于2021年12月7日至13日实施拆除行为。某公司不服强制执行决定申请行政复议，复议机关认为某公司按期邮寄提交书面陈述、申辩意见，某区执法局以未提出陈述、申辩据此作出强制执行决定，违反法定程序，确认强制执行决定违法，后双方均未向法院起诉。现某公司提起诉讼，要求确认某区执法局实施强制拆除行为违法。

【案件焦点】

1. 依照《中华人民共和国行政强制法》第四十四条规定，行政机关是否必须在强制执行决定法定救济期限届满后方可实施拆除行为；2. 已被行政复议程序确认违法的强制执行决定能否作为强制拆除行为的依据；3. 强制拆除行为程序合法性的具体审查标准。

【法院裁判要旨】

江苏省苏州市吴中区人民法院经审理认为：根据相关规定，某区执法局具有对案涉违法建设实施强制拆除措施的职权。关于强制拆除程序是否合法。根据《中华人民共和国行政强制法》《中华人民共和国城乡规划法》相关规定，对于违法建设，行政机关应当依次履行调查违法事实、处罚告知、作出处罚决定、催告、作出强制执行决定、公告等手续和程序后，才能实施强制拆除。本案中，处罚决定作出后，经行政复议及行政诉讼该决定被依法予以维持。某区执法局经催告、人民政府责成，作出强制执行决定，并依法进行送达、公告，后实施拆除，程序合法。强制执行决定被行政复议决定确认违法但未被撤销，故强制执行决定可以作为案涉强制拆除行为的有效依据。某区执法局实施拆除时对建筑内物品搬运至指定地点，拆除过程经公证部门现场公证，未扩大拆除范围和违法采取措施，合法性应予确认。

关于某公司认为某区执法局自2021年11月29日起实施拆除行为，且拆除范围涉及非法占用的2143平方米土地上建筑及其他建筑。但某区执法局已提供某区管委会的批复及某街道办事处的《公告》，证明2021年11月29日至12月6日系某街道办事处实施的拆除非法占用2143平方米土地上建筑的行为。故，某公司要求对拆除非法占用2143平方米土地上建筑的行为确认违法的诉请本案不予理涉。

关于是否应在强制执行决定的法定救济期限届满后方可实施拆除行为。首先，《中华人民共和国行政强制法》第四十四条规定中“不申请行政复议或者提起行政诉讼”所具体指向的行政行为，根据文义解释应为该条款前句中表述的“限期当事人自行拆除”这一法律行为。其次，对强制执行决定的合法性审查无法否定处罚决定对案涉违法建设合法性作出的认定以及创设的拆除义务。最后，对《中华人民共和国行政强制法》第四十四条规定的适用，需要受到该法总则第一条立法目的的限定。本案中，将处罚决定的救济期限届满，作为强制执行程序的开始，则能够兼顾到依法及时履职、公共利益维护和相对人权益保障三方面价值。故，某区执法局未在强制执行决定的法定救济期限届满后实施拆除行为，并无不当。综上，某区执法局拆除案涉违法建设的行为符合法律规定，某公司诉讼请求缺乏事实与法律依据，不应支持。

江苏省苏州市吴中区人民法院依据《中华人民共和国行政诉讼法》第六十九条之规定，作出如下判决：

驳回原告某公司的全部诉讼请求。

判决作出后，某公司提出上诉。

江苏省苏州市中级人民法院认为某公司的上诉请求不能成立，原审判决认定事实清楚，适用法律正确，审判程序合法。

江苏省苏州市中级人民法院依照《中华人民共和国行政诉讼法》第八十九条第一款第一项之规定，判决如下：

驳回上诉，维持原判。

【法官后语】

本案主要的争议焦点在于强制拆除是否需要等待执行决定行政复议及诉讼期限届满才能实施，即是否存在强制拆除行为程序违法，但本案从行政处罚、强制执行决定、强制措施历经数次复议及诉讼，完整地展现了从违建查处到强制拆除的执法过程，具有一定的裁判示范意义。

第一，依照《中华人民共和国行政强制法》第四十四条规定，行政机关是否必须在强制执行决定法定救济期限届满后方可实施拆除行为。行政强制法对行政强制执行规定了严格的程序，在遵循程序法定原则时，也应当兼顾行政效率、相对人权益保障、公共利益维护等多种法律价值。从文义上看，《中华人民共和国行政强制法》第四十四条中“不申请行政复议或者提起行政诉讼”所省略规定的内容，系指向前句中表述的“限期当事人自行拆除”的法律行为。“限期当事人自行拆除”应当是认定行政相对人存在违法建设行为、需要负担限期拆除建筑物法律后果的法律行为，与强制执行决定不同。“强制执行决定”

本身既不对建设行为合法性作出认定，也不创设具体拆除义务。如果“限期当事人自行拆除”因救济期限届满或者经人民法院确认合法而具备实质存续力，那么相对人限期拆除建筑物的负担就是确定的，此时无法通过对“强制执行决定”的合法性审查，否定“限期当事人自行拆除”所确定的权利义务关系。即便行政机关实施强制执行时扩大执行范围或者违法采取措施，通过对具体实施的强制拆除这一事实行为的审查和相应行政赔偿法律程序，使相对人获得救济更为适当。《中华人民共和国行政强制法》第四十四条的主要功能在于通过对相对人行政复议和诉讼权利的保障，促进行政机关规范行使强制执行权，体现对相对人权益的尊重和保护。但是，法律程序控制的目的在于强制执行权的依法规范行使，而非要求行政机关迟延或者放弃行使职权。如果行政机关需等待相对人穷尽包括“强制执行决定”在内所有环节行政行为的救济之后执行，因迁延日久，不利于体现对违法行为查处和公共利益恢复的及时性，并有损行政权威。将具体创设权利义务关系的“限期当事人自行拆除”即处罚决定的救济期限届满，作为强制执行程序的开始，则能够兼顾到依法及时履职、公共利益维护和相对人权益保障三个方面价值。

第二，关于已被行政复议程序确认违法的强制执行决定能否作为强制拆除行为的依据。行政行为具有公定力，除因严重违法而自始无效外，在未经法定机关和法定程序撤销或者变更之前，都应具有效力。强制拆除行为是具体实施强制执行决定的事实行为，强制执行决定及强制拆除行为二者均为独立可诉的行政行为，并无基于公民权利救济的需要而突破行政行为公定性效力进行违法性继承之必要。且本案中强制执行决定确认违法理由为程序违法，即并未从实体上进行否认，故强制执行决定可以作为案涉强制拆除行为的有效依据。

编写人：江苏省苏州市吴中区人民法院　赵纯碧

17

人民法院应当对已纳入征收范围内的房屋实施的强制拆除行为进行从严实体审查

——杨某诉某区城市管理执法局等强制拆除房屋或设施案

【案件基本信息】

1. 裁判书字号

湖北省宜昌市伍家岗区人民法院（2023）鄂0503行初6号行政判决书

2. 案由：强制拆除房屋或设施纠纷

3. 当事人

原告：杨某

被告：某区城市管理执法局、某区住房和城乡建设局、某区某乡人民政府

【基本案情】

杨某系某区某乡某村村民。国土部门颁发的《用地许可证》载明其经审核同意可占用空闲地20平方米建房。2021年4月15日，某区城市管理执法局对杨某建设的房屋进行现场检查，认为杨某存在未经规划许可审批建房，并对杨某无证建房一案立案审批。2021年4月19日，某区城市管理执法局作出《当事人权利告知书》，责令杨某限期拆除违法建设的房屋。

2021年6月17日，某市城（乡）燃气安全生产专业委员会办公室作出《某市城（乡）燃气隐患线索移交书》，载明杨某案涉房屋所在位置处于该移交书后附的《城区燃气管道占压隐患汇总》中“某路建行旁3处占压中压A管道”。2021年6月29日，某区住房和城乡建设局向杨某发出《限期整改通知书》，责令其拆除占压燃气管道的违法建（构）筑物，逾期未拆除或拆除不彻

底的，将由区城管局及街乡城管执法中心进行强制拆除。

2021 年 7 月 2 日，某区住房和城乡建设局收到宜昌中燃城市燃气发展有限公司发出的《紧急联系函》，表明杨某案涉房屋所处位置燃气已局部泄漏，需紧急处理。当日，杨某房屋被拆除。

杨某认为其房屋被纳入征收范围，在未达成拆迁安置补偿协议的情况下，三被告实施强制拆除系以拆违代拆迁。某区住房和城乡建设局陈述系某区城市管理执法局出于公共安全考量拆除违法建筑。某区城市管理执法局陈述拆除行为系某区住房和城乡建设局实施，其在现场维持秩序，配合某区住房和城乡建设局完成消危行动。某区某乡人民政府辩称其不具有强制拆除权力，非强制拆除主体。

【案件焦点】

1. 强制拆除行为的性质；2. 实施强制拆除行为的主体认定；3. 强制拆除行为是否合法。

【法院裁判要旨】

湖北省宜昌市伍家岗区人民法院经审理认为：依据规定，某区住房和城乡建设局作为其辖区内的燃气管理部门，行使燃气使用安全状况监督检查权具有法律依据。某区住房和城乡建设局提供的《某市城（乡）燃气隐患线索移交书》与《紧急联系函》并不足以证明杨某房屋占压的管道已出现局部泄漏，亦不足以证明该局主动采取强制拆除措施的现实紧迫性和必要性。因此，可以认定该局组织实施了强制拆除行政行为，且作出强制拆除行政行为证据不足，行政行为应予撤销。依据《中华人民共和国城乡规划法》相关规定，某区城市管理执法局有权行使辖区内的城市规划管理方面法律、法规和规章规定的行政执法及处罚权。经审理查明，该局仅对杨某作出《当事人权利告知书》，据此可以认定该局对杨某案涉违法建筑有治理拆除的意思表示。该局辩称其在拆除现场系配合某区住房和城乡建设局顺利实施消危行动，并未实施强制拆除，但就该主张并未提供证据予以证明，且该局所举证据亦不能证明强制拆除行为的合法性。因此，可以认定该局作出了强制拆除行政行为，且未履行法定程序。杨某提交的证据不足以证明某区某乡人民政府实施了拆除涉案房屋的行为。

综上，可以认定本案强制拆除行为系某区城市管理执法局、某区住房和城乡建设局共同实施，且强拆行政行为违法，应予撤销。鉴于案涉房屋已在庭审前全部拆除，案涉行政行为不具有可撤销的内容，故应确认违法。

湖北省宜昌市伍家岗区人民法院依照《中华人民共和国行政诉讼法》第七十四条第二款之规定，判决如下：

确认某区住房和城乡建设局、某区城市管理执法局于2021年7月2日强制拆除杨某房屋的行政行为违法。

判决后，双方当事人均未上诉，本判决现已生效。

【法官后语】

本案系行政征收中因强制拆除房屋而引起的纠纷，当事人无法识别实施强制拆除主体的人员身份，强制拆除后也无任何行政主体主动承担强制拆除责任，如何明确强制拆除行为的主体系本案争议焦点。该案涉及某区城市管理执法局、某区住房和城乡建设局、某区某乡人民政府多个行政执法机关，涵盖行政征收、拆除违法建筑、解危拆危等多种情形，体现了行政权行使过程的多样性以及行政组织系统内部关系的复杂性。

一、强制拆除行为主体的认定

强制拆除建筑行为因具有强制性，极易激化行政机关与行政相对人的矛盾。人民法院在审查行政机关的强制拆除行为时，应坚持严格、审慎的原则进行全面合法性审查。强制拆除行为主体认定依法律行为和实施行为的不同而采取不同的认定方式。对于法律行为，因存在明确的法律规定的前置性程序行为，出具法律文书或者对外发生法律效力的决定为被告。对于事实行为，因无法辨明谁具体实施了强制拆除行为，通常采取推定行为主体的方式。多个行政机关均出现在拆除现场，但均否认实施了强制拆除行为，宜采用推定行为主体的方式确认强拆主体，结合行政机关对案涉建筑前期有无治理行为，有无拆除意思表示，理由是否充分等情形，综合判定强拆主体。本案从职权法定、程序法定等原则，同时考虑行政机关事实上参与组织实施的程度，对强拆行为的责任主体进行多维度分析并认定。

二、强制拆除行为合法性审查

对于已纳入征收范围内的房屋，行政机关实施的强制拆除行为，应严格遵守法定程序，有充分的事实依据和证据，适用法律正确，衡平公益和私益，尤其是以解危形式强制拆除的，更应充分提供作出强制拆除行为的依据，恰当适用比例原则，不得以公共利益为由衍生出一系列规避法定程序的新举措。人民法院在审查此类强制拆除行为时，应从严审查，以实体审查为原则，兼顾程序审查。

人民法院通过确认违法判决明确告知行政机关应当遵循合法化、规范化的征收程序，不能以拆危解危、抢急救险等危害公共安全的情形跨越法定的征收程序，人民法院亦应谨慎审查行政执法机关在取舍公共利益与私人利益时是否遵循了比例原则，全面审查行政行为的合法性，从而作出合法合理的司法判断，引导行政机关"严格、规范、公正、文明"执法，体现出以人为本，尊重群众主体地位的制度价值。

编写人：湖北省宜昌市伍家岗区人民法院　孙晓梦

18

行政机关不得以扣促罚，以相对人未缴纳罚款为由超期扣押财物

——罗某诉某镇政府行政强制措施及行政赔偿案

【案件基本信息】

1. 裁判书字号

广州铁路运输中级法院（2023）粤71行终2515号行政判决书

2. 案由：行政强制措施及行政赔偿纠纷

3. 当事人

原告（被上诉人）：罗某

被告（上诉人）：某镇政府

第三人：某运输公司

【基本案情】

2021年1月4日，罗某将其购买的重型自卸货车挂靠并登记在某运输公司名下运营。2022年5月19日，某镇政府发现某运输公司司机何某驾驶该货车运输建筑废弃物时车辆不整洁、不密闭装载。因何某现场拒不改正上述违法行为，某镇政府当场向何某作出《行政强制措施决定》，决定自2022年5月19日起至6月18日止扣押该货车。

2022年7月17日，某镇政府通知某运输公司解除扣押措施。2022年9月1日，某镇政府向某运输公司作出罚款通知书，要求其限期缴交16000元罚款。同日，某运输公司缴纳了罚款，何某出具说明，称因老板没钱一直没有处理，直到2022年8月22日才处理，因自身原因暂时不取车。2022年9月5日，某镇政府出具车辆放行条，何某取回案涉货车。

评估公司受某运输公司委托，评估出根据车辆租赁价格，案涉货车2022年6月18日至9月5日的停运费用为99000元。罗某不服超期扣押行为，诉至法院，请求确认某镇政府从2022年6月18日至9月5日扣押货车的行政行为违法，并赔偿其车辆停运损失99000元、评估费用3450元。

诉讼中，某镇政府提供其工作人员2022年5月25日、6月22日、6月23日与何某的通信记录，主张其多次联系某运输公司领回被扣押的车辆。罗某称某镇政府并非要求其取回车辆，而是通知缴纳罚款后方可取回车辆。

【案件焦点】

1. 罗某是否具有提起行政诉讼主体资格；2. 某镇政府扣押车辆行为是否合法；3. 赔偿金额和损失如何认定。

【法院裁判要旨】

广州铁路运输法院经审理认为：某运输公司不出庭应诉也未反驳罗某诉请，罗某是案涉车辆实际使用人，被诉行政行为可能影响罗某合法权益，其具有提起行政诉讼的主体资格。

案涉车辆因运输建筑废弃物存在车辆不整洁、不密闭装载等行为被扣押，如该行为成立，某镇政府无继续核查的需要。且该车是较新货运车辆，罗某应不存在可取回而不取回的可能。结合何某说明、罗某陈述、放行条等，可以认定某镇政府 2022 年 7 月 17 日解除扣押，但罗某因资金原因，于 2022 年 9 月 1 日缴纳罚款，2022 年 9 月 5 日取回车辆的法律事实。某镇政府不能以罗某未及时缴纳罚款为由长期扣押车辆，其 2022 年 6 月 18 日至 9 月 5 日扣押车辆的行为应当确认违法。

2022 年 6 月 18 日至 7 月 16 日超期扣押，某镇政府应赔偿罗某直接损失；2022 年 7 月 17 日至 9 月 5 日超期扣押，因双方均存在过错，应根据过错确定赔偿责任。罗某主张的租赁损失为可期待收入，并非直接损失，但考虑车辆为货运车辆，被扣押造成罗某营运损失，根据双方过错和责任大小，结合车辆折旧因素，酌情认定罗某损失为 12000 元。评估费不属于国家赔偿范围。

广州铁路运输法院依照《中华人民共和国行政诉讼法》第七十四条第二款第一项、《最高人民法院关于审理行政赔偿案件若干问题的规定》第三十二条规定，判决如下：

一、确认某镇政府于 2022 年 6 月 18 日至 9 月 5 日超期扣押某重型自卸货车的行政行为违法；

二、于判决生效之日起七日内，某镇政府赔偿罗某经济损失 12000 元；

三、驳回罗某的其他赔偿请求。

某镇政府不服，提出上诉。

广州铁路运输中级法院经审理认为：某镇政府扣押期间未作出行政处理或延长扣押期限，未证明有正当理由需继续扣押，也未证明法律法规对扣押期限另有规定，超期扣押缺乏法律依据，违反法定程序。一审判决认定事实清楚，适用法律正确，程序合法。

广州铁路运输中级法院依照《中华人民共和国行政诉讼法》第八十九条第一款第一项规定，判决如下：

驳回上诉，维持原判。

【法官后语】

一、挂靠车辆实际权利人不服行政机关就挂靠车辆违法行为作出的行政行为，有权提起行政诉讼

车辆挂靠在货运行业普遍存在，一些货车车主因自身资质等原因，无法办理车辆营运证，为实现车辆最大经济价值，车主就会将个人购买的车辆登记在具有道路运输经营资质的企业名下并以企业名义运营车辆。但是车辆仍由实际权利人控制、运营，被挂靠企业仅收取一定管理费，并不过多地参与车辆管理。

挂靠车辆运营时出现行政违法行为，因被挂靠企业为登记车主，行政机关多数将被挂靠企业列为行政相对人，而挂靠经营合同经常都约定挂靠方（车辆实际权利人）承担由此产生的法律后果。故，若被挂靠企业在执法、司法程序中做权利的沉睡者，挂靠方的合法权利可能就无法得到救济。法院认定挂靠方与该种行政行为有利害关系，赋予其原告资格，有利于保障挂靠方合法权益。

二、行政机关不得以扣促罚，以相对人未缴纳罚款为由超期扣押财物

行政机关扣押财物限制了行政相对人自主支配、使用财产的权利，为负担行政行为，其行使该职权必须符合适当性原则且遵循法定程序。根据《中华人民共和国行政强制法》规定，行政机关扣押财物是为了制止违法行为、防止证据损毁、避免危害发生、控制危险扩大等目的而实施。由此可见，扣押财物应以实现行政管理目的、维护行政秩序为价值追求，而非为了确保行政处罚执行到位。行政强制法严格规定扣押期限，可以防止行政机关扣押过久而损害财物的价值、影响经营活动及相对人权利长期处于不稳定状态。

在扣押期间，行政机关要及时查清事实，在法定期限内作出行政处理决定。若扣押期限届满或无继续扣押的必要，行政机关应依法及时解除扣押，不得无正当理由超期扣押。但是，有些行政机关基于执法成本等考虑，以扣促罚，要求行政相对人履行行政处罚义务才解除扣押措施。该行为违反了行政强制法第

五条规定的行政强制适当性原则，势必侵害行政相对人的合法财产权，属于滥用职权行为，行政机关应当承担由此产生的行政赔偿责任。

行政诉讼设立的目的是保护公民、法人和其他组织的合法权益，监督行政机关依法行使职权。在行政相对人能初步证明行政机关怠于解除扣押而行政机关无法提供反证的情况下，法院支持行政相对人的主张，有利于规制行政机关滥用扣押权，更好地维护相对人合法权利。本案中，案涉车辆违法事实清楚，亦明显无须对车辆检测、鉴定等继续核查必要。案涉车辆为较新货车，某镇政府在当事人交纳罚款后才将车辆放行。根据常识和公众的趋利避害心理，罗某不可能能取回车辆而不取回。因此，可以推定某镇政府是因罗某未交纳罚款而超期扣押车辆，该行为违反了行政强制法规定，应当确认违法。

不可否认，行政相对人在财物被解除扣押后迅速转移财产，导致行政处罚无法立即执行的情况也时有发生。出现这种行政相对人逾期不履行行政处罚决定的情形，行政机关应当依照《中华人民共和国行政处罚法》、行政强制法的规定，采取加处罚款、申请法院强制执行等合法手段，而非滥用扣押权。

编写人：广州铁路运输法院　钟燕秋　黄丽丽

19

行政机关拆除被征收人依协议腾退的房屋不属于行政强制行为

——王某某、吴某某诉某县人民政府某街道办事处强制拆除房屋案

【案件基本信息】

1. 裁判书字号

浙江省丽水市中级人民法院（2023）浙11行终65号行政判决书

2. 案由：强制拆除房屋纠纷

3. 当事人

原告（上诉人）：王某某、吴某某

被告（被上诉人）：某县人民政府某街道办事处（以下简称某街道办事处）

【基本案情】

原告王某某、吴某某在某县拥有房产一处，在某区块城中村改造项目征收红线范围内。2022年7月，被告某街道与两名原告签订了《某县征收集体所有土地房屋补偿安置协议书》（住宅·产权调换），协议约定："选本项目房屋搬迁腾空截止日（另行公布）前搬迁腾空完毕，并交由甲方验收封管……在规定期限内，本项目签约率达到95%（含）以上、且土地征收申请经依法批准并公告之日起协议生效……"2022年7月16日，某县人民政府发布《通告》，该城中村改造项目房屋征收补偿协议签约率达到98.56%，协议生效。2022年8月23日，浙江省人民政府批准征收某县某区块城中村改造项目范围内的集体土地。2022年8月29日，某县人民政府发布《土地征收公告》。2022年10月7日，由原告王某某签名向城中村改造项目指挥部提交《腾空验收申请》，表示被征收房屋全部腾空完毕，并自愿将被征收房屋交予政府依法处理，请组织验收。同日，原告王某某在《搬迁腾空验收单》上签名，确认腾空房屋，面交钥匙，验收合格。2022年10月28日，某街道在中国农业银行某县支行分别以吴某某、王某某名义开列存单形式各支付征收补偿款574964.29元，共计1149928.58元。2022年10月29日，以手机短信形式告知补偿款已发放。2022年10月31日，被告组织拆迁公司将案涉房屋进行了全部拆除。嗣后，两名原告以非自愿签订协议、尚未与征收部门就安置补偿事宜达成一致、强制拆除房屋违法为由，于2022年11月诉至法院，要求确认某街道强制拆除房屋行为违法。

【案件焦点】

拆除房屋行为是行政强制拆除行为，还是履行协议后的有权处置行为。

【法院裁判要旨】

浙江省丽水市青田县人民法院经审理认为：本案系两名原告不服被告因征收于 2022 年 10 月 31 日拆除案涉房屋而提起的诉讼。争议焦点为拆除房屋行为是属于行政强制拆除行为，还是履行协议腾空交付房屋后的处置行为。两名原告与被告签订了《某县征收集体所有土地房屋补偿安置协议书》，2022 年 7 月 15 日该征收区块签约率达到 98.56%。2022 年 8 月 23 日，浙江省人民政府批准征收该区块项目范围内的集体土地。至此双方签订的《某县征收集体所有土地房屋补偿安置协议书》约定条件已成就，协议已生效。王某某作为案涉房屋共有人及协议签订人有权代表征收户向被告提交《腾空验收申请》。根据腾空验收申请和搬迁腾空验收单的记载内容，表示王某某已自愿将被征收的案涉房屋腾空并交付被告。被告经验收合格后接收了房屋，在交付征收补偿款后可自行处分拆除。被告以开列存单形式支付征收补偿款后，组织拆迁公司对涉案房屋进行拆除，系履行协议腾空交付房屋后的处置行为，拆除行为合法，该行为不具有行政强制性质，无须以《中华人民共和国行政强制法》为依据，也不需要遵循《最高人民法院关于审理行政协议案件若干问题的规定》第二十四条的规定的程序执行。两名原告主张被告拆除房屋行为违法，缺乏事实和法律依据，法院不予支持。

浙江省丽水市青田县人民法院依照《中华人民共和国行政诉讼法》第六十九条之规定，判决如下：

驳回原告王某某、吴某某的诉讼请求。

王某某、吴某某不服一审判决，提出上诉。

浙江省丽水市中级人民法院经审理认为：同意一审法院裁判意见。判决如下：

驳回上诉，维持原判。

【法官后语】

以行政协议形式推进征收工作，具备提高征收效率、实现合理补偿、促进社会和谐、增强政府公信力等诸多优势，在实践中得到广泛应用。与此同时，因征收利益巨大，被征收人签订征收补偿安置协议又反悔时有发生，本案即是被征收人签订协议并腾空交房后，不同意行政机关拆除房屋引发的纠纷。对此类案件的审查，因前置征收行为是其基础性行为，基于全面合法性审查原则，还应对征收行为的合法性进行全面审查，因此，判断是否属强拆宜使用反向排除认定。

1. 房屋征收安置补偿协议是否已经生效。征收安置补偿决定或生效的安置补偿协议是征收部门拆除房屋的合法性基础。在此类案件中，若协议未生效，则征收行为失去合法性，应认定拆除房屋行为具有行政强制属性。因此，法院应首先查明安置补偿协议是否已经生效，其隐含两个前提：一是所签订的协议成立，即被征收人与征收部门平等协商后，达成合意签订安置补偿协议，且不存在受胁迫、欺诈、乘人之危、显失公平及重大误解等可撤销或无效之情形；二是协议已经成就生效条件，即旧城中改造区块被征收房签约率达到最低法定要求。

2. 被征收人是否自愿腾空交房。被征收人自愿签订安置补偿协议和自愿腾空交付房屋是构成被征收自愿性的基础，是判断行政机关后续拆除行为是否属于强制拆除的核心要点。在审查被征收人是否自愿腾空交房时，法院应从以下三个方面严格把握：(1) 征收部门或第三方不存在使用强迫、诱骗等行为，被征收人自愿搬出房屋。(2) 书面签订确认自愿交付房屋，实践中多为在房屋腾空交付验收单上签字。(3) 房屋内已无人实际居住，此实际居住应以生活居住为标准，而非因对抗而临时性返回暂住。

3. 征收行为是否符合“先补偿、后搬迁”原则。“先补偿、后搬迁”原则是行政机关依法征收所必须遵循的原则，它保障了被征收人在搬迁之前获得合理的补偿，可以防止行政机关权利滥用和违法征收。行政机关在此应举证是否已经足额支付了约定的安置补偿款、落实了临时安置过渡措施，否则，应认定行政机关征收行为违法。

4. 房屋拆除行为的依据。房屋拆除行为的依据是判断行政机关是否属于强制拆除的关键要素。在查明行政行为合法的基础上，法院应对行政机关拆除房屋的依据进行审查，根据行政诉讼“举证倒置”原则，行政机关应综合举证证明其拆除行为是被征收人履行安置补偿协议、自愿腾空交付并支付补偿后的依约拆除。否则，即使前置征收行为合法，但未作为房屋拆除依据的，法院应当依照《中华人民共和国行政强制法》有关规定对其行为进行审查。

编写人：浙江省丽水市青田县人民法院　郭康宁

三、行政许可

20

农村宅基地审批行政行为对相邻权不产生直接影响，相邻权人不具有提起行政诉讼的主体资格

——李某甲诉某镇政府农村宅基地审批案

【案件基本信息】

1. 裁判书字号

广西壮族自治区贵港市中级人民法院（2023）桂08行终146号行政裁定书

2. 案由：农村宅基地审批纠纷

3. 当事人

原告（上诉人）：李某甲

被告（被上诉人）：某镇政府

第三人：李某乙

【基本案情】

根据第三人李某乙的住宅用地申请，被告某镇政府于2022年4月8日作出《农村宅基地批准书》，批准第三人用地面积150平方米，其中房基占地135.71平方米，土地所有权人为李某乙，土地用途为宅基地，土地坐落为某镇某村某屯xx号。四至为东至李某甲私宅，南至李某丙私宅，西至李某丁私宅，北至卢

某某私宅。第三人李某乙的房屋在原告的房屋的前面，距离原告李某甲房屋有一条宽 6.9 米，长 12.6 米的平行通道，从未发生过争议。2022 年 4 月，李某乙取得某镇政府的宅基地审批后拆旧建新房，侵占了原告李某甲宽 3.3 米，长 12.6 米的土地，某镇政府给李某乙审批农村宅基地的行为，严重影响原告李某甲的生产生活与通行，原告不服诉至法院，请求撤销被告颁发给李某乙的《农村宅基地批准书》。

【案件焦点】

原告与本案宅基地审批行为是否有利害关系。

【法院裁判要旨】

广西壮族自治区贵港市港北区人民法院经审理认为：《最高人民法院关于适用〈中华人民共和国行政诉讼法〉的解释》第十二条规定："有下列情形之一的，属于行政诉讼法第二十五条第一款规定的'与行政行为有利害关系'：（一）被诉的行政行为涉及其相邻权或者公平竞争权的……"据此，相邻权受损属于行政诉讼原告适格的情形之一，但权利人只能对相邻权产生直接影响的行政行为提起诉讼。本案中，案涉宅基地批准书所审批的内容包括宗地面积、权属、界址等，但不对通风、采光、通行等相邻权产生直接影响，因此，原告以其通行权利受侵害为由提起本案诉讼，与被诉的农村宅基地审批行政行为不具有法律上的利害关系，无权提起本案行政诉讼，其起诉依法应予驳回。

广西壮族自治区贵港市港北区人民法院依照《最高人民法院关于适用〈中华人民共和国行政诉讼法〉的解释》第六十九条第一款第八项的规定，裁定如下：

驳回原告李某甲的起诉。

李某甲不服一审裁定，提出上诉。

广西壮族自治区贵港市中级人民法院经审理认为，同意一审法院意见。裁定如下：

驳回上诉，维持原裁定。

【法官后语】

相邻权属于民事权利范畴，是从相邻关系当中衍生出来的一项不动产物权。所谓相邻关系是指，两个或两个以上相互毗邻不动产的所有权人或者使用权人，在行使权利的过程中，因相互之间应当给予便利和接受限制而发生的权利义务关系。设立相邻关系制度的目的在于物尽其用，充分发挥不动产的效用。在某些情况下，如果一方不能从相邻另一方获得便利，其不动产就不便利用甚至难以利用。因此，基于法律规定或者当地习惯，赋予一方不动产的权利人利用相邻不动产的权利，就是一个明智的选择，而这种权利就是相邻权。相邻权主要出现于物权行使的以下五种情形：一是自然流水的利用；二是通行；三是建造、修缮建筑物以及铺设电线、电缆、水管等；四是通风、采光和日照；五是排污。与相邻权相对的是相邻不动产权利人的义务，前三种情形对应的是作为义务，即为自然流水利用、通行及特定建设行为提供便利的义务，后两种情形对应的则是不作为义务，即不得为侵权行为的义务。

通常情况下，相邻权受到的损害都与相邻不动产的权利人不履行或者不充分履行相应义务有关，因此，相邻权人寻求司法救济通常可以通过民事诉讼解决。但在某些情况下，行政机关的行政行为也会对相邻权人产生影响。符合以下条件的，相邻权人具有提起行政诉讼的主体资格：一是行政行为通常针对相邻不动产而为，如批准相邻土地上的工程建设；二是从诉讼主张上看，相邻权受到损害具有可能性，如当事人提出上述批准建设的工程与原告的建筑间距过窄，影响其通风、采光等相邻权；三是行政机关作出被诉行政行为时所适用的行政实体法律规范，是否要求行政机关考虑、尊重和保护原告诉请保护的权利和利益，如相邻权人起诉批准建设的土地审批行为，其不具备原告主体资格，相关规则并不要求政府部门在审批土地时考虑是否影响相邻权的问题。因此，本案中，根据土地管理法等相关规定，案涉宅基地批准书所审批的内容包括宗地面积、权属、界址等，但不对通风、采光、通行等相邻权产生直接影响，因此，原告以其通行权利受侵害为由提起本案诉讼，与被诉的农村宅基地审批行政行为不具有法律上的利害关系，无权提起本案行政诉讼，原告的起诉依法应予驳回。

编写人：广西壮族自治区贵港市港北区人民法院　林丽宁

21

行政机关将同一区域内独家特许经营权通过行政许可先后授予给不同的经营者，先经营者对行政机关重复许可的行政行为有权提起行政复议

——广东某某公司诉某市人民政府特许经营许可案

【案件基本信息】

1. 裁判书字号

广东省揭阳市中级人民法院（2023）粤 52 行初 4 号行政判决书

2. 案由：特许经营许可纠纷

3. 当事人

原告：广东某某公司

被告：某市人民政府

第三人：某市生态环境局、揭阳某某公司

【基本案情】

2010 年，揭阳某某公司（乙方）与某市环境监测站（甲方）签订了《特许经营合同》，约定建立医疗废物处置中心，由乙方以 BOT 方式（一种将基础设施的经营权进行有限期抵押以筹集资金的投融资方式）全额投资建立，项目建设、安装并验收合格后，移交给乙方经营管理，乙方有权获得本项目一定期限的特许经营权，并有权在约定期限内自主经营，期限届满后再将本项目的固定资产移交给甲方。主要经营收集焚烧处置揭阳市辖区范围内的所有医疗机构产生的医疗废物以及符合国家规定处理的其他废物。经营期限为 25 年。在约定

的经营期限内，甲方不得自行经营或批准建设同类型医疗废物集中处置项目，以后法律、法规，以及省、部级规范性文件有新规定的除外。揭阳某某公司持有某市生态环境局于2009年7月23日颁发的《危险废物经营许可证》，核准经营危险废物类别“医疗废物（HW01）”、核准经营方式为“收集、贮存、处置”，有效期限至2025年。2022年12月30日，某市生态环境局向广东某某公司颁发《危险废物经营许可证》，载明广东某某公司核准经营内容为“医疗废物（HW01）”、核准经营方式为“收集、贮存、处置”，有效期限至2023年。揭阳某某公司不服某市生态环境局对广东某某公司作出上述《危险物品经营许可证》的行政行为，向某市人民政府申请行政复议。某市人民政府作出《行政复议决定书》，决定撤销某市生态环境局作出《危险废物经营许可证》的行政行为；责令某市生态环境局在法定期限内对广东某某公司提出的申请依法重新进行处理。广东某某公司不服《行政复议决定》，向揭阳市中级人民法院提起行政诉讼，请求撤销某市人民政府作出的《行政复议决定书》。

【案件焦点】

1. 第三人揭阳某某公司与第三人某市生态环境局作出的案涉《危险废物经营许可证》是否存在利害关系；2. 第三人揭阳某某公司申请行政复议是否超出法定期限；3. 被告某市人民政府作出的案涉行政复议是否合法。

【法院裁判要旨】

广东省揭阳市中级人民法院经审理认为：揭阳某某公司持有效的《危险废物经营许可证》，并提供相关证据主张其获得一定期限内的某市医疗废物处置中心项目独家特许经营权，且该特许经营权现处于有效期限内。特许经营合同已明确约定在经营期限内，甲方不得自行经营或批准建设同类型医疗废物集中处置项目。同时，某市环境监测站是经某市政府授权，具有签约的主体资格。故，在案涉行政许可事项直接影响到他人重大利益关系的情况下，行政机关在作出行政许可决定前，应当依法告知申请人、利害关系人享有陈述、申辩、听证等权利。因此，揭阳某某公司与某市生态环境局作出的案涉《危险物品经营许可证》行政行为存在利害关系。揭阳某某公司不服上述重复许可行为，向某市人民政府提出复议申请，复议主体适格。

第三人某市生态环境局于2022年12月30日向原告颁发案涉《危险废物经营许可证》，于2023年1月9日在该局官网发布办理情况，但没有告知第三人揭阳某某公司。第三人称于2023年4月16日通过浏览某市生态环境局网站才得知，于2023年4月17日向被告申请行政复议。因此，由于第三人揭阳某某公司直到2023年4月16日才知道上述《危险废物经营许可证》的行政行为。行政机关作出行政行为未告知复议期限的，从知道或者应当知道行政行为内容之日起，申请人申请复议的期限最长不得超过一年。明显第三人提出复议申请的期限并没有超过最长一年期限。被告某市人民政府对第三人揭阳某某公司作出的案涉《行政复议决定书》的行政行为，认定事实清楚，证据充分，适用法律基本正确，程序合法，本院依法予以支持。

广东省揭阳市中级人民法院根据《中华人民共和国行政诉讼法》第六十九条之规定，判决如下：

驳回原告广东某某公司的诉讼请求。

判决后，双方当事人均未上诉，本判决现已生效。

【法官后语】

独家特许经营合同约定先经营者取得一定区域、相应期限的医废处置中心项目的独家特许经营权。先经营者基于其所签订的特许经营合同的相关合同利益、信赖利益应得到保护。

一、行政复议主体资格认定及制度价值

行政机关将同一区域具有排他性的独家特许经营权通过行政许可给不同的经营者，对已获得特许经营权经营者的信赖利益造成实质性影响。被复议的行政行为对先经营者之权利造成实际影响，该影响不仅包括对其权利本身之处分，也影响其权利之实现。先经营者据此有提起行政复议主体资格。

《最高人民法院关于适用〈中华人民共和国行政诉讼法〉的解释》第十二条规定的“与行政行为有利害关系”是指行政行为须能够创设、变更或者消灭其权利义务。本案中，人民法院从以下三个方面全面审查：第三人自身的合法利益、确定的行政行为、利益受损与行政行为之间存在的直接因果关系。某市生态环境局向其他经营者颁发《危险物品经营许可证》的行政行为对揭阳某某公司的权利造成实际影响，对其权利实现造成现实阻碍，侵犯了其作为先经营者的合法权益。因此，人民法院依法支持某市人民政府撤销许可证，并责令某市生态环境局重新处理的行政复议决定。

行政复议第三人虽不是行政行为的直接相对人，但复议结果可能对其合法权益产生损害或影响，因此，行政复议第三人制度体现了行政机关依法行政的基本要求，是维护利害关系人合法权益、监督行政机关依法行政、保证正确、及时地化解行政争议的需要。

二、行政机关与社会资本合作时应遵循诚实信用原则

医疗废物是指医疗卫生机构在医疗、预防、保健以及其他相关活动中产生的具有直接或间接感染性、毒性及其他危害性的废物。焚烧处理医废具有快速减容、减量、减毒的能力，成为当前我国处置医废主要方法。

特许经营主要涉及与民生密切相关的领域，如本案涉及的医疗废物处置领域。处理不当则会损害公共利益，扰乱公共秩序，降低公众对政府的信赖感。所以需要审视特许经营权重复许可的效力认定以及归责，维护社会公共利益。

经营者发现在特许经营区域内存有其他第三方主体开展同类经营的行为，应立即与主管部门沟通竭力主张权益，并视具体情况立即提起行政复议或行政诉讼，主张撤销主管机关重复实施行政许可的违法行为，以此避免发生“第三方主体业已开展相关建设和经营，如撤销该违法行政许可行为，可能对公共利益造成重大损害，而致使法院不予撤销”的情形。同时，对于政府部门而言，在将同一特许经营权授予新的公司时，充分履行通知程序，通知先前的特许经营权人。先前的公司不满意即有异议，向主管机关反映意见，或者拿起法律武器维护合法权益。通知程序功效在于，一方面，若先前的社会资本确实享有特许经营权，该通知即可以起到警示作用，警示该公司自身的合法权益将会受到侵犯，及时维护自身利益；另一方面，若先前公司确已不再享有特许经营权，

该通知对于社会资本本身也是一种激励机制，以此来促进社会资本的有效竞争，促进市场的良性发展，鼓励社会资本提升服务质量。

《中共中央、国务院关于完善产权保护制度依法保护产权的意见》中明确："大力推进法治政府和政务诚信建设，地方各级政府及有关部门要严格兑现向社会及行政相对人依法作出的政策承诺，认真履行在招商引资、政府与社会资本合作等活动中与投资主体依法签订的各类合同，不得以政府换届、领导人员更替等理由违约毁约，因违约毁约侵犯合法权益的，要承担法律和经济责任。"本案切实保护了先经营者的信赖利益，同时规范了行政机关对排他性的独家特许经营实施重复许可的行为。特别需要指出的是，行政机关与社会资本合作等行政管理环节中，尤其要遵循法治政府、诚信政府原则，依法践行对行政相对人作出的承诺，彰显了行政审判在优化法治化营商环境中的重要作用。有力维护特许经营许可的稳定性和企业的合同权益，为今后此类问题的解决提供了重要参考。

编写人：广东省揭阳市中级人民法院　曾舒扬

22

行政机关通过法律文书送达、短信、网络公告等方式告知行政相对人拟作出的行政行为，已经充分保障行政相对人的陈述申辩权

——刘某诉某车辆管理所、某市交警支队注销机动车驾驶证案

【案件基本信息】

1. 裁判书字号

广东省广州铁路运输中级法院（2023）粤71行终1254号行政判决书

2. 案由：注销机动车驾驶证纠纷

3. 当事人

原告（上诉人）：刘某

被告（被上诉人）：某市车管所、某市交警支队

【基本案情】

本案原告刘某被某区公安分局决定责令接受社区戒毒三年（自2018年7月13日起至2021年7月12日止）。刘某到社区戒毒执行地报到的日期为2019年1月21日。2020年11月27日，互联网交通安全综合服务管理平台向原告推送短信，通知刘某办理注销驾驶证业务。2021年7月14日，某派出所向刘某邮寄注销机动车驾驶证通知书，通知刘某申请注销机动车驾驶证。2021年7月16日，被告某市车管所向原告发送短信，通知刘某到被告某市车管所处注销驾驶资格。同年7月21日，某市交警支队发出《关于通知池某某等驾驶人前来注销驾驶资格的公告》，公告通知刘某到车管所申请注销，逾期不申请的，注销并公告原告的驾驶证作废。刘某未在期限内向被告市车管所提出异议或申请注销。2021年8月20日，被告某市车管所对刘某的驾驶证办理注销登记。同日，某市交警支队作出《关于注销池某某等驾驶人驾驶资格及驾驶证作废的公告》，依照《机动车驾驶证业务工作规范》第二十八条第二项、第二十九条的规定，依法注销刘某的驾驶资格并公告机动车驾驶证作废。刘某不服，诉至广州铁路运输法院，并请求对《机动车驾驶证业务工作规范》第二十八条第二项、第二十九条提起规范性文件附带审查。

【案件焦点】

被告某市车管所作出被诉注销驾驶证行为是否合法。

【法院裁判要旨】

广州铁路运输法院经审理认为：根据《中华人民共和国道路交通安全法实施条例》第十九条第一款、《机动车驾驶证申领和使用规定》（2016）第七十七条第六项、《戒毒条例》第十四条第二款、《机动车驾驶证申领和使用规定》

（2016）第六十一条第二款、《机动车驾驶证业务工作规范》第二十八条第二项、第二十九条的规定，被告市车管所认定刘某正在执行社区戒毒并于 2021 年 8 月 20 日作出被诉注销登记行为，符合上述法律规定，应当予以支持。刘某请求对《机动车驾驶证业务工作规范》第二十八条、第二十九条进行规范性文件审查。首先，根据《中华人民共和国道路交通安全法》第十九条第一款、第二款，《中华人民共和国道路交通安全法实施条例》第十九条第一款，《机动车驾驶证申领和使用规定》（2016）第一条，第七十七条第六项的规定，法律法规已授权公安机关交通管理部门实施机动车驾驶证许可。其次，《机动车驾驶证业务工作规范》第二十八条和第二十九条所规定的办理注销登记的流程，系对《机动车驾驶证申领和使用规定》（2016）第七十七条规定的细化，故本案审查的规范性文件具有上位法依据，故判决驳回刘某的诉讼请求。

刘某不服一审判决，提出上诉。

广东省广州铁路运输中级法院经审理认为：2020 年 11 月 27 日至 2021 年 8 月 20 日，经两次电子通知、邮寄纸质文件通知及公告后，刘某应当知道其被社区戒毒属于应当注销驾驶证的情形，其完全可以行使陈述、申辩等权利，刘某所提陈述、申辩权被剥夺缺乏事实根据，应当不予支持，故判决如下：

驳回上诉，维持原判。

【法官后语】

一、注销行政许可属于损益性行政行为，作出前充分保障行政相对人的陈述申辩权

被告市车管所认定刘某正在执行社区戒毒并于 2021 年 8 月 20 日作出被诉注销登记行为，鉴于注销行政许可属于损益性行政行为，被告市车管所已通过法律文书送达、电话短信、网络公告等方式告知刘某拟作出的注销行政许可行为，已充分保障原告的陈述申辩权，程序合法正当。在本案刘某已明知其应接受社区戒毒的情况下，未在规定时间内主动办理注销手续，也未在规定的时间内行使陈述、申辩等权利，其主张陈述、申辩权被剥夺，缺乏事实根据。

二、关于规范性文件中对作出行政行为的程序性规定的附带审查标准

第一，关于是否具有上位法的问题。首先，《中华人民共和国行政许可法》第七十条规定办理行政许可注销的情形，未明确办理程序。《机动车驾驶证申领和使用规定》(2016) 第七十七条规定注销机动车驾驶证的情形，亦未规定注销程序。其次，根据《中华人民共和国道路交通安全法》第十九条第一款、第二款，《中华人民共和国道路交通安全法实施条例》第十九条第一款，《机动车驾驶证申领和使用规定》(2016) 第一条，第七十七条第六项的规定，法律法规已授权公安机关交通管理部门实施机动车驾驶证许可，依法有权对行政许可的作出和注销制定办事流程。最后，《机动车驾驶证业务工作规范》第二十八条和第二十九条所规定的办理注销登记的流程，系对上述法律和部门规章的细化。在缺乏具体上位法依据的情况下，《机动车驾驶证业务工作规范》第二十八条和第二十九条实际上已规定交通管理部门车辆管理所在作出注销机动车驾驶证决定前，应通过信函、手机短信等方式告知行政相对人拟作出的注销机动车驾驶证的决定，已充分保障行政相对人陈述和申辩权利，符合正当法律程序原则，合法正当，应当作为认定被诉注销机动车驾驶证行为合法的依据。

第二，关于规范性文件已经修订是否不应适用的问题。规范性文件的内容修订并非规范性文件不应适用的理由，“程序从新”原则仅适用于作出行政行为时，并非以行政复议审查时或者行政诉讼审理时来确定。本案原告刘某主张《机动车驾驶证业务工作规范》已对原《机动车驾驶证业务工作规范》第二十八条和第二十九条作了实质性修改，但鉴于《机动车驾驶证业务工作规范》是在被诉注销登记行为作出后才公布生效，故应适用《机动车驾驶证业务工作规范》的相关规定。

编写人：广州铁路运输法院　谭碧仪　刘晨熙

23

中医医术确有专长人员医师资格考核认定审查标准

——韩某某诉某市中医药管理局、国家中医药管理局行政许可及行政复议案

【案件基本信息】

1. 裁判书字号

北京市第二中级人民法院（2023）京 02 行终 627 号行政判决书

2. 案由：行政许可及行政复议纠纷

3. 当事人

原告（上诉人）：韩某某

被告（被上诉人）：某市中医药管理局、国家中医药管理局

【基本案情】

2020 年 12 月 1 日，某市中医药管理局（以下简称市中医局）在其官网发布 2020 年某市中医医术确有专长人员医师考核报名通知。2020 年 12 月 19 日，韩某某报名参加 2020 年某市中医医术确有专长人员医师资格考核，线上填报了相关表格并上传了相关材料。韩某某报考的专病为“三尸虫病”，技术方法为内服。后，韩某某通过某区卫生健康委初审。2021 年 1 月，市中医局委托某市中医协会对通过初审的报名材料进行审核确认。专家组委托中国中医药科学院中医基础研究所查阅了中医文献资料，确认“三尸虫病”的主要诊断依据为病原学检查和血清学阳性。专家组与韩某某的两名推荐医师进行了电话调查核实。之后，两名推荐医师向专家组出具《情况说明》称，对韩某某申报专病“三尸虫病”的疾病知识、疾病特点不太了解，不清楚韩某某的医术专长及学术特

点，对其治疗情况和疗效不太了解，推荐理由为受人之托。经审核，市中医局认为韩某某的报名材料存在问题，未予通过韩某某报名材料的审核确认。2021年3月11日、19日，市中医局在其官网分两批公示了2020年某市中医医术确有专长人员医师考核报名合格人员名单，韩某某未在合格人员名单中。

后韩某某向国家中医药管理局（以下简称国家中医药局）申请行政复议。2022年3月9日，国家中医药局收到韩某某提交的行政复议申请书及材料。2022年3月11日，国家中医药局向韩某某作出补正行政复议申请通知书并邮寄送达。国家中医药局经复议审查认为，韩某某申请参加中医医术确有专长人员医师考核，应该符合规定的报名条件。本案中，市中医局据此未予通过韩某某的报名材料审核确认并无不当。2022年5月9日，国家中医药局作出被诉复议决定并向韩某某和市中医局邮寄送达。

韩某某不服提起本案诉讼，请求：（1）撤销市中医局于2021年3月15日对韩某某2020年某市中医医术确有专长人员医师资格考核报名资料审核复审不予通过的行政行为；（2）撤销国家中医药局作出的被诉复议决定。一审判决驳回韩某某的诉讼请求，韩某某提起本案上诉。

【案件焦点】

1. 市中医局对韩某某参加2020年某市中医医术确有专长人员医师资格考核复审不予通过的行为是否合法；2. 韩某某申请材料是否符合中医医术确有专长人员医师资格考核复审要求。

【法院裁判要旨】

北京市东城区人民法院经审理认为：根据《中华人民共和国中医药法》第十五条第二款、《中医医术确有专长人员医师资格考核注册管理暂行办法》（以下简称《暂行办法》）第三条第二款、《某市中医医术确有专长人员医师资格考核注册管理实施细则（试行）》（以下简称《实施细则》）第三条规定，市中医局具有复审并公示中医医术确有专长人员医师资格考核人员的法定职权。根据《中华人民共和国行政复议法》的规定，国家中医药局具有作出本案行政复议决定的法定职权。

本案中，韩某某报名参加市中医局组织的 2020 年某市中医医术确有专长人员医师资格考核，并提交了相关材料，其报考的专病为“三尸虫病”。后，韩某某通过初审。在复审中，市中医局对韩某某的材料进行审核，并与其两名推荐医师进行调查核实。两名推荐医师出具《情况说明》称，对韩某某申报专病“三尸虫病”的疾病知识、疾病特点不太了解，不清楚韩某某的医术专长及学术特点，对其治疗情况和疗效不太了解，推荐理由为受人之托。据此，市中医局经审核认为，推荐医师对“三尸虫病”疾病知识、特点认识不清，对韩某某报考的疾病不了解，推荐理由系受人之托，两名推荐医师的推荐意见不符合《暂行办法》和《实施细则》的规定。市中医局经审核后，作出不予通过韩某某的报名材料审核确认的行为，其认定事实清楚，证据确凿，适用法律法规正确，并无不当。韩某某要求撤销市中医局的上述行政行为，其诉讼请求缺乏事实和法律依据，不予支持。

本案中，国家中医药局在收到韩某某的行政复议申请后，依法履行了通知补正、受理、通知答复、复议审查、作出被诉复议决定并送达的复议程序，符合《中华人民共和国行政复议法》的规定，并无不当。韩某某要求撤销被诉复议决定的诉讼请求，无事实和法律依据，依法予以驳回。综上，一审法院依照《中华人民共和国行政诉讼法》第六十九条之规定，判决如下：驳回韩某某的诉讼请求。

韩某某不服一审判决，提出上诉。

北京市第二中级人民法院经审理认为，同意一审法院裁判意见。判决如下：

驳回上诉，维持原判。

【法官后语】

本案中韩某某报名参加的中医医术确有专长人员医师资格考核，是根据我国中医发展实际情况制定的、满足因没有全日制医学专业学历无法考取国家行医资格条件、但有真正技术的中医人才获取医师执业资格的政策。《中华人民共和国中医药法》《暂行办法》对中医医术确有专长人员医师资格考核进行了充分规定，申请范围仅限于以师承方式学习中医或者经多年实践、医术确有专长的人员，并对申请条件加以规定，并对内服方药类和外治技术类的考核内容、考核程序进行了区分。

行政许可，是指行政机关根据公民、法人或者其他组织的申请，经依法审查，准予其从事特定活动的行为。对于中医执业资格申请的审查，行政机关除对资料完整度进行形式审查外，仍需对申请材料的真实性进行实质审查。具体至本案，市中医局不仅对材料完整度进行审查、还就患者反馈、医师推荐的真实性进行核查。认为韩某某的报名材料存在以下问题：10名推荐患者的推荐意见均为打印版本，且10名患者疾病症状不同，韩某某都归为“三尸虫病”，对“三尸虫病”疾病定位混淆不清，疗效无法评定；韩某某自行采用耳血涂片，自行配制药品，给患者带来安全风险；两名推荐医师对“三尸虫病”疾病知识、疾病特点认识不清，对韩某某报考的疾病不了解，推荐理由均为受人之托。《暂行办法》第七条规定，经多年中医医术实践的，申请参加医师资格考核应当同时具备下列条件：(1) 具有医术渊源，在中医医师指导下从事中医医术实践活动满五年或者中医药法施行前已经从事中医医术实践活动满五年的；(2) 对某些病证的诊疗，方法独特、技术安全、疗效明显，并得到患者的认可；(3) 由至少两名中医类别执业医师推荐。《实施细则》第九条规定，推荐医师应当同时具备下列条件：(1) 经注册在本市医疗机构内执业的中医类别执业医师；(2) 与推荐参加考核的中医医术确有专长人员专业相关，并且对被推荐人考核的医术专长和学术特点有深入了解，能够明确指出被推荐者长期临床实践所采用的中医药技术方法和具体治疗病证的范围。以上问题均指向韩某某申请材料真实性存疑，不符合以上规定中对中医医术确有专长人员医师资格考核标准。故未予通过其复审并无不当，市中医局所作行政行为并无不当。

编写人：北京市第二中级人民法院　刘彩霞

24

行政机关在 12345 热线平台的反馈答复不认定为代表行政机关作出履职行为

——翁某某诉某镇人民政府不履行行政许可职责案

【案件基本信息】

1. 裁判书字号

广西壮族自治区灵山县人民法院（2023）桂 0721 行初 40 号行政判决书

2. 案由：不履行行政许可职责纠纷

3. 当事人

原告：翁某某

被告：某镇人民政府

【基本案情】

2022 年 11 月 8 日，原告翁某某向被告某镇人民政府提交行政许可申请书，申请林木采伐许可证，某镇人民政府收到原告的申请后，经审查认为林木权属存在争议，遂将相关申请材料直接退还给原告翁某某。2023 年 6 月 26 日，原告翁某某在广西数字政务一体化平台 12345 系统中，对被告某镇人民政府未通过办理林木采伐许可证申请进行投诉。被告某镇人民政府于 2023 年 7 月 11 日回复称因原告在该图斑范围内没有合法使用权，不符合办理林木采伐许可证的办理条件，不予办理符合法律规定。原告翁某某对被告对其申请不予处理的行为不服，于 2023 年 10 月 25 日诉至法院，请求依法判决：责令被告在法定期限内依法对原告的林木采伐许可申请作出处理；本案所产生的一切相关费用由被告负担。

【案件焦点】

当事人向行政机关提交书面履职申请，行政机关未予书面处理直接退件后，经当事人在12345热线平台投诉，行政机关在12345热线平台的反馈答复，是否视为履行了法定职责。

【法院裁判要旨】

广西壮族自治区灵山县人民法院经审理认为：原告向被告某镇人民政府提交了林木采伐许可申请，被告某镇人民政府亦认可收到了原告的申请。故，本案的主要争议焦点为，被告某镇人民政府收到原告的申请后是否依法履行了职责。根据法庭调查，被告称其在收到了原告的申请后，派遣了工作人员进行现场核实，发现申请材料和实际图斑不一致，故将材料直接退回给原告。本院认为，根据《广西壮族自治区林木采伐管理办法》第二十五条"核发林木采伐许可证的机关从受理之日起，对符合发证条件的应当在20个工作日内发放林木采伐许可证；对不符合发证条件的，应当当场或5个工作日内以书面形式一次性告知。"行政机关在收到行政相对人的申请后，可以根据实际情况依法进行处理，依法行使行政权，但行政机关作出行政行为，仍应依照法定程序进行，且行政行为应可视化、规范化，只有可视化、规范化的行政行为，行政相对人在进行救济的时候才可以明确真实的诉求，一次性解决行政争议。就本案而言，被告答辩称，因原告的申请不符合受理条件故不予受理，而在2023年7月11日在12345平台答复为不符合办理采伐许可证的办理条件，故不予办理。不予受理一般指不符合形式要件，即不符合受理的条件，而不予办理采伐许可证一般为形式上受理后，在后续的审查中发现不符合法律、法规、规章规定的办理条件，故不予办理。行政机关无论认为应该如何处理行政相对人的申请，均应以明确的行政行为予以告知行政相对人。12345平台是政府为了畅通群众与政府之间交流沟通渠道所设立的同意受理诉求并协调、督促办理的服务举措，不同于行政机关在履行法定职责过程中针对特定申请事项所作出的行政行为，故被告某镇人民政府在12345平台上的答复不视为已依法履行法定职责并作出行政行为。

广西壮族自治区灵山县人民法院根据《中华人民共和国行政诉讼法》第七十二条之规定，判决如下：

责令被告某镇人民政府履行法定职责，在法定期限内依法对原告翁某某的林木采伐许可申请进行处理。

判决后，双方当事人均未上诉，本判决现已生效。

【法官后语】

随着服务型政府理念的提出以及电子政务的广泛应用，以12345政府服务热线平台为代表的政务服务便民热线，在拓宽公众参与社会治理渠道等方面的作用日益凸显。但是对于公众在12345平台上的投诉、举报等行为以及行政机关在12345平台中的答复、反馈行为认定，如在该热线平台上投诉举报行为等是否可视为向行政机关提出履职申请，行政机关的答复行为是否视为作出行政行为，关系到行政诉讼受案范围的认定以及行政机关是否履行行政职能的认定，上述问题在实务中仍存在争议。

首先从12345平台的制度设置来看，《国务院办公厅关于进一步优化地方政务服务便民热线的指导意见》中指出，12345热线平台负责受理企业和群众投诉，回答一般性咨询，不代替部门职能，部门按职责分工办理相关业务，实施监管执法和应急处置等。据此可知，12345热线平台的原始职能定位是畅通公众诉求表达渠道的方式，不代替具体行政机关履行职能。本案中，原告向被告提交书面申请被告不予处理后，遂向12345热线平台投诉，其主要目的是通过投诉向上级部门请求监督而非在该平台重新提出履职申请。因12345热线平台的分流识别，转而由职能部门予以反馈答复。被告在收到12345平台转办的工单后在平台上予以答复，答复内容主要解释其已经对原告的申请进行了不予办理的处理，且该不予办理行为符合法律规定。但实际上，被告并未对原告的申请作出任何书面的通知或决定，仅仅是将原告的材料予以退回，故不应将被告在12345平台的答复视为已经履行了处理职责，一方面，符合12345热线平台职能定位；另一方面，从答复行为本身分析亦不构成一个行政行为。行政机关仍应按相关法律法规规定，以法定形式对当事人的申请作出处理。

但随着12345热线平台在群众中的广泛应用，其功能定位实际早已突破《国务院办公厅关于进一步优化地方政务服务便民热线的指导意见》中作为原始的沟通交流渠道职能，因此对在12345平台上群众的投诉、举报性质的认定以及行政机关答复的性质，亦不适合一刀切。特别是行政机关以书面形式加盖公章的文书，是否属于作出行政行为，是否属于行政诉讼受案范围等，仍应回归《中华人民共和国行政诉讼法》及其司法解释关于行政诉讼受案范围相关条款的规定予以认定，若行政机关在12345平台的答复超出释明或咨询解答范畴对群众的权利义务已经产生实质影响，如在答复中书面作出行政处罚或行政处理以及相关改变或设立权利义务的行为时，不可仅因其作出行为的平台职能定位和告知利害关系人的方式一概否认其可诉性。

编写人：广西壮族自治区灵山县人民法院　龙潇

四、行政登记

25

虚假材料下的简易注销登记应予撤销

——石某诉某区市场监督管理局工商登记案

【案件基本信息】

1. 裁判书字号

广西壮族自治区钦州市钦南区人民法院（2023）桂0702行初24号行政判决书

2. 案由：工商登记纠纷

3. 当事人

原告：石某

被告：某区市场监督管理局（以下简称某区市监局）

【基本案情】

郑某、石某系某防水材料公司的股东，郑某持有70%的股权，系该公司执行董事，石某持有30%的股权。2022年5月12日至31日，某防水材料公司通过国家企业信用信息公示系统向社会公告拟申请简易注销登记，并附有《简易注销全体投资人承诺书》，在公告期内没有自然人、企业、其他相关部门提出异议。2022年6月8日，某防水材料公司委托员工蒙某向某区市监局申请简易注销登记，提交了《企业注销登记申请书》《简易注销全体投资人承诺书》等相关文件。同日，某区市监局作出《简易注销受理通知书》决定予以受理；作出《准予简易注销登记通知书》，认定申请材料齐全，符合法定形式，准予某防水材料公司注销登记。经郑某证实，《企业注销登记申请书》《简易注销全体投资人承诺书》上的签名“石某”并非石某所签，石某对某防水材料公司申请简易注销不知情。

在某防水材料公司申请简易注销登记时，石某已通过“登记注册身份验证”APP 在全国企业登记身份管理实名验证系统作为自然人股东通过了身份验证。

2019 年 10 月 29 日，某防水材料公司因员工冯某工伤赔偿事宜，与冯某家人签订《协议书》，约定向冯某支付人民币 60 万元，该款项尚未清偿完毕，未进行清算或清偿安排。

石某提出如下诉讼请求：请求撤销某区市监局作出的第 174 号准予简易注销登记通知书，恢复某防水材料公司企业主体资格。

【案件焦点】

某区市监局作出的简易注销登记是否应予撤销。

【法院裁判要旨】

广西壮族自治区钦州市钦南区人民法院经审理认为：根据《中华人民共和国市场主体登记管理条例》第五条规定，被告作为县级以上地方人民政府市场监督管理部门，具有办理公司注销登记的法定职责。参照《中华人民共和国市场主体登记管理条例实施细则》第四十九条、第四十七条规定，本案中，某防水材料公司通过国家企业信用信息公示系统将简易注销登记申请和《简易注销全体投资人承诺书》进行公示，在 20 天的公示期内，无相关部门、债权人及其他利害关系人提出异议。某防水材料公司在公示期届满之日起 20 日内向某区市监局申请简易注销登记，提交了《企业注销登记申请书》《简易注销全体投资人承诺书》等书面材料，某区市监局经审查，认为某防水材料公司提交的申请材料齐全且符合法定形式，依法准予简易注销登记，虽然已尽到审慎审查义务，但实质并不符合适用简易程序进行注销登记。

又根据《中华人民共和国市场主体登记管理条例》第三十三条第一款、第四十四条规定，公司按照简易程序办理注销登记应具备在存续期间未发生债权债务或者已将债权债务清偿完结的前提条件。即使登记机关已尽到形式审查义务，对于提交虚假材料或者隐瞒重要事实取得公司登记的，登记机关应当采取责令改正、没收违法所得、罚款、吊销营业执照等措施进行纠正或处罚。本案中，某防水材料公司在办理涉案注销登记时，向某区市监局隐瞒尚存在未清偿债务的重要事实，并提交非石某本人签字的虚假材料，骗取某区市监局按照简易程序办理了注销登记，从而导致公司主体资格被不当终结，因此涉案注销登记行为应当予以撤销。故，石某关于撤销某区市监局作出的第174号《准予简易注销登记通知书》的诉讼请求有事实和法律依据，本院予以支持。关于石某请求恢复某防水材料公司企业主体资格的问题，公司被登记机关注销后，主体已不存在，无法自行恢复，应另行向登记机关重新申请登记。

广西壮族自治区钦州市钦南区人民法院依照《中华人民共和国行政诉讼法》第七十条之规定，作出如下判决：

一、撤销某区市监局于2022年6月8日所作的第174号《准予简易注销登记通知书》；

二、驳回石某的其他诉讼请求。

判决后，双方当事人均未上诉，本判决现已生效。

【法官后语】

公司注销登记作为登记的一种，产生市场主体丧失或终止的法律后果。注销登记程序又分一般注销程序和简易注销程序。一般注销程序，即按照法律规定的正常情况下的公司注销流程，其前提是在申请注销登记前应当依法清算。但根据《市场主体登记管理条例》第三十三条第一款规定，如若市场主体未发生债权债务或者已将债权债务清偿完结，未发生或者已结清清偿费用、职工工资、社会保险费用、法定补偿金、应缴纳税款（滞纳金、罚款），并由全体投资人书面承诺对上述情况的真实性承担法律责任的，则可按照简易程序办理注销登记。换言之，无须清算而只凭一张书面承诺即可。简易注销程序，虽为企业提供便捷高效的市场退出服务，但依照原工商总局《关于全面推进企业简易注销登记改革的指导意见》（以下简称简易注销指导意见）的规定，仍存在条件上的限制，其中包括但不限于被列入企业经营异常名录或严重违法失信企业名单或正在被立案调查或采取行政强制、司法协助、被予以行政处罚等情形。

简易注销程序简化了企业所需提交的材料，将全体投资人作出解散的决议（决定）、成立清算组、经其确认的清算报告等文书合并简化为全体投资人签署的包含全体投资人决定企业解散注销、组织并完成清算工作等内容的《全体投资人承诺书》，不再提交清算报告、投资人决议、清税证明、清算组备案证明、刊登公告的报纸样张等材料。根据《中华人民共和国行政许可法》及《市场主体登记管理条例》，登记机关仅对申请材料进行形式审查，企业应当对其公告的拟申请简易注销登记和全体投资人承诺、向登记机关提交材料的真实性、合法性负责。企业在简易注销登记中隐瞒真实情况、弄虚作假的，登记机关可以依法作出撤销注销登记等处理，在恢复企业主体资格的同时将该企业列入严重违法失信企业名单，并通过国家企业信用信息公示系统公示，有关利害关系人可以通过民事诉讼主张其相应权利。具体到本案，公司隐瞒尚存在未清偿债务的情况，提交非本人签字的虚假材料，骗取登记机关按照简易程序办理了注销登记，导致公司主体资格被不当终结，其股东请求撤销该注销登记，登记机关以已尽到形式审查义务为由进行抗辩的，不予支持。

编写人：广西壮族自治区钦州市钦南区人民法院　黄平平

26

不动产登记机关应当依据生效的征收决定作出不动产注销登记

——某货物配载中心诉某市自然资源和规划局行政登记案

【案件基本信息】

1. 裁判书字号

江苏省扬州市中级人民法院（2023）苏10行终30号行政判决书

2. 案由：行政登记纠纷

3. 当事人

原告（上诉人）：某货物配载中心（以下简称某配载中心）

被告（被上诉人）：某市自然资源和规划局（以下简称某资规局）

【基本案情】

某配载中心通过出让方式取得坐落于某市某镇某工业集中区6688平方米国有建设用地使用权，相应不动产权证编号为苏（20××）某市不动产权第0017×××号。2021年1月8日，某市人民政府作出《关于某建筑公司西侧环境综合整治国有土地上房屋征收决定》（以下简称3号征收决定），载明对某建筑公司西侧环境综合整治范围内国有土地上房屋及附属物实施征收，征收部门为某市住房和城乡建设局，征收实施单位为某市某镇人民政府，还载明了有关申请复议权及诉权等内容，并附《某建筑公司西侧环境综合整治房屋征收补偿方案》《某建筑公司西侧环境综合整治房屋征收红线图》。同日，某市人民政府发布了《某建筑公司西侧房屋征收公告》。2021年6月30日，某市人民政府向某资规局发出《关于办理不动产权证注销登记的通知》，载明2021年1月8日，某市人民政府依法作出《某建筑公司西侧环境综合整治国有土地上房屋征收决定》，现已生效。根据《国有土地上房屋征收与补偿条例》（以下简称《征补条例》）第十三条的规定，房屋被依法征收的，国有土地使用权同时收回。请你局依据相关法律法规，依法注销该项目范围内的房产证和土地使用权证等，并附《某建筑公司西侧环境综合整治国有土地上房屋征收决定》《某建筑公司西侧房屋征收公告》。案涉不动产权证在征收决定所涉项目范围内。2021 年 7 月 19 日，某资规局对某配载中心坐落于某市某镇某工业集中区的房屋土地国有建设用地使用权办理注销登记，并在其门户网站发布苏（20××）某市不动产权第 0017×××号不动产权证作废公告。某配载公司不服某资规局作出的注销登记行为，请求撤销某资规局注销登记行为并恢复登记。

【案件焦点】

某资规局注销某配载中心持有的不动产权证书，是否有相应的事实及法律依据。

【法院裁判要旨】

江苏省扬州市邗江区人民法院经审理认为：原《中华人民共和国物权法》第二十八条规定，因人民法院、仲裁委员会的法律文书或者人民政府的征收决定等，导致物权设立、变更、转让或者消灭的，自法律文书或者人民政府的征收决定等生效时发生效力。本案中，案涉地块属于某市人民政府 3 号征收决定的征收范围，自征收决定作出之时将直接导致物权变动的法律效果，即原告的物权即发生变更，房屋所有权即归国家所有，被征收人对其房屋不再享有所有权。《不动产登记暂行条例实施细则》第十九条第二款规定，在下列情形之一的，不动产登记机关直接办理不动产登记……（三）人民政府依法作出征收或者收回不动产权利决定生效后，要求不动产登记机关办理注销登记的……本案中，某资规局根据某市人民政府作出的《某建筑公司西侧环境综合整治国有土地上房屋征收决定》以及某市人民政府《关于办理不动产权证注销登记的通知》的要求，直接办理涉案土地使用权的注销登记，符合法律规定，并无不当。综上，某资规局作出的涉案注销登记行为，符合法律规定。某配载中心的诉求，没有事实和法律依据，依法应予驳回。江苏省邗江区人民法院依据《中华人民共和国行政诉讼法》第六十九条之规定，判决如下：

驳回某配载中心的诉讼请求。

某配载中心不服一审判决，提出上诉。

江苏省扬州市中级人民法院经审理认为：《中华人民共和国民法典》第二百二十九条规定，因人民法院、仲裁机构的法律文书或者人民政府的征收决定等，导致物权设立、变更、转让或者消灭的，自法律文书或者征收决定等生效时发生效力。《不动产登记暂行条例实施细则》第十九条第二款规定，有下列情形之一的，不动产登记机关直接办理不动产登记……（3）人民政府依法作出征收或者收回不动产权利决定生效后，要求不动产登记机关办理注销登记的……依照上述法律及规章规定，不动产登记机关在人民政府依法作出的征收不动产权利决定生效后，可以直接办理不动产登记。行政行为公定力理论认为，行政行为一经作出，即使具有瑕疵，在未经法定国家机关按法定程序作出认定和宣告以前，也具有被视为合法行为并要求所有国家机关、社会组织和个人尊重的法律效力。这一理论是《中华人民共和国行政诉讼法》第五十六条规定的诉讼不停止执行原则的基础，也是自然资源部在《对十三届全国人大三次会议第 3226 号建议的答复》中认为“人民政府作出决定后，当事人不服申请法院审理的，在法院作出判决前，除法院裁定人民政府决定停止执行的，决定可以作为登记的依据”的渊源。如果单纯从行政行为的公定力理论出发，国有土地上房屋征收决定一经作出并依法公告后，即视为有效，进而不动产登记机关可以据此直接办理注销被征收人持有的不动产权利证书的登记行为。但这样的理解，不仅对于未依法获得补偿安置的被征收人而言无疑是不公的，也会给征收部门或征收实施单位一个错误的引导，那就是在迟迟不能与被征收人就补偿安置问题签订协议的情况下，无须遵从《国有土地上房屋征收与补偿条例》规定的采取作出补偿决定进而申请人民法院强制执行的方式，法治化地解决补偿安置争议，而是可以凭借征收决定径行注销被征收人的不动产权证书，实现交地上市。从这个角度讲，国有土地上房屋征收决定的生效应当具有特定含义，或者已经通过协议或补偿决定的方式解决补偿安置争议，或者被征收人未在法定期限内针对征收决定申请复议、提起诉讼，又或尽管被征收人申请复议或提起诉讼，但征收决定的合法性未被最终否定。国有土地上房屋征收中的“诉讼不停止执行”原则也应当理解为被征收人起诉国有土地上房屋征收决定后，征收部门或征收实施单位仍可以开展权属调查、入户评估、补偿谈判、签约搬迁等工作，但不能理解为在未法治化解决补偿安置争议的情况下，可以凭征收决定而注销被征收人的权属证书甚至强制拆除被征收房屋。本案中，某市人民政府于2021年1月8日作出3号征收决定。2021年3月6日，某某造粒厂针对该征收决定申请行政复议。后某昊公司于2021年4月29日针对该征收决定提起行政诉讼。被上诉人某资规局办理被诉注销登记行为的时间则是2021年7月19日，此时案外人针对征收决定提起的行政诉讼一审尚未结案，而至今有关二审案件亦未审结。同时，至今征收部门或征收实施单位未与上诉人某配载中心签订补偿安置协议，或由某市人民政府依法作出补偿决定，即有关上诉人案涉房屋被征收的补偿安置争议尚未得到法治化解决。基于上述分析，被上诉人在直接注销上诉人不动产权证书时所依据的3号征收决定，对上诉人难言已经生效。被上诉人依据这一征收决定直接注销上诉人的不动产权证书确有不当。此外，某市人民政府办公室《关于印发〈关于集中办理全市已征收、拆迁（搬迁）不动产注销登记的实施方案〉的通知》的附件2《征收、拆迁（搬迁）项目中不动产注销登记申请指南》在申请材料一节规定，无论不动产登记簿记载的权利人或原征收、拆迁（搬迁）项目责任部门，申请注销不动产注销登记，均需提供包括人民政府依法征收生效决定书、拆迁公告、拆迁协议、征收、拆迁（搬迁）项目责任部门出具的关于不动产已实际灭失的情况说明等不动产灭失的材料。可见，拆迁协议系依申请办理不动产注销登记时应当具备的申请材料之一，被上诉人所谓无须考虑上诉人是否已经签订补偿协议的观点欠妥。考虑到，包括上诉人原不动产权利证书项下土地在内的案涉宗地已经挂牌出让，且后手权利人已经取得了新的不动产权利证书，被诉注销登记行为应予以确认违法。

综上所述，一审判决认定事实清楚，但适用法律错误，应予以纠正。江苏省扬州市中级人民法院依照《中华人民共和国行政诉讼法》第八十九条第一款第二项之规定，判决如下：

一、撤销江苏省扬州市邗江区人民法院作出的（2022）苏1003行初188号行政判决书；

二、确认某资规局于2021年7月19日注销上诉人某配载中心苏（20××）某市不动产权第0017×××号不动产权证书的不动产登记行为违法。

【法官后语】

不动产登记是不动产物权的法定公示手段，是不动产物权设立、变更、转让和消灭的生效要件，也是不动产物权依法获得承认和保护的依据。注销登记属于不动产登记的类型之一，是土地房屋征收与补偿工作不可或缺的环节。注销登记指已经登记的不动产或者不动产物权因发生了法定的事由而消灭或者终止，由权利人申请或者登记机关行使职权在法定的期限内使不动产物权效力完全消灭所作的登记，注销登记对当事人的不动产物权具有重要影响。

本案中，不动产登记机关辩称其作出注销登记的法定事由是市县人民政府作出的征收决定。对此，《中华人民共和国民法典》第二百二十九条沿袭了原物权法的规定，因人民法院、仲裁机关的法律文书或者人民政府的征收决定等，导致物权设立、变更、转让或者消灭的，自法律文书或者征收决定等生效时发生法律效力。《不动产登记暂行条例实施细则》第十九条第二款规定，在下列情形之一的，不动产登记机关直接办理不动产登记……（3）人民政府依法作出征收或者收回不动产权利决定生效后，要求不动产登记机关办理注销登记的……据此，市、县人民政府作出的生效征收决定是行政机关注销不动产登记的法律原因，征收决定是否生效是判断注销登记行为合法性的基础。

法律对征收决定何时生效并无明确规定，实务界亦存在分歧。一种观点认为，根据行政行为公定力理论，自征收决定作出之时将直接导致物权变动的法律效果，即房屋所有权即归国家所有，被征收人对其房屋不再享有所有权。本案一审法院即持此种观点，一审法院认为，作出国有土地上房屋征收决定的市县人民政府以发送内部函件的方式嘱托注销特定不动产权利证书，不动产登记机关作出的注销登记行为合法。另一种观点认为，征收决定系附条件生效的行政行为。国有土地上房屋征收决定的生效应当具有特定含义，或者已经通过协议或补偿决定的方式解决补偿安置争议，或者被征收人未在法定期限内针对征收决定申请复议、提起诉讼，又或尽管被征收人申请复议或提起诉讼，但征收决定的合法性未被最终否定，不动产登记机关不能以有权部门作出了征收决定即径行作出注销登记。

笔者认为，一方面，不动产登记机关仅凭借征收决定已经作出径行注销被征收人的不动产权证书的观点，可能导致个别被征收人补偿利益尚未得到满足之时，就丧失了不动产物权，与《国有土地上房屋征收与补偿条例》规定的“先补偿，后搬迁”的征收原则产生冲突，对于未依法获得补偿安置的被征收人而言无疑是不公的，也会给征收部门或征收实施单位一个错误的引导，那就是在迟迟不能与被征收人就补偿安置问题签订协议的情况下，无须遵从《国有土地上房屋征收与补偿条例》规定的采取作出补偿决定进而申请人民法院强制执行的方式，法治化地解决补偿安置争议，而是可以凭借征收决定径行注销被征收人的不动产权证书，实现交地上市。就本案而言，案外第三人已经针对征收决定提起行政复议和行政诉讼，尚无生效的法律文书对征收决定的合法性作出最终判定，不动产登记机关以征收决定一经作出即生效而实施注销登记行为，一定程度上激化了征收补偿争议，影响了争议的实质化解。另一方面，行政行为有多种生效规则，包括即时生效、受领生效、告知生效、附条件生效四种。[①]将征收决定理解为附条件生效为行政行为，契合征收补偿工作“先补偿、后搬迁”的法定原则，充分保障了被征收人的财产权益，亦能引导行政机关法治化地解决补偿安置争议，避免因注销登记导致不当衍生诉讼的发生。综上，在征收补偿决定未生效的情况下，不动产登记机关依职权作出的注销登记行为违法。因案涉土地已经完成挂牌出让，且后手权利人已经取得了新的不动产权利证书，被诉注销登记行为应予以确认违法。

---

① 胡建森：《行政法学》，法律出版社 1998 年版，第 173–174 页。

征收拆迁工作事关公共利益的实现和被征收人合法权益的保障，在城市更新不断推进的背景下，不动产注销登记工作有序进行对于加快推进棚户区改造、基础设施项目建设等工作有重要意义。各地政府对于做好征地拆迁过程中的注销登记工作，出台了规范意见。哈尔滨市人民政府印发《哈尔滨市依据征收决定办理不动产注销登记规定》，设置了嘱托注销、实地察看、提供要件、注销登记四项一般程序，并对履行程序时嘱托注销的前置条件，出具嘱托的主体、形式、提供的要件，察看的部门、形成的记录、公告作废程序等方面都做了要求。各地政府规范性文件中就注销登记的程序作出的规定与征收决定系附条件生效的行政行为的观点相一致，只有在正确理解征收决定属于附生效的行政行为的基础上，遵循注销登记的程序要求，有序推进征地拆迁过程中的注销登记工作，才能推动更多补偿安置争议法治化解决，实现征地拆迁追求的公共利益与被征收人合法财产权益保护的共赢。

编写人：江苏省扬州市中级人民法院　徐沐阳　仇琳　常健

27

当事人仅以申请材料非本人签字为由申请撤销工商登记的不予支持

——宋某某诉某区市场监督管理局、某家具店工商登记案

【案件基本信息】

1. 裁判书字号

新疆维吾尔自治区乌鲁木齐市中级人民法院（2023）新 01 行终 67 号行政判决书

2. 案由：工商登记纠纷

3. 当事人

原告（上诉人）：宋某某

被告（被上诉人）：某区市场监督管理局（以下简称某区市场管理局）

第三人（被上诉人）某家具店

【基本案情】

2014年3月12日，某区市场管理局受理了某家具店设立申请，申请材料中有宋某某本人照片、身份证件及相关材料。经过审查，同年3月14日，某区市场管理局预先核准了某家具店名称，并向某家具店颁发营业执照。

2019年12月19日，案外人某投资公司与某家具店就房屋租赁合同纠纷向法院提起诉讼。法院判决：某家具店向某投资公司支付租赁费及相应的利息损失。二审期间，宋某某提出案外人某信息技术公司冒用其名义注册成立某家具店。二审法院于2021年3月18日“驳回上诉，维持原判”的终审判决。

另查，本案在一审期间，经法院对某区市场管理局提交的工商登记材料中相关宋某某签名进行鉴定，结论为：工商登记材料中签名并非宋某某本人签署。二审期间，宋某某自述“于2021年2月底”知道2014年3月14日某区市场管理局准予某家具店个体工商户设立登记行为。宋某某在一审中提供的预约登记照片可以证实宋某某于2021年8月18日提起本案一审行政诉讼。

再查，二审审理期间，某区市场管理局提供：（1）宋某某本人手举授权委托书的照片一张，照片中的授权委托书载明：“我叫宋某某，是某家具店的经营者，该家具店在位于某写字楼一至二层，因我事务繁忙，现委托王某某前往公证处办理上诉商铺室内测温过程的保全证据公证。”并有宋某某本人签字。（2）该授权委托书的公证书。（3）国家企业信用信息公示系统某家居用品店信息截图，该截图记载：“组成形式：个人经营；经营者：宋某某。”

【案件焦点】

当事人仅以申请材料非其本人签字为由申请撤销工商登记的行为能否成立。

【法院裁判要旨】

新疆维吾尔自治区乌鲁木齐市水磨沟区人民法院经审理认为：个体工商户登记事宜包括经营者姓名和场所、组成形式、经营范围、经营场所。个体工商户使用名称的，名称作为登记事项。宋某某诉称申请材料中签名并非其本人签署，某区市场管理局违反法定程序注册登记某家具店。庭审中，宋某某确认其身份证件未曾丢失，工商登记档案中照片为宋某某本人照片。宋某某未证实其身份证件及照片未出借给他人使用。宋某某未妥善保管其身份证件及照片，任案外人随意使用其身份证件及照片，本案中过错责任方在宋某某及某家具店。某家具店申请成立时出具的申请材料，符合法定的形式与要求，其对某区市场管理局按照法律规定审查了提交的材料，预先核准某家具店名称，准予某家具店设立，符合相关法律法规规定，已尽到了合理的审慎审查的义务。某区市场管理局对某家具店的注册登记行为，不符合《中华人民共和国行政诉讼法》第七十条规定的可撤销行政行为的情形。宋某某要求撤销某家具店工商登记的诉讼请求，不符合法律规定，法院不予支持。

新疆维吾尔自治区乌鲁木齐市水磨沟区人民法院依照《中华人民共和国行政诉讼法》第六十九条的规定，作出如下判决：

驳回宋某某的诉讼请求。

宋某某不服一审判决，提出上诉。

新疆维吾尔自治区乌鲁木齐市中级人民法院经审理认为：本案被诉准予某家具店注册登记行为发生于 2014 年 3 月 14 日，当时生效的《个体工商户登记管理办法》第十八条第一款规定："登记机关收到申请人提交的登记申请后，对于申请材料齐全、符合法定形式的，应当受理。"《个体工商户条例》第八条规定："申请登记为个体工商户，应当向经营场所所在地登记机关申请注册登记。申请人应当提交登记申请书、身份证明和经营场所证明。个体工商户登记事项包括经营者姓名和住所、组成形式、经营范围、经营场所。个体工商户使用名称的，名称作为登记事项。"依据上述法律规定，登记机关办理工商登记时，对申请是否材料齐全、是否符合法定形式进行审查。本案中，某家具店申请个体工商户注册登记时所提交的登记申请书、身份证明和租赁合同等材料，符合上述法律所规定的申请登记时应当提供的材料法定形式且申请材料齐全。某区市场管理局收到某家具店的登记申请材料后在法定期限内作出被诉准予某家具店注册登记的行为，已尽到审查义务且程序合法，适用法律正确。关于宋某某上诉所持被诉准予某家具店注册登记行为所依据的申请材料均非其本人签字而应予以撤销的上诉意见，本院认为，某区市场管理局二审中提供的公证书及照片可以证实，宋某某知晓其系某家具店经营者且以经营者身份实际参与某家具店的经营。该行为是对被诉准予某家具店注册登记行为的认可。故，上诉人宋某某的上诉理由不能成立，本院不予采信，对其上诉请求本院不予支持。

新疆维吾尔自治区乌鲁木齐市中级人民法院依照《中华人民共和国行政诉讼法》第四十六条第二款，《最高人民法院关于适用〈中华人民共和国行政诉讼法〉的解释》第六十五条，《中华人民共和国行政诉讼法》第八十九条第一款第一项之规定，作出如下判决：

驳回上诉，维持原判。

【法官后语】

在办理个体工商户注册登记行为时，提交的申请材料应当由申请人签字并提交登记申请书、身份证明和经营场所证明。提交的申请材料所涉个体工商户经营者的签名非经营者本人或其合法委托的代理人签名，应当认定为虚假材料，属于以虚假材料获取个体工商户设立登记。

以申请人提供虚假材料获取个体工商户设立登记的，原则上应由登记机关在诉讼中依法予以更正。登记机关依法予以更正且在登记时已尽到审慎审查义务，原告不申请撤诉的，人民法院应当驳回其诉讼请求。原告对错误登记无过错的，应当退还其预交的案件受理费。登记机关拒不更正的，人民法院可以根据具体情况判决撤销登记行为、确认登记行为违法或者判决登记机关履行更正职责。

经营者以申请材料不是其本人签字或者盖章为由，请求确认登记机关对个体工商户设立登记的行为违法或者撤销登记行为的，人民法院原则上按照前述规定处理。但个体工商户的登记注册制度不仅为确保个体工商户的合法性和规范性，更为个体工商户后期的经营和管理提供基础。考虑到个体工商户设立登记后，将在后期的经营和管理中对外具有公示效应，为保障与个体工商户之间存在经营关系或其他债务关系的善意第三人的利益及市场营商环境的稳定性，人民法院在受理此类案件时，并非一概以申请材料中签名是否申请人本人签名作为裁判的唯一依据，而应结合申请人此前是否已明知设立登记行为内容却未提出异议，并在此基础上从事过相关管理和经营活动的相关情况，对设立登记行为是否构成撤销综合评判。

在审判实践中，当事人以申请材料非其本人签字等不知情为由，主张工商登记所依据的申请材料不真实，提起行政诉讼请求撤销该登记，人民法院需要判断当事人是否有承受工商登记后果的真实意思表示。当事人本人陈述等对于其不知晓工商登记情况的证明力并不完全，人民法院需要结合当事人是否参与经营、对外活动等综合判断其有无承受工商登记的意思，进而决定是否支持当事人的主张。

在个体工商户的经营者知晓设立登记行为的内容，即知晓其系个体工商户的经营者身份且以经营者身份实际参与个体工商户经营的，该情形系经营者对个体工商设立登记行为的认可。在此情况下，人民法院应当判定个体工商户设立登记行为不属于依法应当撤销之情形，进而判决驳回当事人的诉讼请求。

编写人：新疆维吾尔自治区乌鲁木齐市中级人民法院　高靖琳

28

房屋登记颁证及换证并非赋权行为，当事人对房屋权属发生争议的应当通过民事诉讼确定权利归属

——环境工程公司诉不动产登记中心房屋所有权登记案

【案件基本信息】

1. 裁判书字号

四川省成都市中级人民法院（2023）川 01 行终 1073 号行政裁定书

2. 案由：房屋所有权登记纠纷

3. 当事人

原告（上诉人）：环境工程公司

被告（被上诉人）：不动产登记中心

第三人：某区农村能源服务中心

【基本案情】

2005 年 1 月 25 日，某沼气技术公司与某建材厂合并改制，名称变更为环保能源公司，原属某沼气技术公司所有的讼争房屋所有权改由环保能源公司享有。2012 年 8 月，环境工程公司吸收合并环保能源公司，环保能源公司自此解散，环境工程公司承继了讼争房屋所有权并一直占有使用至今。2022 年 7 月，环境工程公司收到新都区人民法院送达的传票才知晓讼争房屋在 2016 年时被登记在了某区农村能源服务中心名下。环境工程公司认为，不动产登记中心将讼争房屋错误登记在某区农村能源服务中心名下的行为严重侵犯了其合法权利。

经审理查明，1993 年 4 月 8 日，原某区沼气办公室取得位于×××砖混房屋（109.5 平方米）和 2 栋 1 层砖木房屋（142.8 平方米）的所有权证，该证附记

载明：1栋出售给职工810平方米在外。2006年，原某区建设局下属的某区沼气办公室划转至某区农村发展局，并更名为某区农村能源办公室。2009年8月26日，某区农村能源办公室因补口发新证，登记取得房屋的新房所有权证，包括：1栋，用途为住宅，建筑面积为109.5平方米；2栋，用途为办公，建筑面积为142.8平方米。2016年2月16日，某区农村能源办公室以其上述房产办理房改完善产权，扣除1栋的产权面积中楼梯面积6.48平方米，1栋剩余面积为103.02平方米，该产权全部面积剩余245.82平方米为由，向原某区房产管理局（以下简称原某区房管局）申请换证。原某区房管局于2016年2月29日作出换证登记，其中，1栋房屋用途仍为住宅，建筑面积调减为103.02平方米；2栋房屋用途仍为办公、建筑面积仍为142.8平方米。环境工程公司不服，故提起本案行政诉讼。

【案件焦点】

变更登记行为是否涉及不动产权属变更，是否改变房屋的权属，环境工程公司是否具有诉讼资格。

【法院裁判要旨】

四川省成都市双流区人民法院经审理认为：本案中，环境工程公司因不服原某区房管局于2016年2月29日对某区农村能源服务中心房屋作出的登记颁证行政行为而提起本案诉讼，其主要理由为上述房屋的所有权人应当为环境工程公司而非某区农村能源服务中心。根据庭审查明的事实，原某区房管局作出的上述房屋登记颁证行为仅是换发新证、变更房屋面积，并未作出房屋所有权人变更的登记颁证行为，环境工程公司与该登记颁证行为之间不具有利害关系，其提起本案诉讼不具有原告主体资格。成都市双流区人民法院判决如下：

驳回环境工程公司的起诉。

环境工程公司不服一审判决，提出上诉。

四川省成都市中级人民法院经审理认为：根据《中华人民共和国行政诉讼法》第二十五条第一款的规定，行政行为的相对人以及其他与行政行为有利害关系的公民、法人或者其他组织，有权提起诉讼。本案中，环境工程公司请求撤销某区不动产登记中心于2016年2月29日给某区农村能源服务中心颁发的房屋所有权证，而不动产登记中心的该颁证行为，系根据某区农村能源服务中心的申请，作出的变更房屋面积换发新证行为（减少6.48平方米），并未改变房屋所有权权属登记。故，环境工程公司既不是该行政行为的相对人，亦与该行政行为不具有利害关系，环境工程公司不具有本案原告主体资格。原审法院裁定驳回环境工程公司的起诉正确，审判程序合法。上诉人环境工程公司的上诉请求不能成立，本院不予支持。依照《中华人民共和国行政诉讼法》第八十九条第一款第一项的规定，裁定如下：

驳回上诉，维持原裁定。

【法官后语】

在房屋登记行政争议案件中，由于房屋权属不清，若其中一方已经取得房屋权属登记，另一方应该采取何种途径维权，如何确定诉讼主体资格是本案中值得研究探讨的重点问题。

一、房屋权属登记的性质

《中华人民共和国城市房地产管理法》规定“国家实行土地使用权和房屋所有权登记发证制度……在依法取得的房地产开发用地上建成房屋的，应当凭土地使用权证书向县级以上地方人民政府房产管理部门申请登记，经县级以上人民政府房产管理部门核实并颁发房产所有权证书”。从以上规定可以看出，房产登记是县级以上人民政府房产登记机关应当事人的申请，对符合法定条件的房屋产权予以书面记载的一种具体行政行为。房产登记具有以下特征：第一，房产登记是房产登记机关依照《中华人民共和国城市房地产管理法》实施行政管理职能的行政行为；第二，房产登记是应申请而为的行政行为。房产登记机关不得主动为之，只能是被动行使职能；第三，房产登记是羁束的行政行为。房产登记机关对申请人的申请是否给予登记，无自由裁量权。对符合法定条件的申请，房产登记机关必须依法受理并予以登记，对不符合法定条件的申请，应当拒绝登记；第四，房产登记的内容是相应的房产权利。由此可见，房产登记这一行政行为与其他行政行为的不同之处，在于其本身并不是赋权行为，不创设权利、义务，登记所产生的仅仅是公示与公信效力。通过登记，社会公众可以查询、了解权利状况，以便指导自己的行为。由此可见，登记行为不是对房产权利的确权，更不是一种裁决，因房屋权属发生纠纷并不一定要通过行政诉讼撤销房产登记才可解决。

二、房屋权属登记纠纷的诉讼现状之处理意见

《最高人民法院关于执行〈中华人民共和国行政诉讼法〉若干问题的解释》第十二条规定："与具体行政行为有法律上的利害关系的公民，法人或者其他组织对该行为不服的，可以依法提起行政诉讼。"该解释为利害关系人针对具体行政行为提起行政诉讼奠定了法律基础，在登记机关对房屋产权进行登记颁证的过程中，权利请求人认为登记的房屋与自己权利有关，可以以利害关系人的身份提起行政诉讼。但争议在于对于行政行为的审查尺度应当如何把握。

三、房屋权属登记纠纷诉讼局面产生的原因和弊端

原《中华人民共和国物权法》颁布以前，司法实务界把房屋行政主管机关颁发房屋所有权证的行为视为一种具体行政行为，当事人对登记有异议的，一般通过提起行政诉讼予以解决。物权法颁布后，因物权法明确规定，房屋登记机关对房屋权属进行登记仅仅是一种登记行为，不是具体行政行为，利害关系人认为登记错误的，可以向登记机构提出异议，在提出异议后十五天之内向人民法院提起诉讼。在这种情况下，行政判决和民事判决就不可避免出现矛盾。

四、解决房屋权属登记纠纷建议和对策

在行政诉讼中应遵循房屋权属登记机关仅承担形式审查的原则，虽然法院的审查范围应当大于房屋权属登记机关的审查范围，但审查标准也不宜过宽，仅对登记行为事实基础的合法性进行有限审查，即要求申请行为和其所依赖的申请材料不能存在明显的不合法之处，并查清房屋的权利状况，才能认定登记机关的登记行为是否合法。总之，在司法实践中，对于房屋权属登记纠纷案件，应该以节省司法资源，维护司法权威，最大限度地以保护当事人的合法权益为出发点和落脚点，从而为和谐社会构建提供优质的司法保障。

编写人：四川省成都市双流区人民法院　王璇

29

行政争议以民事争议的解决为基础的，应当告知一并解决

——徐某甲诉某县行政审批服务局行政登记案

【案件基本信息】

1. 裁判书字号

山东省宁阳县人民法院（2022）鲁 0921 行初 15 号行政裁定书

2. 案由：房屋所有权登记纠纷

3. 当事人

原告：徐某甲

被告：某县行政审批服务局（以下简称某县审批局）

第三人：徐某乙

【基本案情】

徐某与王某系夫妻关系，两人均已去世，二人婚后共育有 4 名子女，分别为长女徐某丙、长子徐某乙、次女徐某丁、次子徐某甲。2000 年，徐某、王某建设涉案房屋。2021 年 6 月 1 日，某县审批局就涉案房屋向徐某乙发放了不动产权证书。徐某甲认为其父母去世时未留有遗嘱，应当按照法定继承分配该房屋，某县审批局将涉案房屋登记在徐某乙名下违反了《不动产登记暂行条例》中规定的登记程序，未尽审查义务，作出的登记行为缺乏相应事实根据，严重侵犯了原告的合法权益，故诉至本院，要求撤销某县审批局向徐某乙颁发的不动产权证书。徐某乙主张涉案房屋属于父母分家时分给其本人的房屋，其拥有所有权，某县审批局的登记行为符合法律规定、法定程序。本案审理过程中，发现涉案房屋权属的争议为解决本案行政争议的基础，故依据法律规定告知徐

某甲申请一并解决民事争议。徐某甲要求一并解决民事争议，以徐某乙、徐某丁为被告提起了共有权确认纠纷。山东省宁阳县法院作出（2022）鲁0921民初1941号民事裁判书，认定徐某甲、徐某乙的父母生前已将涉案房屋分给徐某乙，即将涉案房屋赠与徐某乙，涉案房屋不属于遗产，徐某甲要求确认涉案房屋为徐某甲、徐某乙共有，没有事实和法律依据，故对徐某甲的诉讼请求依法予以驳回。徐某甲不服一审判决提出上诉，山东省泰安市中级人民法院作出二审判决：驳回上诉，维持原判。

【案件焦点】

1. 徐某甲是否可以申请一并解决民事争议；2. 徐某甲与涉案房屋所有权登记行为是否具有利害关系，提起本案行政诉讼主体是否适格。

【法院裁判要旨】

山东省宁阳县人民法院经审理认为：《中华人民共和国行政诉讼法》第二十五条规定："行政行为的相对人以及其他与行政行为有利害关系的公民、法人或者其他组织，有权提起诉讼；第四十九条规定，提起诉讼应当符合下列条件：（一）原告是符合本法第二十五条规定的公民、法人或者其他组织；（二）有明确的被告；（三）有具体的诉讼请求和事实根据；（四）属于人民法院受案范围和受诉人民法院管辖。"徐某甲提起的（2022）鲁0921民初1941号共有权确认纠纷，法院驳回了徐某甲的诉讼请求，徐某甲上诉后二审维持原判，认定涉案房屋不属于遗产。徐某甲既非涉案房屋所有权登记的相对人，亦非利害关系人，徐某甲就涉案行政行为提起行政诉讼主体不适格，且没有事实根据，依法应驳回起诉。

山东省宁阳县人民法院根据《中华人民共和国行政诉讼法》第二十五条第一款、第四十九条，《最高人民法院关于适用〈中华人民共和国行政诉讼法〉的解释》第六十九条第一款第一项之规定，裁定如下：

驳回徐某甲的起诉。

判决后，双方当事人均未上诉，本裁定现已生效。

【法官后语】

本案系行政、民事法律关系交织的案件，是当事人探寻行政房屋所有权确认登记与民事房屋权属变动内在逻辑顺序的纠纷。该案当事人在寻求撤销行政房屋所有权确认登记中遇到的最大困惑在于物权归属的民事争议与行政登记的逻辑关系，存在“先民后行”“先行后民”的难题。《中华人民共和国行政诉讼法》第六十一条以及《最高人民法院关于适用〈中华人民共和国行政诉讼法〉的解释》第一百三十八条第三款抽象论述了行政诉讼一并审理民事争议的适用范围及条件，为人民法院在审理行政案件中发现民事争议为解决行政争议的基础提供解决问题的路径。

一、不动产登记与物权变动的厘清与出路

《中华人民共和国民法典》第二百零九条确立了基于法律行为的不动产物权变动的规则，要取得不动产所有权不仅需要有效的原因行为（债权行为如买卖合同、赠与合同等），而且需要具备登记行为作为生效要件，两者缺一不可。法律另有规定的除外主要是指基于事实行为的物权变动，如合法建造等事实行为，以及人民法院、仲裁委员会的法律文书或者人民政府的征收决定等。基于法律行为发生的物权变动是物权变动的主要方式，故不动产登记在多数情况下是不动产物权变动生效的要件，因此，正确认识不动产登记的法律性质是理解不动产登记在物权权属确认中作用的前提和基础。

物权变动的“权源”是当事人之间的法律行为或法律规定的非法律行为，而非不动产登记的确认。在基于法律行为发生的物权变动中，我国的主要物权变动模式是债权形式主义，原因行为和登记都是不动产物权变动生效的要件，但“要件”不能等同于“原因”。不动产物权变动的原因只能是当事人的法律行为。登记虽然在不动产物权变动中是生效要件，但登记本身并非赋权行为，债权合意等当事人的意思表示才是物权变动的基础，登记则标志着当事人之间转移不动产物权的权利义务关系完成，通过登记将该物权变动向社会公示。不动产物权变动的原因行为无效或者被撤销的，不动产物权即使办理了登记也会相应无效或者被撤销；相反，若原因行为有效，登记因程序违法被撤销的，权利人仍可要求对方当事人继续履行原因行为所设定的义务，协助办理登记手续并获得不动产物权。可见，不动产物权的变动从根本上来说取决于当事人关于物权变动的原因行为，而非不动产登记，除法律另有规定外，对不动产物权归属的终局性判断，只能依赖于原因行为或基础民事法律关系的审查判断结果。因此，设立、变更、转让和消灭不动产物权的法律行为和事实行为是前因，随之相应发生的不动产物权变动及其登记是结果。当事人之间发生不动产买卖等法律关系，经不动产登记部门依法办理相应的不动产物权变动登记后，一方当事人因反悔等原因对物权变动登记行为提出异议的，不宜在基础民事争议尚未解决的情况下迳行提起行政诉讼，一般应先行通过民事诉讼等途径解决基于买卖等基础民事法律关系发生的纠纷，或者依据《中华人民共和国行政诉讼法》第六十一条规定在提起行政诉讼的同时，申请一并解决相关民事争议，人民法院可以一并审理行政和民事争议。

二、不动产登记争议与权属争议的厘清与出路

《中华人民共和国民法典》第二百二十条规定："权利人、利害关系人认为不动产登记簿记载的事项错误的，可以申请更正登记。不动产登记簿记载的权利人书面同意更正或者有证据证明登记确有错误的，登记机构应当予以更正。不动产登记簿记载的权利人不同意更正的，利害关系人可以申请异议登记。登记机构予以异议登记，申请人自异议登记之日起十五日内不提起诉讼的，异议登记失效。"根据上述规定，权利人书面同意更正及单纯的不动产登记记载事项错误可以通过申请更正登记来变更，第二种情形亦必须提交"证实不动产登记簿记载错误的材料"，而后重开行政登记程序；在权利人不同意利害关系人提出的更正登记时，利害关系人可提出异议登记，但提出异议登记后的十五日内需提起民事诉讼来界定物权，故因权属争议产生的不动产登记争议，还是要通过权属争议解决，同时，鉴于行政程序重开的困难及复杂性，权利人不同意更正登记的情形下，利害关系人亦可选择通过民事诉讼界定物权后，再以此为依据申请更正登记。对此，《最高人民法院关于适用〈中华人民共和国民法典〉物权编的解释（一）》第一条规定："因不动产物权的归属，以及作为不动产

物权登记基础的买卖、赠与、抵押等产生争议，当事人提起民事诉讼的，应当依法受理。当事人已经在行政诉讼中申请一并解决上述民事争议，且人民法院一并审理的除外。”即因权属争议产生的不动产登记争议最终还是要通过民事争议解决。

三、法院释明一并审理相关民事争议的适用

《中华人民共和国行政诉讼法》第六十一条规定：“在涉及行政许可、登记、征收、征用和行政机关对民事争议所作的裁决的行政诉讼中，当事人申请一并解决相关民事争议的，人民法院可以一并审理。在行政诉讼中，人民法院认为行政案件的审理需以民事诉讼的裁判为依据的，可以裁定中止行政诉讼。”《最高人民法院关于适用〈中华人民共和国行政诉讼法〉的解释》第一百三十八条第三款规定：“人民法院在审理行政案件中发现民事争议为解决行政争议的基础，当事人没有请求人民法院一并审理相关民事争议的，人民法院应当告知当事人依法申请一并解决民事争议。”上述规定的主要目的在于保障诉讼经济和诉讼效率，当事人可以申请一并解决相关民事争议，也可以不申请解决相关民事争议，当事人对相关民事争议的解决途径具有选择权。当事人申请一并解决相关民事争议的，法院一般应当单独立案，由同一审判组织适用民事法律规范进行审理，在民事权属争议解决后再对行政案件进行裁判。如果经法院释明后当事人坚持不申请一并解决民事争议或另行起诉的，法院应当终结行政案件的审理或者裁定驳回起诉。

本案即在审理中发现不动产权属争议是解决行政争议的基础，向徐某甲释明后，徐某甲申请一并解决民事争议，通过审理民事争议确认涉案房屋已经赠与了徐某乙，涉案不动产登记与徐某甲没有利害关系，遂驳回徐某甲的起诉，从而终局性化解徐某甲与徐某乙间的房屋权属争议。

编写人：山东省宁阳县人民法院　孙春华　刘妍

30

与具体行政机关不具有利害关系的债权人不具有原告资格

——某银行厦门分行与某县自然资源局、某县不动产登记中心房屋所有权登记案

【案件基本信息】

1. 裁判书字号

福建省泉州市中级人民法院（2022）闽05行终553号行政裁定书

2. 案由：房屋所有权登记纠纷

3. 当事人

原告（上诉人）：某银行厦门分行

被告（被上诉人）：某县自然资源局、某县不动产登记中心

【基本案情】

2011年1月，甲公司将其位于某村土地房屋出让给乙公司，双方签订房屋买卖契约书并申请房屋所有权转移登记，乙公司于2021年1月获批发证，载明房屋建筑面积9589.78平方米、用地面积11759.00平方米。2013年8月13日，乙公司与某银行厦门分行签订了《最高额抵押合同》，约定将上述土地使用权及地上建筑物为相关借贷债务提供抵押担保，并办理抵押登记。

后某银行厦门分行通过民事诉讼，被确认有权对上述乙公司提供抵押的土地使用权及地上建筑物行使抵押权，以折价或拍卖、变卖上述抵押物所得价款优先受偿。后执行单位出具裁定书确认将上述抵押物作价5488448元交付某银行厦门分行抵偿案件债务5488448元，相应权利自裁定书送达之日起转移给某银行厦门分行所有。

2021年4月28日，某银行厦门分行向某县不动产登记中心发函，请求将上述土地使用权及地上建筑物变更登记至该行名下，某县不动产登记中心回函因部分建筑物灭失、超过土地确权范围，无法入库，且其尚未收到协助执行通知书。2011年11月20日，经测绘机构测量，确认实地测量宗地面积为11759.00平方米，该宗地实际剩余房屋面积6474.13平方米。

2021年11月30日，某银行厦门分行取得上述抵偿物的不动产权证书，其中载明宗地面积11759平方米/房屋建筑面积6474.13平方米。

另，2021年2月，某银行厦门分行自行拍卖上述不动产产权，第三人以5488448元竞得，并取得不动产权证书，证载宗地面积11759平方米/房屋建筑面积6474.13平方米。2021年12月24日，某银行厦门分行退还某农业专业合作社上述抵债资产拍卖款差额1392354元。

某银行厦门分行提起本案诉讼，要求确认某县自然资源局颁发的房屋所有权证书的行政行为违法。

【案件焦点】

原告是否享有本案诉权，是否具有本案原告主体资格。

【法院裁判要旨】

福建省南安市人民法院经审理认为：《中华人民共和国行政诉讼法》第二十五条第一款规定："行政行为的相对人以及其他与行政行为有利害关系的公民、法人或者其他组织，有权提起诉讼"，第四十九条规定："提起诉讼应当符合下列条件：（一）原告是符合本法第二十五条规定的公民、法人或者其他组织……"《最高人民法院关于适用〈中华人民共和国行政诉讼法〉的解释》第十三条规定："债权人以行政机关对债务人所作的行政行为损害债权实现为由提起行政诉讼的，人民法院应当告知其就民事争议提起民事诉讼，但行政机关作出行政行为时依法应予保护或者应予考虑的除外。"根据上述规定，有权提起行政诉讼的原告，应当是与被诉行政行为存在利害关系的公民、法人或者其他组织。本案中，登记机关在2011年颁发房屋所有权证时，不可能也不需要将

2013 年某银行厦门分行在该房屋上设立抵押权的实现纳为考虑或保护情形，即某银行厦门分行与房屋所有权证的登记行为不存在利害关系。故，某银行厦门分行不具备本案原告主体资格，其起诉依法应予驳回。

福建省南安市人民法院裁定如下：驳回起诉。

某银行厦门分行不服一审裁定，提出上诉。

福建省泉州市中级人民法院裁定如下：

驳回上诉，维持裁定。

【法官后语】

行政诉讼原告资格是指公民、法人或者其他组织就行政争议所具有的向法院提起行政诉讼从而成为行政诉讼原告的法律能力，也称为原告适格。行政诉讼原告资格是行政诉讼制度的基础，提起诉讼者是否具有原告资格，直接决定了行政诉讼程序是否能够推进，因此对行政诉讼原告资格的判断在行政诉讼中尤为重要。

一、行政诉讼原告资格的认定标准

其无论是在我国的理论领域还是在司法实务领域，一直以来都是热点的问题。《中华人民共和国行政诉讼法》第二条第一款规定："公民、法人或者其他组织认为行政机关和行政机关工作人员的行政行为侵犯其合法权益，有权依照本法向人民法院提起诉讼。"第二十五条第一款规定："行政行为的相对人以及其他与行政行为有利害关系的公民法人或者其他组织，有权提起诉讼。"上述两条法律条文分别规定了有权提起行政诉讼的主体即行政诉讼原告所具备的主、客观条件。主观上要求"认为自己的合法权益因行政行为受到侵害"，客观上要求"与行政行为有利害关系"。对于主观要件，即主观上起诉人认为自己的合法权益因行政行为遭受到侵害，强调的是起诉人"认为"，是一种单方的主观情感，在此我们不再赘述。客观上要求"存在利害关系"，则是为行政审判过程中的原告资格认定提供了一个判断标准。

二、"利害关系"的判断

"利害关系"，结合《中华人民共和国行政诉讼法》第二条、第二十五条应当完整理解为“合法权益与行政行为具有利害关系”，换言之“合法权益因行政行为受到损害”，那也就是需要满足以下两个要素：(1) 合法权益遭受损害；(2) 其损害是行政行为导致的或者说与行政行为有因果关系。

关于第一点，合法权益遭受损害或者其损害可能性必然存在。起诉人所主张的权益首先必须是受到法律保护的权益，当然，法律保护的权益中的“权益”不应仅仅局限于行政法上的权益，还应包括其他法律规定的权益，如民事法律上的财产权、相邻权等权益。其次该权益当归属于本人，如允许起诉人主张他人权益，则容易导致滥诉等情况的发生。该归属于起诉人本人的合法权益必然是在起诉前遭受到了损害或者其权益被损害的可能性是可以预见的，换言之，其合法权益一定会遭受损害。

关于第二点，存在因果关系。即合法权益受到损害须是具体行政行为作用的结果，被诉行政行为必须与上述合法权益被侵害之间存在着因果关系，或者说被诉行政行为必将或者已经影响到了上述合法权益。根据最高人民法院的司法解释，这里的影响必须是已经或将会产生的实际影响。

具体到本案中，某银行厦门分行因与第三人之间的债务关系通过以物抵债方式取得案涉不动产产权，并获批不动产权证书。也就是案涉的发证行为，确认的房屋面积与某银行厦门分行受理抵押登记的面积一致，该分行也据此抵押权实现相应债权，其权益并未受损。退一步说，某银行厦门分行主张因该不动产权证面积与实际不符，导致该行就该不动产权与案外人产生的交易中，该分行需退还面积减少部分的款项，即便认定该部分为财产损失，但该损失与案涉行政行为之间并无存在因果关系，根据《最高人民法院关于适用〈中华人民共和国行政诉讼法〉的解释》第十三条规定，案涉情形并不属于行政机关在作出行政行为时应保护或考虑的情形，案涉颁证行为是2011年，某银行厦门分行拍卖该不动产权是在2021年，颁证行为与某银行厦门分行因转卖并退还款项之间并无因果关系。

编写人：福建省南安市人民法院　张春水　何婷芬

31

约定声明不属"先民后行"情形，缺乏事实基础的转移登记应予撤销

——田某诉某规划和自然资源委员会分局房屋所有权登记案

【案件基本信息】

1. 裁判书字号

北京市东城区人民法院（2023）京0101行初190号行政判决书

2. 案由：房屋所有权登记纠纷

3. 当事人

原告：田某

被告：某规划和自然资源委员会分局

【基本案情】

原告田某和第三人赵某某于1990年1月结婚，2022年1月经北京市东城区人民法院（以下简称东城法院）调解离婚并达成协议。涉案房屋原单独登记在赵某某名下，登记时间为2009年10月30日。

2018年9月19日，第三人赵某某与许某某共同向被告申请办理夫妻间不动产转移登记，并提交结婚证、约定等材料。被告经审核于同日向许某某颁发新不动产权证，收回原所有权证。2021年3月，第三人许某某与某银行经开支行签署个人贷款合同，并以涉案房屋抵押贷款800万元。

2023年3月16日，原告向东城法院提起本案行政诉讼，以其与赵某某离婚时未处置夫妻共同财产，近期发现涉案房屋已被赵某某过户给了许某某。被告在审核申请材料时未尽到注意义务等为由，请求法院撤销涉案房屋转移登记，

一并撤销新不动产权证。

被告答辩认为，依据《最高人民法院关于审理房屋登记案件若干问题的规定》第八条规定，原告应先就第三人赵某某与许某某签订的约定效力提起民事诉讼，待法院作出民事判决后，再行提起行政诉讼。被告在审查涉案房屋登记要件过程中尽到合理、必要、审慎注意义务，为许某某制发新不动产权证合法，请求法院裁定驳回原告的起诉。

第三人赵某某、许某某请求法院依法裁决。第三人某银行经开支行参加诉讼称，根据《中华人民共和国民法典》第三百一十一条规定，我行符合善意取得抵押权的要件，抵押权依法设立，我行无任何过错，无论原告诉讼请求是否得以支持均不影响我行债权及抵押权。

【案件焦点】

1. 本案原告是否应依据《最高人民法院关于审理房屋登记案件若干问题的规定》第八条规定，先行提起民事诉讼确定约定效力，解决民事争议后再对涉案房屋所有权转移登记行为提起行政诉讼；2. 被告是否尽到审慎审查义务，被诉行为是否应予撤销。

【法院裁判要旨】

北京市东城区人民法院经审理认为：根据适时有效施行的《中华人民共和国婚姻法》、《中华人民共和国合同法》及现行有效的《中华人民共和国民法典》中关于合同主体、婚姻家庭实行一夫一妻、男女平等的婚姻制度及保护妇女、老年人等合法权益的规定。本案中，在案的民事调解书、单身声明等证据，能证明涉案房屋原登记在赵某某名下和转移登记在许某某名下的时间，均系在田某与赵某某的婚姻存续期间。赵某某与许某某以夫妻名义向被告提交的约定，从内容和格式看，系属于向被告提交的声明，不仅不具备平等主体间协议的特征，也明显违背前述法律关于一夫一妻的婚姻制度。故，本案约定不属于民事协议范畴，无须原告单独先行提起民事诉讼确认该约定的效力。根据《不动产登记暂行条例》第十六条、第十八条的规定，房屋登记机构应对申请材料的全面性进行审查，并尽到审慎审查义务。申请人在申请房屋转移登记时，应当对申请登记材料的真实性负责。本案中，被告根据申请人提交的材料，在其职权和能力范围内履行了合理审慎审查的义务和法定审查程序，作出的涉案房屋所有权转移登记并无不妥。鉴于本案审理中，已查明申请人向被告提交的结婚证不具有真实性、合法性。故，本案被告办理的涉案房屋夫妻间所有权转移登记行为缺乏事实基础，对该房屋转移登记行为，本院依法应予撤销，因新不动产权证系涉案房屋所有权转移登记的表现形式，应一并予以撤销。原告提出的诉讼请求于法有据，予以支持。

据此，北京市东城区人民法院依据《中华人民共和国行政诉讼法》第七十条第一项规定，判决如下：

撤销被告将涉案房屋由第三人赵某某转移登记到许某某名下的转移登记行为，同时撤销被告向许某某颁发的新不动产权证书。

判决后，双方当事人均未上诉，本判决现已生效。

【法官后语】

《不动产登记暂行条例》施行后，国家实行不动产统一登记。关于先民后行问题，《最高人民法院关于审理房屋登记案件若干问题的规定》第八条规定，当事人以作为房屋登记行为为基础的买卖、共有、赠与、抵押、婚姻、继承等民事法律关系无效或者应当撤销为由，对房屋登记行为提起行政诉讼的，应当先行解决民事争议。关于房屋所有权转移登记的事实基础问题，《不动产登记暂行条例》第十六条明确规定，申请人应当提交下列材料，并对申请材料的真实性负责：（1）登记申请书；（2）申请人、代理人身份证明材料、授权委托书；（3）相关的不动产权属来源证明材料、登记原因证明文件、不动产权属证书；（4）不动产界址、空间界限、面积等材料；（5）与他人利害关系的说明材料；（6）法律、行政法规以及本条例实施细则规定的其他材料。第十八条规定，不动产登记机构受理不动产登记申请的，应当按照下列要求进行查验：（1）不动产界址、空间界限、面积等材料与申请登记的不动产状况是否一致；（2）有关证明材料、文件与申请登记的内容是否一致；（3）登记申请是否违反法律、行政法规规定。根据上述规定，房屋登记机构应对申请材料的全面性进行审查，并尽到审慎审查义务。

本案涉及维护当事人财产合法权益的典型行政案例。合议庭积极担当作为并依法监督行政机关履职，通过依职权调查取证、全面审查被告的被诉行为、及时开庭并作出行政判决，来依法维护原告的合法财产权益。本案判决适用了当事人婚姻存续期间有效施行的《中华人民共和国婚姻法》、《中华人民共和国合同法》及现行有效的《中华人民共和国民法典》等法律中关于对婚姻制度、老年人权益保护等相关规定，并依据案件有效证据，明确指出本案约定系属于向被告提交的声明，不仅不具备平等主体间协议的特征，也明显违背前述法律中关于一夫一妻制度的规定，不属于民事协议范畴，无须原告单独先行提起民事诉讼确认该约定的效力。本案为当事人的合法权益及时得以救济、维护合法婚姻下当事人的财产权益，提供典型的司法案例。同时，该判决旗帜鲜明地指出，本案第三人赵某某、许某某以不具有真实性、合法性的结婚证向被告申请对涉案房屋所有权转移登记的行为，不仅有违国家大力倡导的社会主义核心价值观，有悖法治原则和诚信原则，还对相关当事人的合法权益造成重大影响，同时也对行政机关执法产生不良后果。本案同时也体现出公民遵纪守法的问题，法治需要全体人民的真诚信仰和忠实践行，每个公民都有自觉守法的义务。以法律为行为底线，以诚信为基本道德规范，是公民必须恪守的行为准则。本案判决作出后，得到包括原告、被告、第三人在内的各方当事人的认可，均未提出上诉，该判决已经生效，法院为及时切实维护和保障当事人的合法财产权益，提供有力司法保障。

任何个人、组织都不得侵犯公民的合法权益，如果受到损害，可拿起法律的武器，通过司法程序得以有效救济和解决。同时，在类案审理和裁判中，需积极倡导社会主义核心价值观，对于向全体公民普法仍是一件长期工作，亦是推进当事人合法权益保护工作向法治化、规范化、长效化方向发展的重要手段，符合社会发展规律和现状。就相关案件问题作出以下建议：(1) 作为房屋所有权登记的行政机关，要积极构建行政争议预防为先、非诉挺前、诉讼托底的社会综合治理新理念，要对登记材料的法律风险等问题进行研判，提出有效解决方案。(2) 作为相关利害关系人的第三人，在行使各自权利时要谨慎合法，加强自身法律意识和成本代价意识。(3) 作为司法机关，加大典型案例宣传力度，做到公正与效率的有机统一，有效监督行政机关依法行政，保障当事人合法权益。

编写人：北京市东城区人民法院　马宏玉

32

外商投资企业办理融资租赁经营范围变更登记应事先取得金融监督管理部门许可

——某投资公司诉上海市市场监督管理局、国家市场监督管理总局行政登记及行政复议案①

【案件基本信息】

1. 裁判书字号

上海市第三中级人民法院（2023）沪 03 行终 790 号行政判决书

2. 案由：行政登记及行政复议纠纷

3. 当事人

原告（上诉人）：某投资公司

被告（被上诉人）：上海市市场监督管理局、国家市场监督管理总局

【基本案情】

某投资公司系一家注册于中国的外商投资企业，经营范围包括办公自动化

① 入选最高人民法院 2025 年 3 月发布的首批涉市场准入行政诉讼十大典型案例。

设备的融资性租赁等。2022 年 6 月，该公司向上海市市场监督管理局（以下简称市监局）提出增加“商业、饮食、服务专用设备的经营性租赁和融资性租赁”等经营范围的变更登记申请。市监局认为，市场准入负面清单已明确将融资租赁业务纳入金融监管范围，并要求采取相应的管理措施对包括融资租赁业务范围等事项进行审批，该公司申请登记的经营范围含有融资性租赁，属于地方金融组织，遂于当日作出申请材料补正告知（以下简称补正告知），指明根据《上海市地方金融监督管理条例》有关规定，在本市设立地方金融组织（融资租赁公司）的，应当按国家规定申请取得许可，要求补充提交行业主管部门的许可文件。某投资公司不服，向国家市场监督管理总局申请行政复议。该局于 2022 年 10 月作出复议决定，维持市监局的补正告知。某投资公司不服诉至法院，请求判决撤销上述补正告知和复议决定。

【案件焦点】

1. 某投资公司是否属于金融组织；2. 某投资公司申请增加融资性租赁经营范围变更登记，应否先取得金融监督管理部门的许可。

【法院裁判要旨】

上海铁路运输法院经审理认为：关于争议焦点一，根据《上海市地方金融监督管理条例》第二条第三款的规定，本条例所称地方金融组织，包括融资租赁公司等。某投资公司申请增加的经营范围即“商业、饮食、服务专用设备的经营性租赁和融资性租赁”包含融资租赁业务，现登记经营范围中也含有“办公自动化设备的融资性租赁”，故将其归类为地方金融组织，纳入金融活动的监管范围，于法有据。

关于争议焦点二，根据《上海市地方金融监督管理条例》第九条第一款的规定，在本市设立地方金融组织的，应当按照国家规定申请取得许可或者试点资格。该条中的国家规定应包含市场准入负面清单。根据党中央、国务院批准，国家发展和改革委员会、商务部联合发布的《市场准入负面清单（2022 年版）》的规定，禁止或许可准入措施描述包括“融资租赁公司及其分支机构设立、变更、终止及业务范围审批，主管部门为银保监会”。即融资租赁公司未获得专门机构许可不得自行变更业务范围。本案某投资公司登记经营范围包括办公自动化设备的融资性租赁业务，其此次申请增加的经营范围“商业、饮食、服务专用设备的经营性租赁和融资性租赁”，应当受上述文件规制。市监局认为应当先取得金融行业主管部门许可，方符合变更登记条件，作出补正告知并无不当。

上海铁路运输法院依照《中华人民共和国行政诉讼法》第六十九条、第七十九条之规定，判决如下：

驳回原告某投资公司的诉讼请求。

某投资公司不服，提起上诉。上海市第三中级人民法院经审理认为：同意一审法院裁判理由，行政许可事项清单与市场准入负面清单并行互补，应当一体化适用。尽管《法律、行政法规、国务院决定设定的行政许可事项清单（2022 年版）》未将从事融资租赁业务列入行政许可事项，但中共中央、国务院批准印发的《市场准入负面清单（2022 年版）》已明确将融资租赁业务纳入金融监管范围，并要求采取相应的管理措施。市监局作出补正告知，于法有据，行政复议决定亦合法，遂依据《中华人民共和国行政诉讼法》第八十九条第一款第一项之规定，判决如下：

驳回上诉，维持原判。

【法官后语】

本案系融资租赁行业市场准入争议。融资租赁在盘活固定资产、满足企业技术改造需求、促进中小微企业发展等方面日益发挥积极作用。切实维护金融安全，确保不发生系统性金融风险，依法将融资租赁等各类金融活动纳入监管体系，是事关金融稳定的大事。金融监督管理部门的先行审批，作为融资租赁企业经营范围变更登记许可的前提，符合法律法规和政策要求，有利于从源头预防金融风险。

一、疑难问题的破解：法律解释方法的运用

本案的核心争议在于，已取得融资租赁资质的企业在办理经营范围变更登记时，是否仍需先行取得金融监督管理部门的许可。某投资公司主张其此前已获登记，新增经营范围仅为既有融资租赁资质的细化，但法院通过体系解释与目的解释，揭示了金融监管的深层逻辑。

首先，法院运用“穿透式审查”理念，从实质层面界定了“地方金融组织”的内涵。地方金融组织的认定不以企业名称或主营业务为唯一标准，而是聚焦其是否实际从事金融活动。某投资公司虽名称中未含“融资租赁”字样，但其既有及新增经营范围均包含融资租赁业务，本质上已具备金融属性。这一认定跳出了传统商事登记的形式主义窠臼，体现了“实质重于形式”的监管思维，有效堵住了规避金融监管的制度漏洞。

其次，法院运用“动态监管”理念，破解了新旧法律衔接难题。某投资公司2017年登记时，融资租赁业务尚未纳入市场准入负面清单管理，但其2022年申请变更时，监管政策已发生重大调整。市场主体需动态适应监管规则变化，遵守申请登记时的金融行业监管规定。这一裁判思路既维护了政策执行的连续性，也警示企业需建立合规管理的长效机制，避免因法律规范变化引发经营风险。

最后，针对法律规范冲突问题，法院通过“功能互补论”协调了《市场准入负面清单》与《行政许可事项清单》的关系。二者虽分属不同制度维度，但前者侧重于划定准入禁区，后者聚焦明确审批权限，共同构成完整的监管体系。法院未将二者简单对立，而是通过功能整合，实现了政策目标与法律价值的统一。

二、裁判思维的启示：金融风险预防视角下的周期监管

有关金融监管行政登记案件的审理，本质上是风险分配与价值权衡的艺术。本案裁判过程中，法院并未局限于个案争议，而是将视野延伸至金融治理的宏观图景。

其一，确立“全链条监管”的审查标准。法院既注重审查登记行为的程序正当性，又深入关注到许可文件缺失可能引发的风险外溢。通过强化登记环节的前端把控，推动了“准入-变更-退出”全周期监管链条的闭合。

其二，构建法律解释规范适用框架。面对新兴金融业态，成文法具有一定滞后性。法院通过将部门规章、地方性法规、其他规范性文件等纳入法律解释体系，搭建起多层次的规范适用框架。这种解释方法，既确保了裁判与中央改革部署同频共振，也为类似案件提供了可复制的裁判路径。

其三，彰显“包容审慎”的价值平衡。强化监管不等于限制创新。法院在驳回某投资公司诉请的同时，亦指出企业可通过合规申请重新获得准入资格。这种“否定中蕴含肯定”的裁判艺术，既守住了风险底线，也为金融行业健康发展保留了空间。

三、裁判规则的引导：平等对待外商投资企业

在推进“证照分离”改革，致力于更高水平对外开放，进一步减少审批环节，让“非禁即入”落地生根的大背景下，将关乎金融安全的相关领域列入市场准入负面清单实施管理，有法律依据。中外企业在积极投身市场、参与经营的同时，均要依法依规，接受必要的监管。本案中，人民法院依法平等对待外商投资企业，与内资企业同等适用有关市场准入负面清单的规定，坚持程序正义，对市监局向某投资公司的补正告知行为依法依规作出审查，明晰相关许可程序，体现了司法对外资进入中国金融市场的规则引导，对营造稳定、透明、公平的投资环境，保障各类金融投资者和消费者的合法权益具有典型意义。

编写人：上海铁路运输法院　孙焕焕　李胜卡

五、行政确认

33

提供的劳动虽与工作任务相衔接，但不属于本职工作范围，遭受的损害不应认定为工伤

——欧某某诉R县人力资源和社会保障局工伤保险资格或者待遇认定案

【案件基本信息】

1. 裁判书字号

广西壮族自治区柳州市柳北区人民法院（2023）桂0205行初42号行政判决书

2. 案由：工伤保险资格或者待遇认定纠纷

3. 当事人

原告：欧某某

被告：R县人力资源和社会保障局

第三人：G活性炭公司

【基本案情】

原告欧某某系第三人G活性炭公司（以下简称G公司）装卸队的装卸工。G公司的装卸工主要负责厂内原材料卸车及产品装车工作，工资按件计发，卸

木糠（原料）是0.3元/包，装活性炭（产成品）是15元/吨。G公司未要求装卸工帮货车盖车顶棚。

2022年3月7日17时许，G公司装卸队在公司厂内为司机于某驾驶的鲁K牌照货车（登记所有人为W运输车队）装载G公司的产成品活性炭，欧某某等5名装卸工参加了本次装车工作。于某非G公司员工，驾驶鲁K牌照货车装运活性炭是其自己的运输业务。装完活性炭后，应于某个人的请求，装卸队帮拉雨布盖车顶棚，过程中，欧某某不慎从车顶跌落地面并被送往医院。当日17时59分，于某通过微信向当时装车的另一名工人支付了共5人的盖车顶棚劳务费250元。

之后，欧某某向R县人力资源和社会保障局（以下简称R县人社局）申请工伤认定。被告R县人社局经过调查，于2023年1月16日作出《不予认定工伤决定书》，认定欧某某的受伤不符合《工伤保险条例》第十四条、第十五条认定工伤或视同工伤的情形，决定不予认定或者视同工伤。欧某某不服该决定，认为自己系G公司的员工，且系在工作时间、工作场所内因工作原因而受的伤，装车和盖棚布是一个工作整体，不能以货车司机额外支付小费为由而否认原告盖棚布是为G公司工作。于是诉至法院，要求法院撤销该决定，责令被告重新作出工伤认定。

【案件焦点】

原告在盖车顶棚过程中受伤是否属于《工伤保险条例》第十四条第一项“因工作原因受到事故伤害”的情形。

【法院裁判要旨】

广西壮族自治区柳州市柳北区人民法院经审理认为：原告的工作和受伤情形最接近《工伤保险条例》第十四条第一项“在工作时间和工作场所内，因工作原因受到事故伤害”的规定，因此，争议焦点具体而言是指原告在盖车顶棚过程中的受伤是否可归类为“因工作原因受到事故伤害”，更进一步意即装卸工在装货完毕后为货车拉雨布盖车顶棚的行为是否属于装卸工的本职工作。在工伤调查和本案审理的过程中，原告欧某某、第三人 G 公司、案外人（另一个装卸工和司机于某）均表达出了同一意思：装卸工人把产品装完，其任务就算完成，如果司机需要工人帮忙盖车顶棚，则需要主动提出并自行支付费用。也就是说，实施盖车顶棚这类保障货物整齐、安全的措施是货车司机自己的义务，只是他们可以通过支付费用来购买装卸工额外提供的劳务以应对这种义务，这种对价关系中并没有 G 公司的参与。因此，装货完毕后盖车顶棚不是装卸工的本职工作，原告受伤不可归类为“因工作原因受到事故伤害”之情形，不符合《工伤保险条例》第十四条第一项关于认定为工伤之规定，也不符合其他工伤或视同工伤条款的规定。原告主张 2022 年 3 月 7 日盖车顶棚时掉落受伤属于工伤，缺乏依据。被告 R 县人社局作出的 5 号决定，事实认定清楚，证据充分，程序合法，适用法律正确，应予以维持。

广西壮族自治区柳州市柳北区人民法院依照《中华人民共和国行政诉讼法》第六十九条的规定，作出如下判决：

驳回原告欧某某的诉讼请求。

判决后，双方当事人均未上诉，本判决现已生效。

【法官后语】

《工伤保险条例》第十四条、第十五条对认定工伤（视同工伤）提出了严格的时空界限要求和工作因素强调，实践中，为保障工伤认定和待遇发放的总体科学、公平，亦不主张在认定工伤（视同工伤）时对文本扩大解释，也就是要确保法律框架下的“本职”不被任意扩大。本案中，盖车顶棚时受伤，人社局未予认定为工伤，法院对人社局的决定亦予以支持，是因为这项劳动并不属于该劳动者的本职工作范围。所以认定工伤之前，要讲究“本职”与“非本职”的本质属性和区别。下文从核心与形式两个角度对“本职工作”进行刻画，就此解答“本职”与“非本职”待遇不同的根源及其合理性，为本案不予认定工伤给予充分解释。

一、“本职工作”的核心

工伤保险由用人单位依法为劳动者出资交纳，为资方编制下的劳动者给予工作风险防范、劳动权益保障、利益损失弥补，反推，劳方的“本职工作”只有一个核心指向——为资方负责，有利于资方。可以表现为：其一，即最直接的，劳动合同约定、员工手册指定、岗位职责清单等明确的劳方应该完成的工作、业绩。在本案中，各方对盖车顶棚布这一劳动的认知是一致的，即其不属于资方交办给劳方的内容；其二，能够美化资方形象、为资方树立良好口碑的行动。例如，在本案中，若没有任何人提出和要求，装卸工就自行帮助货车盖好车顶棚，并且这已形成了一种有目共睹的习惯和风气，使得G公司在运输圈子内得到交口称赞，则可视为一种职务行为，反之，本案实际上是装卸工“无利不往”，这种状态显然于资方无益；其三，有助于提高工作效率、加强工作安全或方便其他职工的措施。例如，在本案中，如果是能够帮助装卸工安全、快速完成装卸工作的，如架设爬梯、铺防护垫、规整货物等，应当视为岗位职责，反之，盖车顶棚是装货结束后才实施的，而且对装货本身效率或人员安全等并没有助益，从这个角度来看，盖车顶棚是与装货分裂的。另外还有一种兜底情况，即所谓“领导交办的其他工作”，同样的，如果是出于单位利益的，可以概括纳入“本职工作”的范畴，反之则有待考量。总之，围绕为资方负责、有利于资方的核心，可较为清晰地划出“本职工作”的界限。本案中，装卸工私收报酬为货车司机从事盖车顶棚的工作，有利于个人、无益于单位，这显然不属于其“本职工作”，那就不能对应单位为其承担的工伤保障支出，不享受工伤认定和待遇。

二、“本职”与“非本职”之间的壁垒

相衔接的“本职”与“非本职”即使连结紧密、状态相合，也会在形式上有所差异。可以表现为：其一，报酬来源，“本职”的报酬由用人单位依照薪酬方案、合同约定等的规定支付，“非本职”的报酬则是从劳动关系以外的交往关系中获取的非工资收益。本案中，用人单位G公司明确装卸工的工资收入一贯为“按件计发”，这也得到了装卸工的认可，所以依照基本的劳资逻辑关系，G公司对装卸工的工作要求仅为装（卸）货物，且其仅为装（卸）劳动支付对价，装卸工也并不太可能主动从事没有约定报酬的其他劳动（盖车顶棚），否则不符合劳方的正常心态。同时，货车司机为装卸工从事盖车顶棚劳动支付了报酬，在这其中并没有G公司参与的因素。因此，报酬来源厘清了装卸货物和盖车顶棚服务的是两个对象；其二，待工状态，从事“本职”时劳动者应当在工作时间、工作地点随时待命（全职坐班），且不应拒绝用人单位的合理工作安排，而开展“非本职”时，因为并无协议约束，所以劳动者可以接受也可以拒绝对方的聘用（请求）。本案中，装卸工在上班时间在工厂中等待货物装卸，原则上不能拒绝相应安排，否则应当履行请假手续并脱离工作岗位，反之，装卸工对货车司机提出的帮忙盖车顶棚的请求做与不做、怎么做完全随意，同时G公司并没有向工人提出“帮司机盖车顶棚”的额外要求，所以盖车顶棚就完全是装卸工自己的劳动事务。这种待工状态、待工意识也就将盖车顶棚隔绝于“本职工作”之外了，只不过在表象上，因为这种可选择的劳动事务是借助装卸“本职”而获得的，所以显现出“工作时间、工作地点、工作原因”的样貌。总之，即使是衔接紧密、时空相接、逻辑顺承的两个工作（劳动），看似一体，但实际形态不一样的话，两者之中仍会存在不能使其融为整体的壁垒，那么享受的待遇自然是有区别的。

编写人：广西壮族自治区柳州市柳北区人民法院　莫翩然

34

劳动者参加单位指派的拔河比赛发生伤亡的应认定为工伤

——房地产公司诉某区人力资源和社会保障局工伤保险资格认定案

【案件基本信息】

1. 裁判书字号

广西壮族自治区贵港市中级人民法院（2023）桂08行终108号行政判决书

2. 案由：工伤保险资格认定纠纷

3. 当事人

原告（上诉人）：房地产公司

被告（被上诉人）：某区人力资源和社会保障局

第三人：黄某某

【基本案情】

2021年3月10日，张某某入职了房地产公司工作。某楼盘营销中心于2021年4月29日在工作群发布分销活动通知，活动内容为拔河比赛等项目，参与人为所有分销伙伴、置业顾问。房地产公司作为参与人之一参加活动，并在其工作群里发布通知要求各个部门派2名组员参加，其中“一区六部”报名包括李某某在内的两名人员参加。同日16时34分许，房地产公司与合作方在某楼盘售楼部举行拔河比赛。李某某通过微信发送“过来拔河”的信息给张某某。张某某在参加拔河比赛后发生不适，经医院抢救无效于同日死亡，死亡诊断为“右室心肌病、呼吸心跳骤停”。张某某的母亲黄某某于2022年1月29日向某人社局提出工伤认定申请，于同年5月23日补正相关材料。某人社局于同年5月25日依法受理，并对李某某、黄某某进行调查询问。李某某述称其是房地产公司的销售人员，系张某某的上级，张某某是业务员，工作内容是学习房地产知识和去楼盘了解信息，工作时间为9时至12时、14时至18时30分，张某某的工资由其代为发放；案发当天下午，其带张某某一起在活动现场了解楼盘的情况，之后一起参加拔河比赛，拔河比赛后休息过程中，张某某突发疾病导致案涉事故发生。某人社局于2022年7月21日作出《认定工伤决定书》（以下简称12X号工伤决定），认定张某某在工作时间和工作岗位突发疾病，从医疗机构的初次诊断时间起算至张某某死亡并未超过48小时，属于《工伤保险条例》第十五条第一款第一项视同工伤的情形，予以认定为视同工伤（亡）。同日，某人社局作出《认定工伤决定书》（更正重印件）（以下简称23X号工伤决定），文书内容和落款时间与12X号工伤决定一致。12X号、23X号工伤决定分别于2022年7月29日、11月17日送达房地产公司。房地产公司不服，提起本案行政诉讼，请求撤销23X号工伤决定。

【案件焦点】

劳动者参加用人单位指派的拔河比赛发生伤亡是自甘风险还是履行职务行为，是否应认定为工伤。

【法院裁判要旨】

广西壮族自治区贵港市港北区人民法院经审理认为：根据《工伤保险条例》第五条第二款之规定，被告作为工伤保险工作的主管部门，其具有对辖区内从业人员进行工伤认定的主体资格。原告对被告作出本案被诉工伤决定的程序问题无异议，本院予以确认。关于本案张某某参加案涉拔河活动突发疾病是否属于《工伤保险条例》第十五条第一项规定的视同工伤的情形。《工伤保险条例》第十五条第一项规定，职工在工作时间和工作岗位，突发疾病死亡或者在 48 小时之内经抢救无效死亡的，视同工伤。根据到案证据来看，首先，案涉拔河活动是“中鼎公司”为增进合作和丰富团队生活而举办，并且原告也已报名参加，因此可以认定原告作为参与人之一参加了本案拔河活动。其次，张某某跟随其上级李某某来到滨江城了解楼盘的情况，随后收到李某某微信通知其参加拔河活动，张某某根据其上级李某某的安排参加了本案的拔河活动，应视为张某某属于从事公司安排的活动，其在活动过程中突发疾病至经医院抢救无效死亡未超过 48 小时，符合上述工伤条例规定的在工作时间和工作岗位，突发疾病在 48 小时之内经抢救无效死亡的情形，应视同工伤。据此，被告作出本案被诉的工伤决定，有事实和法律依据，并无不当。原告主张张某某属于自甘风险，不属于工伤认定情形，综上分析，原告的主张理由不成立，不予支持。

综上，被告作出的 23X 号工伤决定，认定事实清楚，证据确实充分、程序合法、适用法律依据正确。原告的诉讼请求，无事实和法律依据，不予支持。依照《中华人民共和国行政诉讼法》第六十九条的规定，广西壮族自治区贵港市港北区人民法院判决如下：

驳回原告房地产公司的诉讼请求。

房地产公司不服一审判决，提出上诉。

广西壮族自治区贵港市中级人民法院经审理认为：同意一审法院裁判意见。

判决如下：

驳回上诉，维持原判。

【法官后语】

近些年来，参加单位组织的活动而受伤引起的工伤认定纠纷案件也逐渐增多，对劳动者参加单位组织的团建活动诸如拔河比赛中发生伤亡的是否能认定为工伤，也成为了劳动者较为关心的问题。

要界定劳动者参加单位指派的活动中发生伤亡的是否为工伤，就要精准把握根据《人力资源社会保障部关于执行〈工伤保险条例〉若干问题的意见（二）》第四条的规定，职工在参加用人单位组织或者受用人单位指派参加其他单位组织的活动中受到事故伤害的，应当视为工作原因，但参加与工作无关的活动除外。就本案，张某某参与的拔河活动是否是基于工作原因，是工伤认定的关键。而界定劳动者参加单位指派的活动是否为工作原因时，应综合考虑多个因素。以下是一些关键的判断标准。

一是活动的目的性。首先需要明确活动是否与工作有直接关联。如果活动的目的是实现单位的业务目标、增强团队凝聚力、提升劳动者技能或进行必要的职业培训，那么这些活动可以视为与工作相关。本案中，案涉拔河活动虽然不是用人单位组织的，但是该活动是用人单位为了增进与合作方之间的业务合作、调动劳动者积极性而组织员工参与的，张某某在跟随其上级领导李某某到案涉地点了解楼盘营销工作的同时，临时接到李某某的工作安排参加了本案的团建拔河活动。张某某参与拔河活动系出于工作原因，与履行工作职责相关，与工作有本质联系，非自甘风险行为，因此张某某在此次活动中死亡，与工作存在因果关系，属于因工作原因所受伤害，应认定为工伤。

二是活动内容的关联性。活动的内容是否与工作相关也是判断的重要标准，如果活动的内容与劳动者的本职工作或职业技能提升有关，那么可以认为该活动具有工作性质。劳动者参加单位组织的集体活动，但实施与工作本身无关的行为，发生意外事故伤害的，不能认定为工伤。如劳动者在活动过程中由于劳动者个人自主意愿或主观因素而超出了活动安排范围导致伤亡的所有情况都囊括在工伤认定范围之内，超出了用人单位组织活动时正常，合理可预期的风险封控区，对用人单位组织活动时应当注意义务的，宜认定为自甘风险。

三是活动的强制性。对于用人单位组织的活动，如果这类活动是强制性的，也就是说员工必须参加，那么员工在活动中受伤，那么劳动者在活动中受伤，往往更容易被认定为工伤，因为这类活动可以视为员工工作职责的一部分，或者为了满足工作需求而必须参与的活动。有些单位利用节假日时间牵头组织开展旅游、聚餐等休闲娱乐活动，活动费用由单位负担或者费用由参与者自担的形式，此类活动往往具有自愿性特征，单位既不强制也不鼓励劳动者一定要参与其中，完全由劳动者根据自身情况自愿参与，若劳动者在此类活动中发生伤亡，不能认定工伤。如果活动是鼓励性的，劳动者可以选择参加也可以选择不参加，那么工伤认定的难度就会加大。在这种情形下，就需要更加细致地分析活动的性质、目的以及员工参与活动与工作之间的关联性。

编写人：广西壮族自治区贵港市港北区人民法院　殷小易

35

物业服务企业对业主不动产权登记提起行政诉讼的原告主体资格认定

——某物业有限公司诉某市不动产登记局行政确认案

【案件基本信息】

1. 裁判书字号

广西壮族自治区防城港市中级人民法院（2023）桂06行终81号行政裁定书

2. 案由：行政确认纠纷

3. 当事人

原告（上诉人）：某物业有限公司

被告（被上诉人）：某市不动产登记局

第三人：曾某某

【基本案情】

曾某某于2004年11月16日购买案涉房屋，约定建筑面积387.76平方米，公共部分与公用房屋分摊建筑面积4.14平方米。2011年5月6日，曾某某取得案涉房屋的不动产权证书，载明房屋建筑面积390.22平方米，房屋性质为商品房。2023年8月7日，曾某某取得案涉房屋新的不动产权证书，载明房屋建筑面积390.73平方米，性质为出让/自建房，专有建筑面积390.73平方米，该证书所附房产分户图显示该栋楼房屋没有分摊建筑面积。2018年10月1日，某物业有限公司经政府指派入驻案涉小区提供物业服务。曾某某以2023年8月7日颁发的不动产权证书“出让/自建房、宗户图和房产分户图没有分摊建筑面积等信息”为由否认物业服务和物业费用。某物业有限公司认为案涉房屋的房产登记信息变更不符合规定，某市不动产登记局的登记行政行为对其物业权利义务关系产生直接影响，与其存在利害关系，遂提起行政诉讼，请求确认某市不动产登记局于2023年8月7日为曾某某颁发的不动产权证书信息登记错误。

【案件焦点】

某物业有限公司与某市不动产登记局于2023年8月7日为曾某某颁发不动产权证书的行政行为是否具有利害关系，其作为原告主体是否适格。

【法院裁判要旨】

广西壮族自治区东兴市人民法院经审理认为：某物业有限公司并非案涉房屋权利人，非某市不动产登记局颁发案涉不动产权证书这一行政行为的相对人，与某市不动产登记局的该颁证行为不存在利害关系，不具备行政诉讼的原告主体资格。

广西壮族自治区东兴市人民法院根据《中华人民共和国行政诉讼法》第二十五条第一款，第四十九条，《最高人民法院关于适用〈中华人民共和国行政诉讼法〉的解释》第十二条，第六十九条第一款，第一百零一条第一款、第二款之规定，裁定如下：

对某物业有限公司的起诉，不予立案。

某物业有限公司不服一审裁定，提出上诉。

广西壮族自治区防城港市中级人民法院经审理认为：《中华人民共和国行政诉讼法》第二十五条第一款规定："行政行为的相对人以及其他与行政行为有利害关系的公民、法人或者其他组织，有权提起诉讼。"本案中，首先，某物业有限公司并非本案被诉登记行为的相对人。其次，本院生效的（2023）桂06民终1498号民事判决确认：2013年12月9日，广西某某置业有限公司作为土地使用权人取得土地使用权证书，载明使用权面积为8351.11平方米。该证书所载宗（户）地图显示曾某某案涉天地楼不属于广西某某置业有限公司用地范围内。该判决同时确认广西壮族自治区东兴市人民法院（2023）桂0681民初1140号民事判决查明某物业有限公司于2018年10月1日正式进驻案涉小区为该小区业主提供物业服务。以上事实证明曾某某案涉房屋在某物业有限公司进驻案涉小区服务前就已经不在广西某某置业有限公司上述使用权面积为8351.11平方米的用地范围内。因此，某物业有限公司与曾某某于本案不存在法律上的权利和义务关系，某市不动产登记局于2023年8月7日给曾某某颁发案涉不动产权证书的行为与某物业有限公司不存在利害关系。某物业有限公司不具备本案原告主体资格，一审法院对其起诉不予立案正确，予以维持。

广西壮族自治区防城港市中级人民法院依照《中华人民共和国行政诉讼法》第八十九条第一款第一项之规定，作出如下裁定：

驳回上诉，维持原裁定。

【法官后语】

司法实践中，目前除行政相对人作为行政行为的主要影响对象外，行政相对人以外的利害关系人的程序和实体权利也越来越得到重视。利害关系人参与不动产登记是法治国家、法治政府、法治社会发展的必然结果，但如何认定其是否具有对不动产登记本身诉讼的利害关系并没有形成统一的标准。根据《中华人民共和国行政诉讼法》第二十五条规定，行政行为的相对人以及其他与行政行为有利害关系的公民、法人或者其他组织，有权提起诉讼。上述法条规定的“有利害关系的公民、法人或者其他组织”，不应扩大理解为所有直接或者间接受行政行为影响的公民、法人或者其他组织；所谓“利害关系”应限定于法律上的利害关系，不宜包括反射性利益受到影响的公民、法人或者其他组织。因此，判断其对不动产登记是否具备原告诉讼主体资格，应根据其切身合法利益与被诉登记行为本身是否具有公法上的利害关系，并且是否应被行政法律规范保护作为判断标准。具体可从以下三个方面进行综合考量。

1. 已经实施了终局性具体行政行为。行政行为在实施的过程中需要对权利人以外的其他相关利害关系人产生切实影响。本案在颁发不动产权证书这一行政行为中，登记机构作出的行政行为符合终局性具体行政行为的要求毋庸置疑，具有产生利害关系人的前提和基础，该行政行为具备可诉性的基本特征。

2. 行政行为对利害关系人的合法权益产生影响。存在有合法权益是认定利害关系的一个重要因素。行政行为对利害关系人的合法权益造成或势必造成现实且直接的影响是判断利害关系要件，即便利害关系的主张人存在受法律保护的合法权益，但这项权利未被不动产登记行政行为直接影响，那么两者之间也不会构成利害关系。以本案为例，某物业有限公司以利害关系人的身份对不动产权登记的合法性提出异议，就要证明此项登记涉及他的合法权益，并且是受法律保护的合法权益。然而，某物业有限公司仅是作为案涉小区的物业服务人，其认为某市不动产登记局为曾某某案涉房屋最新颁发的不动产权证书影响其向曾某某收取物业服务费，但曾某某案涉房屋在某物业有限公司进驻案涉小区提供物业服务前就已经不在案涉小区用地范围内。因此，某物业有限公司对案涉房屋不存在物权及其他相应财产利益的请求权基础，不具备与案涉不动产登记存在利害关系的前提，其提起行政诉讼显然没有法律依据。

3. 行政行为与利害关系人的合法权益之间存在因果关系。这种因果关系应局限在涉及的行政法律体系中的因果关系，不能扩大到所有民事权利的因果关系，否则会给实践操作带来负担，也不是行政行为能够考虑的因素。具体来讲，可划分为以下两种：一是被诉行政行为造成权利的丧失或者减损。这种情况是指，被诉行政行为已经使公民、法人或者其他组织丧失了某种权利。本案中，曾某某的房屋在某物业有限公司进驻案涉小区前已经不属于案涉小区的用地范围内，某物业有限公司向曾某某收取物业服务费有无事实和法律依据不以某市不动产登记局于2023年为曾某某案涉房屋颁发的不动产权证书为依据，即案涉被诉行政行为并未造成某物业有限公司权利的丧失或者减损。二是被诉行政行为造成义务的课予或者增加。这种情况是指被诉行政行为为公民、法人或者其他组织设定了法律上的义务。本案中，某市不动产登记局于2023年为曾某某案涉房屋颁发不动产权证书并未对某物业有限公司增设任何义务。某物业有限公司对案涉小区业主收取服务费用未因案涉行政行为受到任何实质影响。因此，案涉行政行为与某物业有限公司的合法权益之间不存在因果关系，某物业有限公司并非案涉行政行为的利害关系人。

编写人：广西壮族自治区防城港市中级人民法院　郭凯金

36

患职业病职工的职业接触史可能涉及多个单位的工伤认定

——某石业公司诉某人社局不服认定工伤决定案

【案件基本信息】

1. 裁判书字号

湖北省随州市中级人民法院（2023）鄂13行终98号行政判决书

2. 案由：不服认定工伤决定纠纷

3. 当事人

原告（上诉人）：某石业公司

被告（被上诉人）：某人社局

第三人：曾某某

【基本案情】

2020 年 8 月至 12 月，第三人曾某某在某石业公司担任矿山矿口打石锯石矿长，经仲裁裁决，认定 2020 年 8 月至 12 月曾某某与某石业公司间存在劳动关系。曾某某于 2020 年 12 月 14 日至 25 日在某市中心医院住院治疗被诊断为间质性肺炎、尘肺、肺部感染、肝内胆管结石，于 2022 年 6 月 8 日被某市疾病预防控制中心诊断为“职业性矽肺叁期”。2022 年 6 月 24 日，曾某某向某人社局申请工伤认定，某石业公司于 2022 年 6 月 29 日提交《曾某某申请工伤认定的意见》，认为曾某某在原告公司工作时间短，不可能患职业病，其 2021 年 1 月至今工作经历不详，现已向某市卫生健康委员会提出了职业病鉴定申请，请求中止认定。2022 年 9 月 20 日，某市职业病诊断鉴定委员会作出《职业病诊断鉴定书》，对曾某某职业病诊断为“职业性矽肺叁期”，某石业公司仍不服向某省职业病诊断鉴定委员会申请再次鉴定，2023 年 3 月 15 日，某省职业病诊断鉴定委员会作出《职业病诊断鉴定书》，诊断结论为“职业性矽肺叁期”，用人单位为某石业公司，职业病危害接触史为 2020 年 8 月至 2020 年 12 月在某石业公司矿山生产部从事管理工作，接触粉尘、噪声，自 2014 年 3 月起在某磊公司、某辉六公司、某拓三公司、某辉十三公司从事矿山打石锯石管理工作。2023 年 3 月 28 日，某人社局恢复工伤认定程序后作出鄂 1203 工伤举证（2023）X 号《工伤认定申请举证告知书》，再次要求某石业公司进行举证，某石业公司在举证期限内未提交新的证据材料。2023 年 5 月 4 日，某人社局作出认定工伤决定，认定曾某某为工伤。某石业公司不服诉至法院，要求撤销某人社局作出的认定工伤决定。

【案件焦点】

某人社局作出的认定工伤决定是否合法。

【法院裁判要旨】

湖北省随县人民法院经审理认为：《工伤保险条例》第十四条规定，职工有下列情形之一的，应当认定为工伤……（4）患职业病的。曾某某于2020年8月至12月在某石业公司担任矿山矿口打石锯石矿长，双方劳动关系经生效的仲裁裁决确认成立。曾某某患病后经某市疾病预防控制中心诊断、某市职业病诊断鉴定委员会首次鉴定、某省职业病诊断鉴定委员会再次鉴定均为“职业性矽肺叁期”，故曾某某罹患职业病“职业性矽肺叁期”的事实清楚，某人社局依据《工伤保险条例》第十四条第四项的规定认定曾某某为工伤，并无不当。关于某人社局认定某石业公司为曾某某“职业性矽肺叁期”职业病的用人单位是否属于事实不清、证据不足的问题。首先，根据《工伤保险条例》第十九条第一款及《职业病诊断与鉴定管理办法》第三十五条规定，某省职业病诊断鉴定委员会的诊断鉴定为最终鉴定，具有最终法律效力，即曾某某患“职业性矽肺叁期”职业病，工作单位为某石业公司，职业接触史中包含在某石业公司从事矿山生产的工作经历，某石业公司主张该鉴定结论错误的意见法院不予采纳。某人社局在进行工伤认定时可以不再进行调查核实，故其依据该诊断鉴定结论认定某石业公司为工伤用人单位，符合上述规定，并无不当。其次，根据《工伤保险条例》第十九条第二款规定，某石业公司在某人社局第二次指定的举证期限内并未提交曾某某所患职业病是在其他公司形成的有效证据，即使曾某某曾在其他公司从事过矿石生产工作，但无证据证明某石业公司对曾某某安排了上岗前职业健康检查，证明其在上岗前患上职业病，且曾某某被某石业公司安排从事接触职业病危害的工作，在某石业公司工作期间被某市中心医院诊断为间质性肺炎、尘肺、肺部感染。某石业公司主张曾某某承担举证责任与法相悖，本院不予采纳。判决如下：

驳回某石业公司的诉讼请求。某石业公司不服一审判决，提出上诉。

湖北省随州市中级人民法院经审理认为：同意一审法院裁判意见，判决如下：

驳回上诉，维持原判。

【法官后语】

《工伤保险条例》的制定，是为了保障因工作遭受事故伤害或者患职业病的职工获得医疗救治和经济补偿，促进工伤预防和职业康复。工伤保险应优先保护受害职工的合法权益，保障患职业病的职工得到及时的医疗救治，达到基本的生活水平。

《工伤保险条例》第十四条第四项规定“职工患职业病的，应当认定为工伤”。《工伤保险条例》的上述规定，相对于其他工伤情形是不同的。即未强调工作原因又未要求在工作时间和工作场所内，但是并不意味着职业病与工作无关，相反的，职业病必须是该条例覆盖范围内的用人单位职工在职业活动中引起的属于《职业病分类和目录》中所列的疾病，且必须经职业病诊断机构诊断确认。

《工伤保险条例》第十九条第一款规定，职业病诊断和诊断争议的鉴定，依照职业病防治法的有关规定执行。对依法取得职业病诊断证明书或者职业病诊断鉴定书的，社会保险行政部门不再进行调查核实。《工伤认定办法》第十三条规定，社会保险行政部门在进行工伤认定时，对申请人提供的符合国家有关规定的职业病诊断证明书或者职业病诊断鉴定书，不再进行调查核实。从上述规定，可以认为劳动保障行政部门对职业病诊断证明书只作形式上的审查，而不作实质性审查。职业病诊断证明书或者职业病诊断鉴定书专业化程度很高，应当由经批准的医疗机构或由相关专业的专家组成的职业病鉴定委员会依法作出，具有最终法律效力。在患职业病职工的职业接触史涉及多个工作单位的情况下，应当以职业病诊断鉴定结论中明确的与职业病存在关联的工作单位为工伤用人单位。《工伤保险条例》第十九条第二款规定，职工或者其近亲属认为是工伤，用人单位不认为是工伤的，由用人单位承担举证责任。《中华人民共和国职业病防治法》第三十五条规定，对从事接触职业病危害的作业的劳动者，用人单位应当按照国务院卫生行政部门的规定组织上岗前、在岗期间和离岗时的职业健康检查，并将检查结果书面告知劳动者。曾某某在某石业公司处从事接触职业病危害的作业，但某石业公司没有为曾某某提供职业病检查，某石业公司也未能提交曾某某入职前的健康检查材料，故某石业公司称曾某某在其公司工作期间不足以形成职业病主张无证据支持，不予采信。工伤用人单位依法承担相应工伤保险责任后，如有相应证据能够证明存在其他单位致害的，可以向其他单位主张权利。

编写人：湖北省随县人民法院　杨东玲

37

诉请要求确认行政行为合法有效并不属于人民法院行政案件受案范围及创造性裁判方式的选择实质解决争议

——饶某诉某大学确认毕业证书效力案

【案件基本信息】

1. 裁判书字号

北京市朝阳区人民法院（2023）京 0105 行初 459 号行政裁定书

2. 案由：确认毕业证书效力纠纷

3. 当事人

原告：饶某

被告：某大学

【基本案情】

原告饶某系“专升本”学生，于 2007 年 9 月至 2009 年 9 月就读于被告某大学网络教育法学本科，于 2009 年 7 月获得毕业证书，2021 年通过国家法律职业资格考试，2022 年因学历未通过学信网查询认证无法申领法律职业资格证书而将被告起诉至法院要求确认被告为其颁发的毕业证书的效力。饶某认为：(1) 根据行政信赖利益保护原则，被告应当确保其行政行为合法有效即颁发的毕业证书能够对外正常使用；（2）学信网是依据《高等学校学生学籍学历电子注册办法》规范性文件中设立的服务机构，不是法律、法规授权的组织机构，不具有取代被告行使行政许可的法定职权，被告不得以学信网不进行认证就不保证其作出的毕业证书效力。而被告则认为：原告无法申请法律职业资格证书的原因在于其无法证明专科学位的真实性和有效性，即并非原告本科学历信息有误，而是原告的专科学历信息找不到。一方面，原告所取得的前置学历即专科学历属于单位委培，并未纳入国民教育体系；另一方面，注册电子学历和学籍的主要目的就在于验证纸质版学历和学籍信息的真实性，只有每一个阶段的信息连贯性和真实性得到确认，学信网上的相关信息才能正常查询，事实上学校也已经为原告注册了电子学籍和学历，但是本科学历的真实但是不能代表专科学历真实有效。故，被告并非本案适格被告，请求法院驳回原告起诉。

【案件焦点】

1. 饶某提起行政诉讼诉请要求确认行政行为有效或者合法是否属于人民法院的受案范围；2. 如何从保障当事人权益的角度进行裁判方式的选择。

【法院裁判要旨】

北京市朝阳区人民法院经审理认为：根据现行的行政诉讼法及司法解释的规定，法院仅有权判决确认行政行为无效或违法，并无确认行政行为有效或合法的裁判方式。本案中，原告实质是请求法院裁判确认其毕业证书的有效性，根据行政诉讼法及司法解释的规定，该诉请事项并不属于行政诉讼审判权限范围之内，故原告的起诉不符合法定起诉条件。另，被告认可原告所持毕业证书系其依法依规为原告颁发，对该毕业证书的真实性、合法性予以确认，是故在该证书未被有权部门予以撤销的情况下，应推定其属合法有效，无须单独确认。裁定如下：

驳回原告起诉。

裁定后，双方当事人均未上诉，本裁定现已生效。

【法官后语】

毕业证书亦称“文凭”，是毕业生所取得的学历凭证，对于学生而言意义重大。近年来，关于颁发毕业证书引发的行政纠纷不断增多，由此衍生的行政诉讼不断增加，当事人的诉求也逐渐多样化。此类案件大多是要求确认不予颁发或者颁发毕业证书违法或者撤销。但是要求确认毕业证书合法有效确属少见，针对此种情形，法院需要对于案件受理范围、法院裁判方式等进行多重考量，审慎作出裁判。同时案件的解决也为类案争议的实质化解提供新的解决路径和处理方式。

一、诉请要求确认行政行为合法有效是否属于人民法院行政诉讼受案范围的问题

《中华人民共和国行政诉讼法》第四十九条、《最高人民法院关于适用〈中华人民共和国行政诉讼法〉的解释》第六十九条规定了行政诉讼案件受案范围，如果认定被诉行政行为违法，可以诉请法院判决撤销或者确认行政行为违法。同时，行政行为具有公定力，是以国家权力为支撑的，代表的是一种合法推定力，即根据法律设立的国家机构，并通过法律授权国家机构以权力，国家行政机关（包含依法被授权组织）依照法律作出行政行为，被推定合法，在有权机关依法予以撤销、废止、变更之前，无论是行政行为的相对人还是国家机关等，都必须将其看作是合法、有效的行为加以尊重和服从，都不能以这样或者那样的借口否认该行政行为存在的效力。当事人针对已经作出的行政行为，在尚未有相应公权力机关确认该行为违法或者撤销的前提下，应当认定该行政行为合法有效，在此基础上，原告仅要求确认行政行为合法有效并不符合人民法院裁判方式要求，不应当认定属于人民法院受案范围。

二、结合现实情况，如何通过裁判方式的选择创新性达到实质化解当事人矛盾纠纷的目的

毕业证书的颁发行为对于当事人影响巨大长远，结合最高人民法院关于行政争议实质化解的要求精神，如果不能妥善处理此项纠纷势必会引发更大的矛

盾争议。但是当事人的诉讼请求并不符合人民法院的受案范围依照行政诉讼法及其司法解释的相关规定人民法院应当裁定驳回起诉，那么在此类裁判方式已经固定的情况下，如何结合现实情况创造性地对于当事人的争议问题进行回应最终达到帮助当事人解决纠纷的效果是人民法院审理行政案件应当予以思考的重点。在裁判方式的选择上也考验着裁判者的智慧与思考。通过在裁定书说理部分明确对于毕业证书的合法有效性予以认定，即通过司法方式对于案件争议点进行宣誓，既符合案件裁判方式的选择，也有利于当事人权利的救济与保障，对于实质性化解当事人矛盾纠纷意义重大。

本案中，饶某诉请要求人民法院确认某大学颁发的毕业证书合法有效，该诉讼请求明显不符合人民法院的裁判方式，应当驳回起诉，但是结合毕业证书对于饶某的个人及其家庭影响重大，法院虽未支持饶某的诉讼请求，但是结合行政行为的公定力原理，法院在裁定书当中宣布毕业证书的合法有效性，对于实质解决饶某的问题意义重大。

编写人：北京市朝阳区人民法院　胡宝娟　孙雯

38

未达成补偿协议即强拆，即便事后补偿亦不能阻却拆除行为的违法性

——张某某、邱某某诉某开发区管委会确认推平树木行为违法案

【案件基本信息】

1. 裁判书字号

江苏省盐城市中级人民法院（2023）苏09行终498号行政判决书

2. 案由：确认推平树木行为违法纠纷

3. 当事人

原告（被上诉人）：张某某、邱某某

被告（上诉人）：某开发区管委会

【基本案情】

张某某、邱某某系夫妻关系。二人在某开发区某居委会拥有合法住宅，并承包4亩土地种植梨树。2021年3月，某开发区管委会对张某某所在的小组实施房屋协议搬迁项目，同时出台《补偿安置办法》，适用于某开发区辖区内房屋搬迁工作，并对房屋权属、性质和面积的认定、补偿方式、种类的确认进行规定。张某某、邱某某的房屋及土地被纳入征收范围。2021年4月21日，某开发区管委会与张某某、邱某某签订征收补偿协议，但协议内容不包括案涉种植梨树的承包地。某开发区管委会未与张某某、邱某某就梨树补偿达成合意，也未签订补偿协议，在未保障张某某、邱某某听证、复议、诉讼等救济权利的情况下，于2021年5月20日组织人员将张某某、邱某某的梨树强制推平。2022年7月11日，某开发区管委会向张某某汇款78530元，款项名称为“某地块树木补偿”。张某某、邱某某为维护其合法权益，诉至法院请求确认某开发区管委会推平树木的行为违法。

【案件焦点】

1. 某开发区管委会作为本案被告主体是否适格；2. 某开发区管委会推平树木的行为是否应当确认违法。

【法院裁判要旨】

江苏省射阳县人民法院经审理认为：

1. 关于某开发区管委会主体是否适格。《中华人民共和国行政诉讼法》第二十六条第一款规定：“公民、法人或者其他组织直接向人民法院提起诉讼的，作出行政行为的行政机关是被告。”本案中，从某开发区管委会出台房屋补偿安置办法、与村民签订房屋补偿协议、给付房屋树木补偿款以及张某某、邱某某向其交付房屋拆除等行为中，可以推定某开发区管委会履行该区域搬迁补偿安置职责。张某某、邱某某树木被推平无主体自认实施，树木推平在某开发区管委会搬迁职责范围内，某开发区管委会未能明确并举证证明树木推平实施主体，故应认定某开发区管委会实施了推平树木的行为，是本案适格主体。

2. 关于某开发区管委会推平树木的行为是否应当确认违法。《中华人民共和国行政诉讼法》第三十四条规定："被告对作出的行政行为负有举证责任，应当提供作出该行政行为的证据和所依据的规范性文件。"《中华人民共和国行政诉讼法》第七十五条规定："行政行为有实施主体不具有行政主体资格或者没有依据等重大且明显违法情形，原告申请确认行政行为无效的，人民法院判决确认无效。"《最高人民法院关于适用〈中华人民共和国行政诉讼法〉的解释》第九十九条规定："有下列情形之一的，属于行政诉讼法第七十五条规定的'重大且明显违法'：（一）行政行为实施主体不具有行政主体资格；（二）减损权利或者增加义务的行政行为没有法律规范依据；（三）行政行为的内容客观上不可能实施；（四）其他重大且明显违法的情形。"一般情况下，行政机关对其作出的行政行为负有举证责任，应当提供作出该行政行为的证据和所依据的规范性文件。某开发区管委会实施了推平树木行为，但在推平树木前并未与张某某、邱某某达成树木补偿问题达成协议，且在审理中未能举证证明其推平树木的合法依据，故其推平张某某、邱某某树木没有法律规范依据，存在重大且明显违法情形。张某某、邱某某诉请确认该行为违法具有事实和法律依据，应予以支持。

江苏省射阳县人民法院判决如下：

确认某开发区管委会推平张某某、邱某某树木的行为违法。

某开发区管委会不服一审判决，提出上诉。

江苏省盐城市中级人民法院经审理认为，同意一审法院裁判意见。判决如下：

驳回上诉，维持原判。

【法官后语】

强拆案件是司法审查的难点。《中华人民共和国土地管理法》第二条第四款规定，国家为了公共利益的需要，可以依法对土地实行征收或者征用并给予补偿。征收中，在不能达成补偿安置协议、未腾空交拆房屋、不符合申请司法强拆或申请未批准等情形下，行政机关往往会动用行政权强拆房屋，由此引起纠纷。《中华人民共和国行政诉讼法》第二十五条第一款规定，行政行为的相对人以及其他与行政行为有利害关系的公民、法人或者其他组织，有权提起诉讼。该项规定体现出更加侧重权利救济的主张诉讼性质，包含以下四个层面的内容：

第一，行政诉讼的原告主体资格。行政诉讼的原告主体资格指的是在行政诉讼中，公民、法人、或其他组织必须具备哪些条件才可以以自己的名义提起诉讼。一般来说，判断是否有原告主体资格通常从以下三个方面考虑：一是行政行为的作出是否与权利义务的增减得失有关；二是提起诉讼后能否得到实际的诉讼利益；三是诉讼完结后是否承担裁判确定的权利义务。简单而言，行政行为的相对人或利害关系人认为自己的合法权益受到行政机关和行政机关工作人员的行政行为侵犯的均可以提起行政诉讼。

第二，涉及的法律关系。行政诉讼区别于民事诉讼和刑事诉讼，是通过对被诉行政行为合法性进行审查以解决行政争议的活动，其中进行审查的行政行为是具体行政行为。可以提起行政诉讼是因为行政机关和行政机关工作人员行使行政权力，同公民、法人或者其他组织发生法律关系而引起的行政争议，行政诉讼的目的是保障公民、法人或者其他组织的合法权益不受违法行政行为的侵害。不包括行政机关同公民、法人或者其他组织发生民事法律关系而引起的民事争议，以及因触犯刑法而遭受处罚的刑事诉讼。

第三，诉讼标的层面。行政诉讼不解决所有类型的行政争议，有的行政争议不属于行政诉讼的受案范围。《中华人民共和国行政诉讼法》第十二条规定了属于行政诉讼的受案范围的十二种类型的行政案件。人民法院审理行政案件，对行政行为是否合法进行审查。合法性审查是行政诉讼的特有原则，行政行为的合法性包括实体合法和程序合法。实体合法即行政机关作出的行政行为是否具有法律依据，是否在其法定职权范围内作出，适用的法律、法规是否正确等。程序合法是实体合法的保障，是依法行政的重要组成部分。如果一个行政行为在实体方面没有问题，在程序方面违法则该行政行为依然是违法的。

第四，行政行为引起的后果。行政主体对行政相对人权益的影响包括直接影响和间接影响，不仅包括公民、法人或者其他组织的权利受到行政机关的侵犯还包括他们的合法利益受到行政机关的侵犯。合法权益条款是判断案件是否进入实体审理的重要依据，对当事人诉权的保护以及不当行使诉权的规制有积极作用。如何界定合法权益，是行政诉讼原告资格认定的核心问题，因为权利和利益都极富弹性。行政诉讼法中只有“合法权益”字眼，司法解释规定的也不明确，我国行政诉讼中的合法权益为受案范围所限制，规范意义上的合法权益需要在个案中进行情景化理解、权衡。

本案中，某开发区管委会因公益项目建设需要，对某开发区管委会辖区范围的房屋进行拆迁，但其提交的证据不能证明推平案涉树木时，已与被征收人达成征收补偿协议，即便某开发区管委会陈述已经将树木的补偿款支付给张某某，但张某某对此并不认可，某开发区管委会对案涉树木的推平行为，应当认定为行政强制行为；涉案土地虽位于被征收范围之内，但某开发区管委会在推平树木前并未与张某某夫妇就树木补偿问题达成协议，也未能举证证明其推平树木的合法依据，且在推平树木过程中，亦未依照《中华人民共和国行政强制法》相关规定，严格遵循相应履行催告程序、作出强制执行决定、告知当事人权利等法定程序，因此其推平张某某夫妇所种树木的行为没有法律规范依据，存在重大且明显违法情形，应确认违法。人民法院在全面审查被诉行政行为的基础上，依照法律规定判决政府败诉，实现“办理一案、警示一片”的社会效果，促进行政机关依法行政的同时，让人民群众在每一个司法案件中都感受到公平正义。

编写人：江苏省射阳县人民法院　丁青青

39

未享受职工基本养老保险待遇的超龄劳动者与用人单位构成劳动关系

——某县某公司诉某县人力资源和社会保障局工伤保险资格认定案

【案件基本信息】

1. 裁判书字号

江西省高级人民法院（2024）赣行终61号行政裁定书

2. 案由：工伤保险资格认定纠纷

3. 当事人

原告：某县某公司

被告：某县人力资源和社会保障局（以下简称某县人社局）

【基本案情】

邹某某1972年12月21日出生，农村户口，已参加城乡居民社会养老保险，但未享受养老保险待遇，其系某县某公司员工，该公司实行三班倒工作时间制，即早班7：00—15：00；中班15：00—23：00；晚班23：00—次日7：00。2020年3月至2022年11月，某县某公司为邹某某缴纳了养老保险。2023年5月24日，邹某某排中班，其于当天14时37分许无证驾驶二轮摩托车沿X783县道由北向南行驶，与沿S312省道由西向东通过黄色闪光警告信号灯提示的路口且临近人行横道未减速慢行的吕某某驾驶的重型半挂牵引车发生碰撞，造成邹某某当场死亡及两车受损的交通事故。事故发生时，邹某某年满50周岁。

2023年6月7日，某县公安局交通警察大队作出道路交通事故认定书，认定吕某某负此事故主要责任，邹某某负次要责任。吕某某不服申请复议，某县公安局交通警察大队于2023年7月20日重新作出道路交通事故认定书，认定吕某某与邹某某负同等责任。事故发生后，邹某某亲属向某县人社局提出工伤认定申请，某县人社局于2023年8月2日作出A51号《认定工伤决定书》，其认为邹某某上班时间为15时至23时，发生交通事故伤害符合《工伤保险条例》第十四条第六项之规定，属于工伤认定范围，予以认定工伤。某县某公司不服，遂诉至法院。某县某公司诉请依法撤销某县人社局作出的A51号《认定工伤决定书》。

【案件焦点】

1. 邹某某与某县某公司构成劳动关系还是劳务关系；2. 邹某某发生交通事故的路段是否属于上班合理路线。

【法院裁判要旨】

江西省吉安市中级人民法院经审理认为：《人力资源社会保障部关于执行〈工伤保险条例〉若干问题意见（二）》第二条第一项规定："达到或超过法定退休年龄，但未办理退休手续、或者未依法享受职工基本养老保险待遇，继续在原用人单位工作期间受到事故伤害或患职业病的，用人单位依法承担工伤保险责任。"《最高人民法院行政审判庭关于超过法定退休年龄的进城务工农民因工伤亡的，应否适用〈工伤保险条例〉请示的答复》规定："用人单位聘用的超过法定退休年龄的务工农民，在工作时间内、因工作原因伤亡的，应当适用《工伤保险条例》的有关规定进行工伤认定。"本案中，邹某某系进城务工农民，其受交通事故伤害时虽已超过法定退休年龄，但其系继续在原用人单位工作期间受到事故伤害，用人单位依法应承担工伤保险责任。

《最高人民法院关于审理工伤保险行政案件若干问题的规定》第六条规定："对社会保险行政部门认定下列情形为'上下班途中'的，人民法院应予支持：（一）在合理时间内往返于工作地与住所地、经常居住地、单位宿舍的合理路线的上下班途中……"本案中，某县某公司并无证据证明邹某某发生交通事故时其行进目的地非其公司。事实上，邹某某是在上班时间段，朝着某县某公司方向骑行，邹某某上班目的明确，骑行目的地也明确，据此应当认定邹某某是在以上班为目的，从住所地前往工作地的合理路线上。某县某公司以邹某某在丁字路口骑行至道路中间时，未按交通法规规定的靠右转弯的上班路线骑行，即认定邹某某行进的路径非上班的合理路线，此系对邹某某上班合理路线狭窄的、片面的、机械的理解。

江西省吉安市中级人民法院判决：

驳回某县某公司的诉讼请求。

某县某公司不服，提出上诉。该案审理过程中，某县某公司向江西省高级人民法院申请撤回上诉。

江西省高级人民法院经审理认为：上诉人申请撤回上诉的意思表示真实，符合法律规定，本院予以准许。依照《中华人民共和国行政诉讼法》第六十二条之规定，裁定如下：

准许上诉人撤回上诉。

【法官后语】

本案是一起人民法院保障超过法定退休年龄农民工工伤保险待遇的典型案例。随着我国劳动力的老龄化，达到退休年龄的“银发农民工”工伤保险待遇保障已成为社会关注的热点，我国社会基本养老保险“应保尽保”政策尚未完全覆盖所有人群，部分达到法定退休年龄的劳动者可能未享受到基本养老保险，超龄劳动者尤其是进城务工农民等因为技能、文化水平等因素制约，往往从事一些体力强度大、文化要求低、工作时间长的行业，如服务业、建筑业等，他们恰恰是产生工伤认定最普遍的群体。

如何确定超龄劳动者就业的法律关系属性，在审判实务和学理上仍有争议。审判实务中有以下几种裁判观点：（1）劳务关系说。根据《中华人民共和国劳动合同法实施条例》第二十一条规定，超龄劳动者不具备劳动主体资格，达到法定退休年龄后劳动合同终止。（2）基本养老保险待遇享受说。超龄劳动者享受城乡居民养老保险待遇属于依法享受基本养老保险待遇情形，与用人单位构成劳务合同关系，不构成劳动合同关系。(3)劳动关系说。超龄劳动者与用人单位成立特殊劳动关系。根据《人力资源社会保障部关于执行〈工伤保险条例〉若干问题意见（二）》第二条第一项规定："达到或超过法定退休年龄，但未办理退休手续、或者未依法享受职工基本养老保险待遇，继续在原用人单位工作期间受到事故伤害或患职业病的，用人单位依法承担工伤保险责任。"《最高人民法院行政审判庭关于超过法定退休年龄的进城务工农民因工伤亡的，应否适用〈工伤保险条例〉请示的答复》规定："用人单位聘用的超过法定退休年龄的务工农民，在工作时间内、因工作原因伤亡的，应当适用《工伤保险条例》的有关规定进行工伤认定。"本案即采用该观点。

另外，本案拓展了工伤案件"上下班途中"合理路线认定标准。裁判者判断"上下班途中"合理路线，不应僵化地认为是一条绝对路线，而应作广义的理解。例如，要综合考量工作原因、天气情况、交通拥堵、突发事件等客观因素导致的绕道变道，此类情形一般应认定为合理路线。社会保险行政部门应加强监管，增强用人单位对超龄劳动者的主动参保意识，充分保障用人单位和超龄劳动者合法权益。

编写人：江西省吉安市中级人民法院 陈煜霄

40

与履行工作职责关联度较高的"旧病复发"应认定为工伤

——许某某诉某市人力资源和社会保障局工伤认定案

【案件基本信息】

1. 裁判书字号

河南省郑州铁路运输中级法院（2022）豫71行终128号行政判决书

2. 案由：工伤认定纠纷

3. 当事人

原告（上诉人）：许某某

被告（被上诉人）：某市人力资源和社会保障局（以下简称某市人社局）

第三人：某某人力公司

【基本案情】

许某某系某某人力公司员工，主要工作职责是排除道路障碍，确保道路安全。2019年8月15日13时50分，许某某受公司指派驾驶机动车在道路上巡查道路安全，被付某卫驾驶的轿车撞击，造成许某某受伤。交警支队作出道路交通事故认定书认定付某卫负事故全部责任，许某某无责任，后许某某被送至医院治疗，诊断结论为“升主动脉瘤样扩张，夹层、脑震荡、舌部挫裂伤、全身多处软组织挫裂伤”。后许某某向某市人社局提出工伤认定申请，2021年5月18日，某市人社局作出《工伤认定决定书》，认定脑震荡、舌部挫裂等伤害为工伤。认为许某某主动脉夹层曾有过基础性疾病，“升主动脉瘤样扩张，夹层”为旧病复发，未认定为工伤。

另查，上海某鉴定机构出具的鉴定意见书载明：许某某因交通事故在医院行主动脉手术，与交通事故存在一定的关联性。已生效的民事判决对上述鉴定予以采信并对交通事故关联参与度进行了确定，确定按30%的责任承担。

许某某提出如下诉讼请求：变更《工伤认定决定书》，追加因工受伤部位主动脉夹层为工伤。

【案件焦点】

许某某在工作中遭遇交通事故导致旧病复发是否应认定为工伤。

【法院裁判要旨】

河南省郑州铁路运输法院经审理认为：鉴定意见载明的伤情部位与许某某申请追加的部位为同一部位，现许某某主张其申请追加为工伤的部位为新伤，与事实不符，一审法院未予支持。依据《中华人民共和国行政诉讼法》第六十九条之规定，河南省郑州铁路运输法院判决如下：

驳回许某某的诉讼请求。

许某某不服一审判决，提出上诉。

河南省郑州铁路运输中级法院经审理认为：本案的争议焦点为许某某申请的“升主动脉瘤样扩张，夹层”是否应认定为工伤。在许某某有主动脉夹层基础性疾病的情况下，判断其本次申请的伤害是否应认定为工伤，应当考虑该申请内容与交通事故的关联性程度，如果关联程度较高，则应认定为工伤，反之不予认定为工伤。许某某向某市人社局申请追加工伤部位时，向其提供了上海某鉴定机构的鉴定意见书，该鉴定意见书载明：许某某因交通事故在医院行“主动脉根部成形术+升主动脉置换+全弓置换+支架象鼻手术”，与交通事故存在一定的关联性。已生效的民事判决对上述鉴定予以采信并对交通事故关联参与度进行了确定，确定按照30%的责任承担。综上，现有证据可以证明许某某案涉伤害与履行工作职责之间具有30%关联度较高的因果关系，某市人社局作出的不予工伤认定决定，主要证据不足，应予撤销。一审判决不当，应予以撤销。依照《中华人民共和国行政诉讼法》第七十条第一项、第八十九条第一款第二项之规定，判决如下：

一、撤销郑州铁路运输法院（2021）豫7101行初687号行政判决；

二、撤销某市人社局《工伤认定决定书》；

三、责令某市人社局于本判决生效后60日内对许某某重新作出工伤认定。

【法官后语】

职工在工作中遭遇意外事故导致“旧病复发”的情形是否应认定为工伤，《工伤保险条例》未作出明确规定，加之该情形比较复杂难以判断，导致实践中争议很大，是值得深入探讨的问题。本案即为职工在履行工作职责中遭遇交通事故导致“旧病复发”的情形，通过对伤害结果与履行工作职责之间的多因一果关系进行分析，对关联度较高的认定为工伤，为类似案件提供司法参考。

一、法律规定不明确引发的实践争议

《工伤保险条例》第十四条第三项规定，职工在工作时间和工作场所内，因履行工作职责受到暴力等意外伤害的，应当认定为工伤。“因履行工作职责”是指职工受到的意外伤害与履行工作职责之间存在因果关系，包含一因一果、多因一果等。其中多因一果是指劳动者受伤是由多种原因造成的，履行工作职责只是导致其受伤的原因之一，需与其他原因共同作用，才能引起损害的发生。对于多因一果情形是否认定为工伤，因法律没有明确规定，导致司法实践中争议很大，主要有以下三种裁判观点：第一种裁判观点认为，只要履行工作职责与受到意外伤害之间存在因果关系，不论伤害与履行工作职责之间的关联度如何，均应认定为工伤；第二种裁判观点认为，职工受伤与履行工作职责之间需具有关联度较高的因果关系才能认定为工伤；第三种裁判观点认为，职工受伤是工作和其他原因共同造成的，与履行工作职责之间是间接因果关系，不应认定为工伤。

合议庭经多次合议采用了第二种裁判观点。认为如果将多因一果关系排除在工伤认定之外，将会大大缩小“因履行工作职责”的范围，与《工伤保险条例》保护劳动者合法权益的立法精神相悖。但如果不区分伤害与履行工作职责之间关联度的大小，将关联度较低的伤害认定为工伤，无疑增加了企业的风险和责任，对公司以及其他赔付单位将显失公平。结合各地审判经验，职工受伤与履行工作职责之间如具有30%及以上关联度较高的因果关系的可认定为工伤，如果关联度较低则不宜认定为工伤。

二、因果关系关联度大小的判断方法

关于关联度大小的判断，可借鉴以下三种方法进行认定：第一，对于关联度明显较低或者明显较高的案件，可通过一般常理，运用逻辑推理和工作经验、工作常识等进行判断；第二，对于关联度大小难以判断的案件，可通过专业鉴定，鉴定出伤害与履行工作职责之间的关联度；第三，对于关联度大小无法鉴定的案件，可通过民事赔偿承担的份额推断出关联度，如没有相应民事判决，可根据日常经验及推理进行判断。

三、在实践及本案中的应用

现实生活中劳动者伤亡情形复杂多样，存在很多因履行工作职责引发职工旧病复发或使原有潜在疾病发作的情形，如本案职工在工作中遭遇交通事故导致旧病复发。又如，职工因意外事故受到惊吓诱发潜在的癫痫疾病等，上述事例中虽然原有的身体疾病或潜在疾病是内因，但正是因履行工作职责外因的介入，才使病发变成了现实，属于多因一果的因果关系。本案中，许某某是在完成公司安排的工作任务中发生了交通事故，尽管在本次事故发生前其曾有过主动脉病史，但在本次事故的剧烈撞击下，加重并诱发了原有的主动脉疾病。经民事判决，交通事故全责方需对许某某的该伤害承担30%的民事责任，则可推断出许某某的旧病复发与履行工作职责之间的关联度为30%，关联度较高，应认定为工伤。

编写人：河南省郑州铁路运输中级法院　朱云峰　徐星星

41

与用人单位存在劳务关系的超龄劳动者不享受工伤保险待遇

——李某甲、李某乙诉某市人力资源和社会保障局工伤行政确认案

【案件基本信息】

1. 裁判书字号

浙江省绍兴市中级人民法院（2023）浙06行终125号行政判决书

2. 案由：工伤行政确认

3. 当事人

原告（上诉人）：李某甲、李某乙

被告（被上诉人）：某市人力资源和社会保障局

第三人：健身公司

【基本案情】

两原告之父李某丙出生于1953年11月，其于2017年10月入职第三人处从事保洁工作。2020年1月，第三人（甲方）与李某丙（乙方）签订《退休返聘合同书》一份，载明：鉴于乙方是已达到法定退休年龄的人员，不具备劳动法律关系的主体资格。双方经平等协商一致，自愿签订本劳务合同，并共同遵守本合同所列条款。同时约定李某丙不享受公司在职员工的社保等福利待遇。2021年11月，李某丙在工作中突发疾病送至医院抢救，被诊断为肝癌破裂出血、休克，经抢救无效于当日死亡。2022年1月，原告提出工伤认定申请，被告要求原告补充李某丙与第三人之间存在劳动关系的证明材料。两原告遂向某市劳动人事争议仲裁委员会申请仲裁，请求确认李某丙与第三人之间存在事实劳动关系。某市劳动人事争议仲裁委员会出具收件回执一份，但未在规定期限内决定是否受理。两原告随即提起民事诉讼。人民法院经审理认为，李某丙进入第三人处工作时已超过法定退休年龄，双方之间应属劳务关系，而非劳动关系，双方签订的合同书中也对此进行了明确。两原告要求确认李某丙与第三人之间存在事实劳动关系与事实不符，故驳回了两原告的诉讼请求。后两原告将该判决书送交被告处，被告于2022年6月作出工伤认定申请不予受理决定书，认为李某丙入职时已超过法定退休年龄，未缴纳工伤保险，且生效的民事判决书已确认双方属于劳务关系，而非劳动关系。因此原告的工伤认定申请，不符合《工伤保险条例》第十八条规定的受理条件，决定不予受理。两原告不服，遂提起本案诉讼，要求撤销被告作出的《工伤认定申请不予受理决定书》。

【案件焦点】

1. 李某丙与第三人之间是否存在劳动关系或者事实劳动关系；2. 超龄劳动者是否属于《工伤保险条例》调整范围；3. 被告不予受理原告的工伤认定申请是否合法。

【法院裁判要旨】

浙江省新昌县人民法院经审理认为：首先，在事实认定方面，双方主要争议点在于李某丙与第三人之间是否存在劳动关系。劳动关系和劳务关系是存在区别的，李某丙与第三人签订的《退休返聘合同书》中明确该协议系劳务合同，约定李某丙应当履行公司确定的岗位职责，完成公司安排的劳务任务，公司按月向李某丙支付足额劳动报酬，李某丙不享受公司在职员工的社保等福利待遇。结合（2022）浙 0683 民初 2217 号民事判决，李某丙与第三人之间系劳务关系，而非劳动关系。

其次，在法律适用方面。根据《工伤保险条例》第十八条的规定，提出工伤认定申请应当提交下列材料：（1）工伤认定申请表；（2）与用人单位存在劳动关系（包括事实劳动关系）的证明材料；（3）医疗诊断证明或者职业病诊断证明书（或者职业病诊断鉴定书）……工伤认定申请人提供材料不完整的，社会保险行政部门应当一次性书面告知工伤认定申请人需要补正的全部材料。申请人按照书面告知要求补正材料后，社会保险行政部门应当受理。本案中，原告李某甲向被告提起工伤认定申请，因缺少李某丙与第三人之间存在劳动关系的证明材料，遂发送《工伤认定申请补正材料通知书》，因原告未提交相应的证明材料，且根据（2022）浙 0683 民初 2217 号民事判决书，作出不予受理决定，符合上述法律规定。

浙江省新昌县人民法院根据《中华人民共和国行政诉讼法》第六十九条的规定，作出如下判决：

驳回原告李某甲、李某乙的全部诉讼请求。

李某甲、李某乙不服一审判决，提出上诉。

浙江省绍兴市中级人民法院经审理认为，同意一审法院的裁判意见。判决如下：

驳回上诉，维持原判。

【法官后语】

2021 年年底印发的《中共中央　国务院关于加强新时代老龄工作的意见》要求“着力构建老年友好型社会”，强调“全面清理阻碍老年人继续发挥作用的不合理规定”。《工伤保险条例》对保护劳动者的合法权益具有重要的作用，但该条例保护的范围仅限于具有劳动关系的劳动者，对于超过法定退休年龄签订劳务合同或者没有签订合同的，是否适用该条例的规定，未予明确。对于人社局作出的不予受理工伤认定申请是否予以支持，行政审判实践中做法不一。

关于超龄劳动者的工伤认定问题，全国性的司法性文件中主要有三个最高院的答复，分别是《最高人民法院行政审判庭关于离退休人员与现单位之间是否构成劳动关系以及工作时间内受伤是否适用〈工伤保险条例〉问题的答复》《最高人民法院行政审判庭关于超过法定退休年龄的进城务工农民因工伤亡的，应否适用〈工伤保险条例〉请示的答复》《最高人民法院关于超过法定退休年龄的进城务工农民在工作时间内因公伤亡的，能否认定工伤的答复》。答复均未将超龄劳动者排除在《工伤保险条例》之外。而新出台的《最高人民法院关于审理劳动争议案件适用法律问题的解释（一）》第三十二条“用人单位与其招用的已经依法享受养老保险待遇或者领取退休金的人员发生用工争议而提起诉讼的，人民法院应当按劳务关系处理。企业停薪留职人员、未达到法定退休年龄的内退人员、下岗待岗人员以及企业经营性停产放长假人员，因与新的用人单位发生用工争议而提起诉讼的，人民法院应当按劳动关系处理。”根据上述精神，可以理解为：

1. 享有职工基本养老保险或退休金的超龄劳动者不再享受工伤保险待遇。《人力资源和社会保障部关于执行〈工伤保险条例〉若干问题的意见（二）》第二条规定，达到或超过法定退休年龄，但未办理退休手续或者未依法享受城镇职工基本养老保险待遇，继续在原用人单位工作期间受到事故伤害或患职业病的，用人单位依法承担工伤保险责任。据此可以反向推理得出，享受职工基本养老保险或者领取退休金的劳动者若继续受聘于用人单位而因工伤亡的，不能同时享受工伤保险待遇和职工基本养老保险待遇。

2. 享有城乡居民养老保险待遇的超龄劳动者可享受工伤保险待遇。养老保险包括职工基本养老保险和城乡居民基本养老保险。职工基本养老保险或退休金能够基本保障超龄劳动者的养老需求，但城乡居民基本养老保险金额过低，难以保障其正常的养老需求。已经享受城乡居民基本养老保险待遇的超龄劳动者遭受工伤后，如果因其享受了较低的城乡居民基本养老保险就不能认定工伤，显然对其不公。同时，答复也未排除享有城乡居民养老保险待遇的超龄劳动者受伤时，不能享受工伤保险待遇。

3. 与用人单位存在劳务关系的超龄劳动者不享受工伤保险待遇。劳动关系和劳务关系的区别在于：劳动关系的双方之间不仅存在着财产关系，而且劳动者除了提供劳动以外，还要接受用人单位的管理，成为用人单位的职工，以用人单位的名义进行工作，其提供劳动的行为属于职务行为，除获得工资报酬外，还有保险、福利待遇等。劳务关系的双方主体之间只存在财产关系，彼此之间无从属性，没有管理与被管理的权利和义务。劳动者提供劳务服务，用人单位支付劳务报酬，双方各自独立、地位平等，提供劳动的一方以本人的名义从事劳务活动，独立承担法律责任，且劳务关系中的自然人，一般只获得劳务报酬。本案中，李某丙与第三人签订的《退休返聘合同书》中明确该协议系劳务合同，约定李某丙应当履行公司确定的岗位职责，完成公司安排的劳务任务，公司按月向李某丙支付足额劳动报酬，李某丙不享受公司在职员工的社保等福利待遇。结合（2022）浙0683民初2217号民事判决，可以认定李某丙与第三人之间系劳务关系，而非劳动关系。基于双方之间系劳务关系，应当通过侵权责任另行主张雇主责任，而非通过工伤保险申请寻求权益救济。

超龄劳动者与用人单位之间签订劳务合同，双方之间的劳务关系经过司法确认，在这种情况下，应当排除在《工伤保险条例》调整范围之外。但如果未签订劳务合同，也无劳动仲裁或司法裁判，劳动保障部门应当坚持审慎合理原则，在作出是否受理决定时进行一定的调查。因未提交劳动关系相关认定材料迳行作出不予受理决定，存在较大的败诉风险。

编写人：浙江省新昌县人民法院　张小玉

六、政府信息公开

42

不能仅以被申请人称信息涉及商业秘密，不同意公开为由不经调查核实直接答复不予公开

——胡某某诉某住房和城乡建设局政府信息公开案

【案件基本信息】

1. 裁判书字号

河北省保定市中级人民法院（2023）冀06行终224号行政判决书

2. 案由：政府信息公开纠纷

3. 当事人

原告（被上诉人）：胡某某

被告（上诉人）：某住房和城乡建设局（以下简称某住建局）

【基本案情】

胡某某诉称，某住建局以涉及商业秘密、涉及公共安全以及属于过程性信息为由，对胡某某申请的多项内容不予公开。根据《中华人民共和国政府信息公开条例》第十条规定，某住建局作为作出获取并保存案涉政府信息的行政机关，应当负责公开案涉申请的内容，某住建局根据《中华人民共和国政府信息公开条例》第十六条为由不予公开不符合法律规定。

某住建局辩称，其依据法律规定作出了合理合法的答复，胡某某的诉讼请求不能成立，请法院驳回胡某某的诉讼请求。

经法院审理查明，2022年9月16日，胡某某通过EMS快递方式向某住建局邮寄政府信息公开申请，要求公开某项目的：（1）施工合同及中标通知书、招投标备案文件；监理合同及中标通知书、招投标备案文件。（2）建设资金到位证明。（3）建筑工程施工许可证及附图附件、前置文件；建设工程全套施工图及外审合格单。（4）商品房预售许可证及前置文件。（5）建设工程竣工验收报告（包含规划验收总图）、工程明细表、竣工验收备案文件及前置性文件。（6）实测备案报告、备案图及分户平面图。2022年9月19日，某住建局签收了信息公开申请书，后未作答复。2022年12月21日，胡某某就某住建局未履行政府信息公开职责行为向某市人民政府申请复议，2022年12月29日，某住建局作出案涉政府信息公开答复。2023年11月6日，保定市人民政府作出行政复议决定，确认某住建局未按规定期限履行政府信息公开职责的行为违法。以上事实有当事人提交的政府信息公开申请表、某住建局签收记录、行政复议决定书、政府信息公开答复书在案佐证。

【案件焦点】

1. 关于涉及企业商业秘密且企业不同意公开的答复是否合法；2. 关于属于过程性信息的答复是否合法；3. 关于涉及公共安全的答复是否合法。

【法院裁判要旨】

河北省涿州市人民法院经审理认为：第一，关于涉及企业商业秘密且企业不同意公开的答复是否合法。根据《中华人民共和国行政诉讼法》第三十四条、《中华人民共和国政府信息公开条例》第十五条的规定，行政机关应当首先对胡某某申请的政府信息是否涉及商业秘密进行审查，如认定该政府信息涉及商业秘密的，应当对该事实承担举证责任。本案中，某住建局认为胡某某申请的政府信息涉及商业秘密，但未提交其认定商业秘密的证据，其提交的向第三方书面征求意见的函，仅是对第三方是否同意公开的意见进行征询，不能证明其在征询第三方意见前已对政府信息是否涉及商业秘密进行审查，因此以涉及商业秘密为由决定不予公开，主要证据不足。

第二，关于属于过程性信息的答复是否合法。根据《中华人民共和国政府信息公开条例》第二条、第十六条第二款的规定，胡某某申请公开的“白沟富力城项目”申请建筑工程施工许可证以及商品房预售许可证的前置文件、竣工验收备案文件及前置性文件，是某住建局在履行行政管理职能过程中获取的材料，属于行政相对人办理行政许可及备案需要提交的信息，该信息是行政机关作出行政行为的事实依据，是衡量行政机关是否依法履行法定职责的重要材料，属于政府信息公开的范围。依据《中华人民共和国政府信息公开条例》第三十七条的规定，某住建局以该信息全部属于过程性信息为由不予公开，本院不予支持。

第三，关于涉及公共安全的答复是否合法。根据《房屋建筑和市政基础设施工程施工图设计文件审查管理办法》第三条第二款、第十三条的规定，建设工程施工图中存在涉及公共利益和公共安全的内容。根据《中华人民共和国政府信息公开条例》第十四条、第三十六条第三项的规定，行政机关依据本条例的规定决定不予公开的，需告知申请人不予公开并说明理由。某住建局以全套施工图涉及公共安全为由不予公开，符合法律规定。但审查合格书仅是对施工图是否合格作出的审查意见，属于行政机关在履行行政管理职能过程中获取的信息，属于应当公开的政府信息。此外，案涉答复告知实测备案报告、备案图及分户平面图不属于某住建局职权范围，胡某某向自然资源和规划局申请符合法律规定。

河北省涿州市人民法院依照《中华人民共和国行政诉讼法》第七十条第一项、《最高人民法院关于审理政府信息公开行政案件若干问题的规定》第九条的规定，判决如下：

一、撤销某住建局于 2022 年 12 月 29 日作出的《政府信息公开申请答复书》中除建设工程全套施工图外的不予公开事项；

二、责令某住建局于判决生效后二十个工作日内对上述不予公开的事项重新作出答复；

三、驳回胡某某其他诉讼请求。

胡某某不服一审判决，提出上诉。河北省保定市中级人民法院经审理认为：同意一审法院的裁判意见。判决如下：

驳回上诉，维持原判。

【法官后语】

一、行政机关对于涉及商业秘密类信息的审查义务和举证责任

政府信息公开的总体原则是“公开为常态，不公开为例外”，该原则是按照党的十八届四中全会作出的《中共中央关于全面推进依法治国若干重大问题的决定》而确立的。根据《中华人民共和国行政诉讼法》第三十四条第一款规定：“被告对作出的行政行为负有举证责任，应当提供作出该行政行为的证据和所依据的规范性文件。”《最高人民法院关于行政诉讼证据若干问题的规定》第一条规定：“根据行政诉讼法第三十二条和第四十三条的规定，被告对作出的具体行政行为负有举证责任……”，根据上述规定，在政府信息公开诉讼中，被告对作出的具体行政行为的合法性应承担举证责任。本案中，某住建局仅提供了第三方出具的回函，并未提交其实质审查的相关证据材料，就作出不予公开的答复，系主要证据不足。行政机关对于当事人申请的信息是否涉及商业秘密，应当根据相关法律法规规定的商业秘密构成要件进行审查，并充分说明该信息系商业秘密的具体理由并提供相应的证据。

二、第三方意见与行政机关是否予以公开之间的关系

行政机关的信息来源一般分为自行制作保存，或者从外部获取。外部获取通常会涉及第三方。如果当事人所申请的信息系第三方制作或者保存，往往就会涉及到第三方利益的保护问题。仅从第三方的角度，当然希望提高保护强度，不予公开为宜。《中华人民共和国政府信息公开条例》第十五条规定：“涉及商业秘密、个人隐私等公开会对第三方合法权益造成损害的政府信息，行政机关不得公开。但是，第三方同意公开或者行政机关认为不公开会对公共利益造成重大影响的，予以公开。”该条款规定了涉及第三方合法权益信息的豁免情形。但若赋予第三方直接决定该信息是否公开之效力，此类涉及“商业秘密”的案件相关信息则均无法公开。行政机关可根据具体申请情况，综合公共成本、行政

秩序等因素，将征求第三方意见作为自由裁量事项。但仅依据第三方的答复所称申请的信息属于商业秘密，不同意公开，而不加审查，就直接给申请人答复不能公开，确实不妥。本案中，某住建局辩称商业秘密在法条中已有明确定义，无须进行审查核实，但其作为行政机关，应根据申请人的申请事项，全方位考量后，衡量公开此类信息是否会对第三方合法权益造成损害，再决定是否公开该信息，其应对最终作出的信息公开处理决定负责。另，涉及商业秘密并不是一律不公开，仍旧要看公开后可能造成的结果，衡量各种利益后，决定是否公开。

编写人：河北省保定市人民法院　张东倩

43

涉第三方政府信息关涉第三方信息权利时，行政机关须履行书面征求意见程序

——丛某某诉某生态环境局政府信息公开案

【案件基本信息】

1. 裁判书字号

北京市第一中级人民法院（2024）京 01 行终 160 号行政判决书

2. 案由：政府信息公开纠纷

3. 当事人

原告（上诉人）：丛某某

被告（被上诉人）：某生态环境局

【基本案情】

2023 年 3 月 15 日，某生态环境局（以下简称某生环局）收到丛某某提交的政府信息公开申请表，所需的政府信息为“某路南侧棚户改造项目风险管控

效果评估报告、修复效果评估报告及市生态环境主管部门会同自然资源等主管部门对上述报告的评审结果文件”。同日，某生环局向丛某某作出登记回执。某生环局工作人员通过档案查询，以“久××”为查询内容进行检索，共显示12项内容，分别是：（1）关于某路某油库异味和噪声扰民问题的答复意见；（2）关于某区久××设计公司喷漆异味污染问题处理情况的报告；（3）《关于加快建设久××劝返分流场所临时改造工程有关问题的意见》的批示；（4）关于群众咨询某区大红门久××的北奥油库异味扰民问题的答复；（5）关于某区久××某小区南侧一广告制作公司异味扰民问题处理情况的报告；（6）关于某区某路某小区防火通道被私家车占用、消防车辆无法进入存在安全隐患，小区一层住户占用公共绿地违规扩建、私盖阳台房、私拉铁丝网，小区绿地被改为停车位并收取停车费等多项问题；（7）北京市污染源管理事务中心关于组织评审挖运过程效果评估报告的复函；（8）关于申请评审《某路南侧棚户区改造项目土壤污染状况风险评估》的函；（9）某生环局 北京市规自委关于将某路南侧棚户区改造项目地块纳入北京市建设用地土壤污染风险管控和修复名录的函（京生态〔2022〕228号）（以下简称228号函）；（10）北京市污染源管理事务中心关于组织评审某路南侧棚户区改造项目土壤污染状况风险评估报告的复函；（11）某生环局 北京市规划和自然资源委员会关于某路南侧棚户区改造项目地块移出北京市建设用地土壤污染风险管控和修复名录的函（京生态2022-1525号）（以下简称1525号函）；（12）某房地产公司关于申请评审挖运过程效果评估报告的函。某生环局工作人员以“南侧棚户”为查询内容进行检索，共显示6项内容，分别是：（1）关于申请评审《某路南侧棚户区改造项目土壤污染状况风险评估》的函；（2）228号函；（3）北京市污染源管理事务中心关于组织评审某路南侧棚户区改造项目土壤污染状况风险评估报告的复函；（4）1525号函；（5）某房地产公司关于申请评审挖运过程效果评估报告的函；（6）北京市污染源管理事务中心关于组织评审挖运过程效果评估报告的复函。经征求某房地产公司的意见，某房地产公司同意公开挖运过程效果评估报告。2023年3月21日，某生环局作出《北京市生态环境局政府信息公开告知书》（以下简称被诉信息公开告知书），并向从某某邮寄送达。其中，被诉信息公开告知书载明：经查，您申请的信息应为1525号函以及挖运过程效果评估报告信息。经征求意见，第三方同意公开该政府信息。根据《中华人民共和国政府信息公开条例》第十五条、第三十六条第二项的规定，现将该政府信息提供予您（见附件）。

【案件焦点】

涉案申请公开的信息是否需征求第三方意见。

【法院裁判要旨】

北京市海淀区人民法院经审理认为：《中华人民共和国政府信息公开条例》第二条规定：本条例所称政府信息，是指行政机关在履行行政管理职能过程中制作或者获取的，以一定形式记录、保存的信息。第三十六条第二项规定：对政府信息公开申请，行政机关根据下列情况分别作出答复：（二）所申请公开信息可以公开的，向申请人提供该政府信息，或者告知申请人获取该政府信息的方式、途径和时间。本案中，从某某向某生环局申请公开“某路南侧棚户改造项目风险管控效果评估报告、修复效果评估报告及市生态环境主管部门会同自然资源等主管部门对上述报告的评审结果文件”，某生环局经查找档案后确定，涉某路南侧棚户改造项目的风险管控效果评估报告、修复效果评估报告应为挖运过程效果评估报告，相关评审结果文件应为1525号函，并向从某某予以公开。故，某生环局已经履行了充分合理的查找、检索义务，现有证据亦无法证明某生环局在履行职责的过程中制作、获取或保存了涉案项目风险管控效果评估报告的政府信息。因此，某生环局经查找后作出被诉信息公开告知书，向从某某公开挖运过程效果评估报告、1525号函，并无不当。答复过程中，某生环局依法履行了登记、征求意见、送达等程序，作出被诉信息公开告知书并送达，程序合法。故，判决：

驳回从某某的诉讼请求。

从某某不服一审判决，提起上诉，北京市第一中级人民法院经审理认为：同意一审法院裁判意见，判决如下：

驳回上诉，维持原判。

【法官后语】

政府信息公开制度是重要的行政法律制度，对于一体推进依法治国、依法行政，促进法治政府建设具有重要意义。行政机关应严格遵循《中华人民共和国政府信息公开条例》（以下简称《条例》），规范化开展政府信息公开工作，切实有效保障公民、法人和其他组织的知情权、监督权、参与权。在涉及第三方信息公开过程中，应准确把握公开豁免情形，积极判断申请信息是否关涉第三方信息权利，并履行书面征求意见程序。

一、逻辑前提：准确把握公开豁免情形

《条例》第十五条规定，涉及商业秘密、个人隐私等公开会对第三方合法权益造成损害的政府信息，行政机关不得公开。但是，第三方同意公开或者行政机关认为不公开会对公共利益造成重大影响的，予以公开。案件显示，原告向某生环局提出了关于“某路南侧棚户改造项目风险管控效果评估报告、修复效果评估报告及市生态环境主管部门会同自然资源等主管部门对上述报告的评审结果文件”的三项信息公开申请，某生环局在知悉挖运过程效果评估报告，已由评估单位在外部网站上公示两个月的情况下，认为上述涉第三方政府信息符合“涉及商业秘密、个人隐私等公开会对第三方合法权益造成损害”等公开豁免条件，后向第三方征求意见。

二、主动审查：准确判断申请信息是否关涉第三方信息权利

征求第三方意见并非涉第三方政府信息公开的强制性程序。行政机关应严格遵循《条例》相关规定，当且仅当涉案信息存在“涉及商业秘密、个人隐私等公开会对第三方合法权益造成损害”的公开豁免情形时，启动上述征询程序。囿于《条例》未对商业秘密、个人隐私等法律概念作出明确界定，故应先行明晰上述概念的判断标准。

相比于个人隐私概念，商业秘密的判断更具专业性。对此，应当结合《中华人民共和国反不正当竞争法》相关规定，具体考察涉第三方政府信息是否具有秘密性、价值性、实用性、管理性的商业秘密特征，当涉第三方政府信息存在“已向公众公开”等情况时，其已不再具备公开豁免条件；必要时，可先行

征求商业秘密咨询机构的审查意见，确保商业秘密认定程序的客观公正，切实提升信息公开答复的公信力水平。

三、强化程序：全面履行书面征求意见义务

根据《条例》规定，对初步判定存在公开豁免情形的政府信息，行政机关应书面征询第三方意见。征询意见程序是实现第三方信息权益保障的程序手段，必须采用书面形式并予以全面告知，包括第三方享有同意是否公开权利、权利行使期限及如不同意公开必须说明理由并提交相关证明材料等。对此，可以统一信息公开征求意见函的行政文书样式，完善信息公开征询意见的固定形式及具体内容，切实保障第三人信息权益，在信息公开工作中深度浸润法治化精神。同时，不宜过分放大第三方不同意公开的意见作用，遵循“以公开为常态，不公开为例外”原则，充分发挥主观能动性做好利益衡量，灵活适用对信息进行技术性隐匿处理等区分处理方式。

编写人：北京市海淀区人民法院　闫行冉

44

涉商业秘密政府信息公开前应书面征询第三方意见

——柳某诉某区人民政府办公室政府信息公开案

【案件基本信息】

1. 裁判书字号

福建省厦门市中级人民法院（2022）闽02行终126号行政判决书

2. 案由：政府信息公开纠纷

3. 当事人

原告（上诉人）：柳某

被告（被上诉人）：某区人民政府办公室

【基本案情】

2021 年 4 月 28 日，原告向被告申请公开政府信息：甲公司与乙集团具有关联性的有关文件。2021 年 5 月 27 日，被告向乙集团及甲公司发出《政府信息公开申请征求第三方意见告知书》，告知原告提出的政府信息公开事项并征求其意见。

2021 年 6 月 11 日，乙集团向被告作出《政府信息公开申请征求意见确认函》及《关于信息公开涉及商业秘密的说明》，表示不同意向原告提供该政府信息。《政府信息公开申请征求意见确认函》中载明的理由为：原告所申请公开的信息不明确，且可能涉及该公司商业秘密，一旦公开可能损害该公司合法权益，故不同意公开。此外，该公司已根据《企业信息公示暂行条例》等依法进行信息公开，原告可自行查询。《关于信息公开涉及商业秘密的说明》中载明："我司为厦门建发股份有限公司下属控股公司，我司及下属企业应公开的信息均已按照《企业信息公示暂行条例》及《上市公司信息披露管理办法》等规定予以公开。除前述信息外的我司相关文件所包含的商业信息系我司享有利益且不为公众所知悉的保密信息，为我司商业秘密。鉴此，我司不同意额外公开其他文件以说明甲公司与乙集团具有关联性。"

同日，甲公司向被告作出《政府信息公开申请征求意见确认函》，表示不同意向原告提供该政府信息，理由为：原告所申请公开的信息不明确，且可能涉及甲公司及乙集团有限公司的商业秘密，一旦公开可能损害甲公司及乙集团有限公司的合法权益，故不同意公开。此外，甲公司可公开的信息均已经根据《企业信息公示暂行条例》进行公开，原告可自行查询。

2021 年 6 月 17 日，被告作出〔2021〕第 4 号《告知书》，载明经征求第三方意见，第三方反馈该政府信息涉及商业秘密，公开后会损害第三方合法权益，根据《中华人民共和国政府信息公开条例》第三十二条、第三十六条第三项的规定，决定不予公开，该告知书于 2021 年 6 月 19 日邮寄送达原告。原告不服，提起行政诉讼，请求判令撤销上述《告知书》，并判令被告公开其认定的足以证明"甲公司为乙集团下属公司"或该二者具有关联性的有关文件。

【案件焦点】

原告申请公开的甲公司与乙集团具有关联性的有关文件，是否涉及商业秘密并且不能公开。

【法院裁判要旨】

福建省厦门市思明区人民法院经审理认为：根据《中华人民共和国反不正当竞争法》第九条第四款的规定，商业秘密是指不为公众所知悉、具有商业价值并经权利人采取相应保密措施的技术信息、经营信息等商业信息。本案中，乙集团及甲公司作为有限责任公司，系以营利为目的从事经营活动的企业法人，甲公司并非仅承担案涉征收项目具体实施工作。原告申请公开的是甲公司与乙集团具有关联性的有关文件，涉及乙集团及甲公司的商业信息。乙集团并非甲公司的股东，其关联性涉及乙集团与甲公司之间通过其他关联公司形成的直接或间接的投资、控股关系，涉及有关公司的股权结构，并且关联公司通过此种安排而使其间的投资细节不为公众所知悉，具有一定的商业价值，符合商业秘密的特征。

《中华人民共和国政府信息公开条例》第三十二条规定，依申请公开的政府信息公开会损害第三方合法权益的，行政机关应当书面征求第三方的意见。第三方不同意公开且有合理理由的，行政机关不予公开。行政机关认为不公开可能对公共利益造成重大影响的，可以决定予以公开，并将决定公开的政府信息内容和理由书面告知第三方。本案中，原告申请公开的政府信息涉及乙集团与甲公司之间关联性的具体内容，被告就此征求乙集团及甲公司意见，符合法律规定。经被告书面征求意见，乙集团及甲公司不同意公开。据此，被告决定不予公开案涉政府信息，并无不当，也不存在会对公共利益造成重大影响的情形。

综上，被告作出〔2021〕第4号《告知书》，证据确凿，适用法律正确，程序合法。原告的诉讼请求缺乏事实和法律依据，不予支持。厦门市思明区人民法院根据《中华人民共和国行政诉讼法》第六十九条之规定，判决如下：

驳回原告柳某的诉讼请求。

柳某不服一审判决，提出上诉。福建省厦门市中级人民法院经审理认为，同意一审法院的裁判意见。判决如下：

驳回上诉，维持原判。

【法官后语】

本案是一起涉及商业秘密的政府信息公开案件。《中华人民共和国政府信息公开条例》将商业秘密划入相对不公开的范围，但未对商业秘密的内涵及外延进行界定，导致实践中各行政机关认定标准不甚统一，法院审查宽严不一，从而影响到政府信息的实际公开范围及当事人的权利保护。该类案件的审理和裁判需要兼顾信息公开申请人的知情权、商业秘密权利人的经济利益权以及公共利益的保护问题。

一、对政府信息是否涉商业秘密的审查

政府信息公开纠纷讼争到法院时，行政机关对是否属于商业秘密已作出认定，对于该认定，法院应当形式审查还是实体审查，存在一定争议。所谓形式审查，即不重新审查是否构成商业秘密，而仅仅对于是否经过征询程序进行审查，充分尊重行政机关对于商业秘密的认定。所谓实体审查，即重新审查是否构成商业秘密，对于行政机关的认定重新予以审视和判断。笔者认为，应采取实体审查标准。商业秘密的认定问题是整个政府信息公开申请答复行为是否合法的核心问题、根本问题，法院应当采取实体审查标准予以全面复审，避免行政机关滥用商业秘密的概念，与第三方形成不公开相关信息的合谋，侵害信息公开申请人的权益。本案即采用实体审查标准，被告持有乙集团出具的《股权结构图》，该《股权结构图》涉及相关商事主体的投资细节及其复杂的股权结构关系图谱等，具有一定的商业价值，符合商业秘密的特征，法院经实体审查后予以认可。

二、政府信息公开对第三方的权利保护

《中华人民共和国政府信息公开条例》第三十二条规定主要是有关商业秘密豁免的行政程序规定，该程序可以概括地称为政府信息公开制度中的“第三方协商机制”，是针对商业秘密权利人和个人隐私权利人的保护机制。所有的权利或利益都是平等的，在不存在冲突的情况下，均应受到法律的平等保护。但是，在两个或两个以上合法权益存在冲突的情形下，必然出现利益衡量和让渡的问题，相对较小的利益要对相对较大的利益作出合理让渡。政府信息公开商业秘密豁免制度需要衡量信息公开申请人的知情权、商业秘密权利人的经济利益权、公共利益三大权益，要求信息公开机关审慎地公开涉及商业秘密的政府信息，遵循法定公开程序，首先要落实第三方协商机制，即被申请机关应当书面征求第三方的意见。

三、是否对公共利益造成重大影响的认定

《中华人民共和国政府信息公开条例》第十五条规定："涉及商业秘密、个人隐私等公开会对第三方合法权益造成损害的政府信息，行政机关不得公开。但是，第三方同意公开或者行政机关认为不公开会对公共利益造成重大影响的，予以公开。"据此，行政机关在书面征求第三方意见且第三方不同意公开的情况下，行政机关应当继续判断不予公开是否会对公共利益造成重大影响。对上述条文的理解，应当坚持利益衡量理论，从"公共利益"与"重大影响"两个方面加以完整把握。"公共利益"固有的不确定性和变动性使得利益间的冲突与权衡难以把握，主要体现在以下几个方面：眼前利益与长远利益之间的衡量，特定个体利益与不特定社会利益之间的衡量，物质或者精神利益与法律价值之间的衡量，可量化利益与不可量化利益之间的衡量。[①] 对于"公共利益"的理解，可着重对利益主体广泛性、利益保护的特别需要性等方面加以判断。"重大影响"是对"公共利益"影响程度的描述，应当坚持公共利益优先原则，只有在不予公开会对公共利益造成重大影响的情况下，被申请人机关才能在第三方不同意的情况下，选择公开有关政府信息。

编写人：福建省厦门市思明区人民法院　陈惠英

① 王敬波：《政府信息公开中的公共利益衡量》，载《中国社会科学》2014年第9期。

45

诉讼过程中被诉行政机关职权变更时适格被告的调整应遵循便宜性和可执行性之标准

——金某诉某区农业农村局政府信息公开案

【案件基本信息】

1. 裁判书字号

北京市第三中级人民法院（2023）京03行终918号行政判决书

2. 案由：政府信息公开纠纷

3. 当事人

原告（上诉人）：金某

被告（被上诉人）：某区农业农村局

【基本案情】

2021年10月11日，金某向原某河管委会提交《信息公开申请表》，申请公开“北京某河公园一期四至范围图、实施方案、附件、附图”。10月14日，原某河管委会作出《登记回执》，告知金某20个工作日内予以答复。2021年10月15日，原某河管委会向北京某河公园建设管理有限公司发送《征求第三方意见书》，认为金某申请获取的信息涉及该公司商业秘密，根据《政府信息公开条例》第三十二条的规定，向该公司征求意见，要求该公司以书面形式将相关信息是否属于商业秘密，是否同意公开予以回复。2021年11月5日及8日，北京某河公园建设管理有限公司两次向原某河管委会回函，均认为金某申请的信息属于商业秘密，不同意公开，并提交了《涉密材料情况说明》保密责任书等材料。2021年11月11日，原某河管委会作出《政府信息公开申请答复告知书》并向金某送达。

另查，2022 年 4 月 18 日，北京市某区机构编制委员会制发《北京市某区规范开发区管理机构促进开发区创新发展的实施方案》，决定撤销原某河管委会，相关职责划入某区农业农村局。金某提起本案诉讼时以北京市某区人民政府为被告，后续经审查，本院将被告由北京市某区人民政府变更为某区农业农村局。

【案件焦点】

法院能否将某区农业农村局作为被告并进行裁判。

【法院裁判要旨】

北京市朝阳区人民法院经审理认为：根据《中华人民共和国政府信息公开条例》第四条第一款的规定，各级人民政府及县级以上人民政府部门应当建立健全本行政机关的政府信息公开工作制度，并指定机构负责本行政机关政府信息公开的日常工作。原某河管委会是负责某河地区开发建设管理和协调服务工作的区政府派出机构，工作职责包括承担机关信息公开工作。《北京市某区规范开发区管理机构促进开发区创新发展的实施方案》出台后，原某河管委会被撤销，相关职责划入某区农业农村局，故某区农业农村局具有承担本案应诉工作的法定职责，是本案的适格被告。原告主张其起诉时的适格被告为某区政府且该机构仍存在，所以本案被告错误，对此本院认为，虽然原告起诉时某区政府负有相应职责，但在诉讼过程中，相关职权已经发生调整，由某区农业农村局承担原某河管委会的职责，其作为本案被告并无不当，原告的主张缺乏法律根据，不予支持。判决如下：

一、撤销原某河管委会作出的《政府信息公开申请答复告知书》；

二、判令被告某区农业农村局于本判决生效之日起二十日内对原告的政府信息公开申请重新作出答复。

金某不服一审判决，提出上诉。

北京市第三中级人民法院经审理认为：根据《中华人民共和国政府信息公

开条例》第四条第一款规定，原某河管委会是负责某河地区开发建设管理和协调服务工作的区政府派出机构，工作职责包括承担机关信息公开工作，其具有对金某提交的政府信息公开申请作出答复的法定职责。《北京市某区规范开发区管理机构促进开发区创新发展的实施方案》出台后，原某河管委会被撤销，相关职责已被划入某区农业农村局，故一审法院确定某区农业农村局是本案的适格被告并无不当。

《中华人民共和国政府信息公开条例》第十九条规定，对涉及公众利益调整、需要公众广泛知晓或者需要公众参与决策的政府信息，行政机关应当主动公开。第二十条和第二十一条规定，对于涉及重大建设项目的批准和实施情况，以及涉及市政建设、公共服务、公益事业等方面的政府信息，行政机关应当予以主动公开。本案中，金某申请的信息涉及“北京某河公园一期四至范围图、实施方案、附件、附图”。某区农业农村局在《政府信息公开申请答复告知书》中就上述信息属于商业秘密的原因未予充分说明，其认定前述信息属于商业秘密的判断亦缺乏充分理由，故一审法院认定正确。

北京市第三中级人民法院依据《中华人民共和国行政诉讼法》第八十九条第一款第一项的规定，判决如下：

驳回上诉，维持一审判决。

【法官后语】

相对人应当以适格的行政机关为被告提起行政诉讼，行政诉讼的被告适格是司法裁判的基本前提。行政机关名称、职权等事项常常基于行政体制机制改革等原因发生变更，实践中常常出现的一种情形为，相对人提起行政诉讼后，被告出现前述变更。此时，为确保司法裁判的正确性，法院应当根据诉讼便宜性和可执行性等原则及时变更适格被告。对于该变更情况，法院应当及时向原告予以释明，在原告坚持不同意变更的情况下，为实质化解行政争议，法院应当依职权调整适格被告，不能机械简单地一裁了之。本案中，被告法定职权的变更时点系在诉讼过程中，在相关法律法规并未明确规定且原告明确表示不同意变更的情况下，法院依职权进行了变更，确定了适格被告。本案的典型意义在于对法院如何适用诉讼便宜性和可执行性等原则对适格被告进行确定以及阐释。

一、规范漏洞——诉讼过程中被诉行政机关职权发生变更时适格被告确定规则的付诸阙如

根据《中华人民共和国行政诉讼法》第二十五条第六款的规定以及《最高人民法院关于适用〈中华人民共和国行政诉讼法〉的解释》第二十三条规定:“行政机关被撤销或者职权变更，没有继续行使其职权的行政机关的，以其所属的人民政府为被告；实行垂直领导的，以垂直领导的上一级行政机关为被告。”第二十六条规定:“原告所起诉的被告不适格，人民法院应当告知原告变更被告；原告不同意变更的，裁定驳回起诉。”依据行政诉讼法的有关规定，行政机关被撤销的，继续行使其职权的行政机关是被告。但是，对于原告起诉时被告适格，诉讼过程中行政机关职权发生变更后，应当由谁承担诉讼责任的问题未作出具体规定。

二、规则填补——法院应遵循诉讼便宜性和可执行性原则依职权主动变更适格被告

行政诉讼旨在实质化解行政争议，据此行政诉讼中的被告应当系对案涉行政纠纷具有管理职责的机关，这也是可执行性的基本要求，即若被告不具有解决案涉纠纷的法定职责，则使法院采取以责令被告履行法定职责之方式监督行政机关依法行政的功能丧失殆尽。另外，出于便宜原告诉讼、节约司法成本的考虑，如果裁定驳回起诉必然影响原告后续司法救济，同时增加当事人诉累，直接在诉讼程序当中将承继该行政职权的行政机关作为适格被告，可以避免一事多诉，此即诉讼便宜性的考量所在。

本案中，被诉行政行为系由北京市某区人民政府设立的某河管委会所作出的《政府信息公开申请答复告知书》。在原告提起行政诉讼前，北京市某区人民政府依法对某河管委会进行了撤销，是故，原告依法以北京市某区人民政府为被告提起了行政诉讼。在原告起诉时，某区政府属于适格被告，原告的起诉符合法定起诉条件。但由于机构改革的原因，案涉信息公开的法定职责在原告起诉后、法院裁判前发生了变更，相应职责依法由某区农业农村局承担。虽然

原告仍坚持某区政府属于适格被告拒绝变更，但法院遵循诉讼便宜性和可执行性原则，基于分析的考量因素，依职权将本案被告由某区政府变更为了某区农业农村局，符合行政诉讼的功能要求和目标要旨。

编写人：北京市朝阳区人民法院　鞠仁　胡宝娟

46

政府信息不完整不应成为拒绝公开的理由

——丁某诉某区住房和城乡建设局政府信息公开案

【案件基本信息】

1. 裁判书字号

浙江省绍兴市中级人民法院（2023）浙06行终225号行政判决书

2. 案由：政府信息公开纠纷

3. 当事人

原告（被上诉人）：丁某

被告（上诉人）：某区住房和城乡建设局（以下简称某区住建局）

第三人：某街道办事处

【基本案情】

2020年6月28日，某区政府决定征收某片区19号地块（某厂宿舍）国有土地上的房屋，丁某房屋被纳入征收范围内。2021年7月10日，丁某通过某区政府网站提交“某片区19号地块（某厂宿舍）选择安置房分配的结果及其305户的装修评估明细报告”信息公开申请。同年7月13日，丁某再次提交同样的信息公开申请。2021年7月21日，某区住建局作出答复书，告知丁某不予处理。该答复书于2021年7月23日送达丁某。丁某不服，向某区政府提起复议。某区政府经过审理后于2021年10月22日作出复议决定书，认为某区住建局主体适格，答复行为程序合法，但内容明显不当，责令重新答复。2021年12月31日，某区住建局重新作出答复："一、你所要求公开的某片区19号地块（某厂宿舍）305户分户补偿情况及其305户的装修评估明细报告，实际涉及的是本次征收范围内全体被征收人的权益，涉及整体大范围提供资料数据，非我单位现有信息；同时，因征收实施单位对该地块征收补偿安置工作尚未结束，后期涉及到调整补充，我单位现阶段不具备整体公开的资料和条件，故现无法提供。二、为保证有序公开、公平补偿，维护被征收人正当合法的知情权，本单位或征收实施单位将在本地块征收补偿安置工作结束后，依法建立房屋征收补偿档案，并将分户补偿情况在房屋征收范围内公告栏（原张贴征收决定公告处）等醒目位置张贴，向被征收人公布。三、请你及时关注本单位或实施单位发布的关于本地块补偿安置的相关信息，可在本地块征收补偿安置工作结束、分户补偿情况公布时依法获取相关本地块补偿安置信息。四、本征收项目由某街道办事处具体组织实施，相关事宜可向征收实施部门某街道办咨询、联系。"丁某对该答复不服，遂向法院起诉，请求：判令撤销被诉《政府信息公开答复书》；责令某区住建局依法公开所申请的政府信息。

【案件焦点】

1. 丁某申请的政府信息是否存在；2. 案涉信息是否具备公开条件。

【法院裁判要旨】

浙江省绍兴市越城区人民法院经审理认为：《中华人民共和国政府信息公开条例》第二条规定，本条例所称政府信息，是指行政机关在履行行政管理职能过程中制作或者获取的，以一定形式记录、保存的信息。第二十一条规定，除本条例第二十条规定的政府信息外，设区的市级、县级人民政府及其部门还应当根据本地方的具体情况，主动公开涉及市政建设、公共服务、公益事业、土地征收、房屋征收、治安管理、社会救助等方面的政府信息；乡（镇）人民政府还应当根据本地方的具体情况，主动公开贯彻落实农业农村政策、农田水利工程建设运营、农村土地承包经营权流转、宅基地使用情况审核、土地征收、房屋征收、筹资筹劳、社会救助等方面的政府信息。《国有土地上房屋征收与补偿条例》第二十九条第一款规定，房屋征收部门应当依法建立房屋征收补偿档案，并将分户补偿情况在房屋征收范围内向被征收人公布。本案中，对于丁某向某区住建局提出政府信息公开申请，某区住建局具有公开原告申请信息的职责，且在第一次答复被复议机关撤销后在法定答复期限内重新作出答复的事实，双方均无异议。

本案中，案涉片区的征收工作开始于2020年，至丁某起诉时已经过去两年，房屋早已拆除，安置补偿已大部分完成，回迁户均已与被告签订拆迁安置补偿协议，只是因期房未建设完成未确定明确房源，只有五户因尚在诉讼未签订安置补偿协议，某区住建局完全可以将已完成安置补偿部分的分户补偿情况及其装修评估明细报告向丁某公开。且丁某在代理意见中也表示可以部分公开。如因个别被征收人一直未完成安置补偿，且后续还需要调整补充，某区住建局就可以拒绝公开，这违背了《国有土地上房屋征收与补偿条例》及《中华人民共和国政府信息公开条例》的立法本意。综上，某区住建局之回复认定事实不清，证据不足。

浙江省绍兴市越城区人民法院依照《中华人民共和国行政诉讼法》第七十条第一项之规定，判决如下：

一、撤销被告某区住建局于2021年12月31日作出的《政府信息公开答复书》；

二、责令被告某区住建局在本判决生效之日起二十个工作日内（不含依法延长及征求第三方意见的时间）对原告丁某的政府信息公开申请重新作出回复。

某区住建局不服一审判决，提出上诉。浙江省绍兴市中级人民法院经审理认为，同意一审法院的裁判意见。判决如下：

驳回上诉，维持原判。

【法官后语】

有关政府信息公开的行政诉讼案件，是公民、法人或者其他组织认为行政机关在政府信息公开工作中侵犯其合法权益，因而提起行政诉讼的案件。其中，行政机关拒绝提供或者不予处理所申请的政府信息，申请人因此提起行政诉讼的情况较为常见。在此情况下，申请人所申请的信息是否属于《中华人民共和国政府信息公开条例》调整范围内的政府信息往往是双方争议的焦点，也是法院审查的重点。

一、政府信息是否存在

尽管目前“政府信息不存在”未在立法上对其内涵和外延予以明确，但可以推出的是，除行政机关明确答复政府信息不存在外，当行政机关答复“未制作”“未保存”“未获取”“未找到”等都可以视为“政府信息不存在”，并就应当制作、获取、记录、保存但未制作、未获取、未记录、未保存的情况作出合理说明的。换言之，政府信息不存在不等同于政府信息不完整。只有当行政机关在尽到合理查找和检索义务之后，发现仍未有所申请的政府信息，才可以作出不予处理的答复，而对于那些政府信息有现存但只是不完整的情况，并不属于“政府信息不存在”，除了法律规定不予公开的情形之外，行政机关应当予以公开。法院在对政府信息是否存在进行司法审查时，应当对行政机关是否已经尽到充分合理的查找、检索义务进行审查。具体而言，一是审查行政机关是否为具有制作或保存相关信息的适格主体；二是根据检索范围的全面性、妥当性来审查行政机关是否履行合理、充分的检索义务；三是被申请公开的信息确实客观存在。即使政府信息存在不完整的情况，也不能径直认为“政府信息不存在而不予公开”。

二、所申请的政府信息存在，如何确定是否具备公开条件

根据《中华人民共和国政府信息公开条例》第十五条规定，涉及商业秘密、个人隐私等公开会对第三方合法权益造成损害的政府信息，行政机关不得公开。但是，第三方同意公开或者行政机关认为不公开会对公共利益造成重大影响的，予以公开。第三十七规定，申请公开的信息中含有不应当公开或者不属于政府信息的内容，但是能够作区分处理的，行政机关应当向申请人提供可以公开的政府信息内容，并对不予公开的内容说明理由。因此，公民、法人和

其他组织有权依法获取政府信息，但是当公开相关信息可能侵害第三方合法权益时，行政机关应根据比例原则，作出利益权衡处理。同时，依据分离原则，行政机关在保护第三方权益的同时，仍应致力于公开可披露的部分信息，确保公众知情权的最大化实现。

本案中，丁某向某区住建局申请公开“某片区19号地块（某厂宿舍）选择安置房分配的结果及其305户的装修评估明细报告”，某区住建局对此政府信息公开是适格主体，其制作、记录、保存了该信息，安置补偿已大部分完成，只是因期房未建设完成未确定明确房源，只有五户因尚在诉讼未签订安置补偿协议，某区住建局完全可以将已完成安置补偿部分的分户补偿情况及其装修评估明细报告向丁某公开，且丁某在代理意见中也表示可以部分公开，现仅以信息未完整，以后续还需要调整补充为由，决定整体信息均不予公开，显然侵害了丁某的知情权，违背了政府信息公开的立法目的。

编写人：浙江省绍兴市越城区人民法院　鲁维峥

47

政府信息内容的合法性不是政府信息公开案件审理范围

——钱某某诉某市公安局、某市人民政府政府信息公开及行政复议案

【案件基本信息】

1. 裁判书字号

江苏省南通市中级人民法院（2022）苏06行终793号行政判决书

2. 案由：政府信息公开及行政复议纠纷

3. 当事人

原告（上诉人）：钱某某

被告（被上诉人）：某市公安局、某市人民政府

【基本案情】

2022年2月18日，钱某某向某市公安局提交政府信息公开申请，申请公开：“2014年10月28日上午9时12分，申请人母亲陈某、父亲钱某被打伤的报警详情，包含：出警人员名单、现场处警方案及记录、后期调查处理结果以及公安机关对打人者的处理结果。”某市公安局在公安基础信息平台进行查询，并向出警民警查询了解相关情况后，于2022年4月6日作出《政府信息公开申请答复书》，主要内容为：关于2014年10月28日的警情信息，根据《中华人民共和国政府信息公开条例》第三十六条第二项的规定，现将接处警工作登记表提供给您。关于2022年2月18日12345答复的书面告知不存在，根据《中华人民共和国政府信息公开条例》第三十六条第四项的规定，现予告知。钱某某不服，于2022年4月25日向某市人民政府申请行政复议，某市人民政府于6月13日作出《行政复议决定书》，维持原行政行为。钱某某仍不服提起诉讼，请求撤销某市公安局作出的政府信息公开答复及某市人民政府作出的行政复议决定，责令某市公安局重新作出答复。

【案件焦点】

某市公安局针对钱某某的申请，将《接处警工作登记表》向其提供，并答复“后期调查处理结果”不存在，是否尽到了答复和说明理由的义务。

【法院裁判要旨】

江苏省南通经济技术开发区人民法院经审理认为：某市公安局经检索并对工作人员询问，确认钱某某申请的出警人员名单、现场处警方案及记录、后期调查处理结果均体现在《接处警工作登记表》中，遂向钱某某提供《接处警工作登记表》，保障了钱某某的知情权。某市公安局未查询到钱某某申请公开的“对2014年打人者作出处理的处理结果”，遂向钱某某进行了告知，符合法律规定。依据《中华人民共和国行政诉讼法》第六十九条之规定，判决如下：

驳回钱某某的诉讼请求。

钱某某不服提出上诉。

江苏省南通市中级人民法院经审理认为：《最高人民法院关于审理政府信息公开行政案件若干问题的规定》第十二条第一项规定，不属于政府信息、政府信息不存在、依法属于不予公开范围或者依法不属于被告公开的，被告已经履行法定告知或者说明理由义务的，人民法院应当判决驳回原告的诉讼请求。本案中，针对钱某某申请公开的“2014 年 10 月 28 日上午纠纷的报警详情，包含：出警人员名单、现场处警方案及记录、后期调查处理结果”。某市公安局提供的《接处警工作登记表》中记录了报警人、报警内容及处警经过、处理结果等内容。在诉讼过程中，某市公安局提交了接处警信息登记管理信息系统的查询结果截图，以证明上述登记表即原始记录，不存在伪造的情形。应当认定某市公安局针对该项申请已经履行了信息公开的义务。政府信息公开案件审查政府信息是否存在、应否公开的问题，钱某某认为出警过程与《接处警工作登记表》记载不符，指向接处警行为是否合法的问题，非本案审理范围。针对钱某某申请公开的“2014 年对打人者作出处理的处理结果”。某市公安局经检索未查询到相关信息，同时对信息不存在作了说明，即根据《接处警工作登记表》记载，民警到现场未发现有人打架，告知钱某改天再来，当事人表示同意，处警结果为“其他”，没有后续处理行为。应当认定某市公安局答复钱某某信息不存在，尽到了检索和合理说明理由的义务。

综上，江苏省南通市中级人民法院依照《行政诉讼法》第八十九条第一款第一项之规定，作出如下判决：

驳回上诉，维持原判。

【法官后语】

政府信息公开制度旨在保障公民、法人或者其他组织的知情权，实践中，有的申请人并不满足于“知情权”的实现，在获取政府信息后，以政府信息内容不合法、不准确为由，对政府信息公开答复提起诉讼，或者要求行政机关予以更正。行政机关提供的政府信息本身的合法性是否应当进行司法审查、如何审查的问题，是政府信息公开诉讼的常见纠纷之一。

一、申请更正政府信息的规则

《中华人民共和国政府信息公开条例》第四十一条规定，公民、法人或者其他组织有证据证明行政机关提供的与其自身相关的政府信息记录不准确的，可以要求行政机关更正。该条款涉及政府信息的更正问题。要求行政机关更正与自身相关且记录不准确的信息，是公民、法人或者其他组织的合法权益。从“更正”的字面意思来看，更正只是一个事实行为，是对内容或字句的错误予以改正，而非设立、变更、消灭行政法律关系。因此，申请人要求行政机关更正政府信息，只是对信息内容客观性的调整，而不涉及其合法性。如果原告要求更正的是行政机关对一个事项的处理意见，这种请求就不能支持。新修改的《中华人民共和国政府信息公开条例》第二十七条取消了旧条例“三需要”条款，其意旨在于申请人的知情权一般不应受到限制。对于更正信息，新旧《中华人民共和国政府信息公开条例》则均规定了必须“与其自身相关”，这意味着申请人即使对政府信息享有知情权，也并不当然享有对信息内容的处分权，申请人欲对政府信息予以更正，必须与信息存在一定的利害关系。《最高人民法院关于审理政府信息公开行政案件若干问题的规定》第五条第七款规定，原告起诉被告拒绝更正政府信息记录的，应当提供其向被告提出过更正申请以及政府信息与其自身相关且记录不准确的事实根据。申请人认为行政机关保存之信息内容不准确，要求行政机关予以更正的，应当提交相应的证据予以证明，此乃当然之义。否则对申请人更正政府信息不加任何限制，既可能出现申请人滥用更正权之虞，也不利于行政机关对变更与否及时予以审核。

二、政府信息记载不准确和信息不合法的区别

政府信息记录不准确，主要是指信息内容出现了笔误，如面积、年龄、日期、地址等记载与客观事实不符的情况，而政府信息内容不符合法律规定，则是政府信息所指向的行政行为是否合法的问题，二者不可混为一谈。政府信息公开行为所指向的对象，是信息这个“物”，它是申请人和行政机关的权利义务联系的中介，但是，它不是政府信息公开条例调整对象本身。政府信息公开条例调整的对象，是信息公开行为。换言之，不能因为某信息符合豁免条件不

予公开，就认为申请人的公开行为以及行政机关的答复行为不属于政府信息公开条例的调整范围；也不能因为某信息的形成、内容不合法，就认为行政机关的答复行为不合法。例如，本案中，钱某某并不否认收到了某市公安局提供的政府信息，但以“某市公安局出具的接处警工作登记表篡改事实”为由提起诉讼，从表面上看，是对政府信息公开答复的质疑，但实质上针对的是接处警行为是否合法的问题。

三、认为政府信息内容不合法的审查

政府信息存在与否是一个客观事实，政府信息公开诉讼，本质上解决的是政府信息有与无这一实质问题。行政机关公开某项信息的前提必须是其制作或者保存了该项信息，否则，公开便无从谈起。因此，即便是在法律对某项政府信息存在与否、保存形式作出了明确规定的情形下，如果行政机关提交了充分证据或者作出了合理说明，以证明其并未制作某项信息或提供了制作的信息，法院便不能强人所难，要求行政机关必须公开某项信息或必须按某种形式公开。对于行政机关在信息公开工作中不规范、不到位的做法，则可以通过司法建议等方式向行政机关指出。本案中，钱某某申请公开的第二项信息为“公安机关对打人者作出处理的处理结果”，法院认为，某市公安局经检索未查询到相关信息，同时对信息不存在作了说明，即根据《接处警工作登记表》记载，民警到现场未发现有人打架，处警结果为“其他”，没有后续处理行为。应当认定某市公安局答复信息不存在，尽到了检索和合理说明理由的义务。

编写人：江苏省南通市中级人民法院　张祺炜

江苏省南通经济技术开发区人民法院　潘雄博

七、行政协议

48

房屋买卖未办理过户登记时实际居住人可认定为被征收人

——王某某等诉某镇政府房屋搬迁补偿安置行政协议案

【案件基本信息】

1. 裁判书字号

江苏省南通市中级人民法院（2023）苏06行终238号行政判决书

2. 案由：房屋搬迁补偿安置行政协议纠纷

3. 当事人

原告（上诉人）：王某某、黄某甲、黄某乙

被告（被上诉人）：某镇政府

第三人（被上诉人）：朱某、郭某某、朱某甲

【基本案情】

王某某、姜某某系夫妻，两人曾在某市某区某镇某村经审批建设房屋一处，并领取村镇房屋所有权证。2005年8月，姜某某与黄某甲签订买卖协议，约定姜某某以127000元将房屋卖给黄某甲，双方依约交付房屋并付款。2006年左右，黄某甲将房屋拆除并新建楼房一幢（底层6间、二层5间、三层阁楼1间）。2007年7月，黄某甲、黄某乙夫妇就上述楼房领取房屋所有权证，所有

权人为黄某甲、共有人为黄某乙。

2012年3月，黄某甲、黄某乙（甲方）与朱某、郭某某、朱某甲（乙方）签订买卖协议，约定甲方以180万元的价格将案涉楼房出售给乙方，并约定甲方协助乙方办理过户登记，协议中房屋的位置表述为："人民路北段东侧（原姜某某住房及四周，北至现有住房后墙向北3.7米、西至现有西墙向西1.2米、南至公路边、东至洑沟中心）地块及地面资产（一层六间，二层五间，楼房一幢）"。签订协议后，双方交付房屋并付款，但未办理房屋过户登记。朱某等人一直占有使用房屋至协议搬迁时。

2020年11月，某镇政府决定对案涉地块实施协议搬迁，经履行公告、评估等程序，12月11日，某镇政府与朱某、郭某某签订房屋搬迁补偿安置协议，就案涉房屋的拆除及安置补偿事项作出约定。朱某、郭某某、朱某甲对协议内容均无异议。王某某、黄某甲、黄某乙认为协议侵犯其合法权益，提起诉讼，请求撤销上述补偿安置协议，责令某镇政府对其补偿安置。

【案件焦点】

朱某等人购买王某某等人的房屋后未办理过户手续，能否认定为被征收人。

【法院裁判要旨】

江苏省南通市经济技术开发区人民法院经审理认为：2005年王某某丈夫姜某某将房屋卖给黄某甲，黄某甲又于2012年卖给朱某等人，虽然未办理房屋所有权转移登记，但朱某等人已经实际居住在房屋中直至协议搬迁时，形成稳定的占有状态。某镇政府选择朱某等人作为协议相对方并无不当。判决如下：

驳回王某某、黄某甲、黄某乙的诉讼请求。

王某某等不服一审判决，提出上诉。

江苏省南通市中级人民法院经审理认为：行政机关具有根据实际情况审核认定被征收对象的职责和权力。虽然《中华人民共和国土地管理法》第四十七条、《国有土地上房屋征收与补偿条例》第二条规定了征地拆迁中，被征收人为土地使用权人、房屋所有权人，但这只是确定被征收对象的一般原则。实践中，不动产交易的形态纷繁复杂，有的房屋买卖已签订合同、交付房款并实际居住，却因种种原因未能办理过户手续，如仍机械地将不动产登记簿所记载的权利人确定为被征收人，可能导致显失公平的情况出现，也不利于民事法律关系的稳定。因此，应结合房屋登记、房屋买卖以及实际居住等情况审慎认定被征收对象，既要体现法律法规的严肃性，也要实事求是，切实保护实际权利人的利益。当事人履行合同应当遵守诚实信用原则。诚信是社会主义核心价值观之一，《中华人民共和国民法典》第七条规定，民事主体从事民事活动，应当遵循诚信原则，秉持诚信，恪守承诺。诚实信用原则的核心在于保护善意合同相对人的合理期待。本案中，姜某某出售房屋的时间是2005年，黄某甲出售房屋的时间是2012年，距离房屋被搬迁均超过10年，且两户将房屋出售后，从未对房屋实际管理，也未就买卖行为提出过异议。朱某等人购买房屋时支付了相应对价，从买房时间上看也不存在为谋取拆迁补偿利益恶意买卖的行为，故朱某等人属于合同善意相对人。王某某户、黄某甲户理应依照房屋买卖合同的约定履行义务，而非为获取拆迁利益对已经履行完毕达十余年之久的合同提出异议，两户的行为有违交易诚信。某镇政府将郭某某、朱某等人认定为被搬迁人并与之签订房屋搬迁补偿安置协议，并无不当。

综上，江苏省南通市中级人民法院依照《中华人民共和国行政诉讼法》第八十九条第一款第一项之规定，作出如下判决：

驳回上诉，维持原判。

【法官后语】

一般情况下，不动产权利人即不动产登记簿记载的主体，但不动产取得、变更的形态纷繁复杂，加之过去农村不动产登记制度不完善等原因，不动产未经登记或者实际权利人与登记人不一致的情况时常出现。如果机械地以登记簿所载主体作为被征收对象，可能导致显失公平，也不利于民事法律关系的稳定。因此，有必要在准确认识不动产登记性质的基础上，依法、合理、审慎地界定被征收对象，从而保护不动产实际权利人的合法权益，实现法律效果和社会效果的有机统一。

一、不动产登记行为的性质

征地拆迁直接涉及土地使用权和房屋所有权的变更，故首先应当明确不动产权利的取得方式及表现样态。从原因行为和物权行为的角度观察，不动产登记生效主义，是对不动产变动过程合法与否的一种制约标准，但不是对不动产物权形成合法与否的制约。换言之，不动产登记行为的法律效果并不产生变更或者消灭行政相对人的权利，不动产物权的变动取决于当事人之间的意思表示一致，而不取决于行政机关的行政权力。正因如此，《中华人民共和国民法典》第二百一十五条规定，当事人之间订立有关设立、变更、转让和消灭不动产物权的合同，除法律另有规定或者当事人另有约定外，自合同成立时生效；未办理物权登记的，不影响合同效力。由此可见，不动产登记并非一劳永逸、不可撼动地对权利进行记载，而是首先推定不动产物权登记真实的效力，除非有相反证据证明，否则在法律上即推定记载于不动产登记簿上的人是该不动产的权利人。

二、征地拆迁民行交叉纠纷的审查模式

不动产纠纷是民事行政交叉的典型领域，基于不同的诉讼请求和行为类型，此类纠纷存在“先行后民”“先民后行”“民行一体”等多种审查路径。不动产登记不包含规制私法关系的意图，民事案件审理的对象是不动产物权的归属，而行政案件审理的则是登记机关是否尽到了审慎审查的义务，二者虽有牵连，但不尽紧密，民事行政案件分别或先后作出裁判并无不可。涉及征地拆迁的不动产纠纷通常为一方当事人起诉行政机关与另一方签订的补偿安置协议，或行政机关实施的房屋拆除行为。此类案件的行政争议由民事争议的介入而引发，二者具有不可分性。行政机关对被征收对象的认定，即具有准行政裁决的性质，法院认定补偿安置协议或者拆除行为是否合法，必然涉及哪一当事人系房屋的实际权利人，而对实际权利人的判断的前提即是当事人之间的基础民事关系（主要是房屋买卖）。通过在行政诉讼中直接对房屋权属问题作出判定，既具有充分的法律依据，也契合了提高司法效率、减轻诉讼成本、及时定分定分止争的司法政策取向。本案中，被诉行政行为虽然是朱某等与镇政府签订的补偿安置协议，但法院直接对姜某某与黄某甲，黄某甲与朱某等人签订的房屋买卖合同的有效性作出了判断，避免了诉讼程序的反复纠葛。

三、认定被征收对象的裁判规则

以不动产登记的公示公信力为基石，对于被征收对象的确定，可以构建“权属登记为原则+实际交易为例外+利益平衡为补充”的司法审查规则。

一是以不动产登记簿记载的权利人为被征收对象为原则。《中华人民共和国民法典》第二百零九条规定了不动产登记生效主义，《中华人民共和国土地管理法》第四十七条规定了土地的所有权人、使用权人为被征收人，《国有土地上房屋征收与补偿条例》第二条规定了房屋所有权人为被征收人。一般情况下，首先应当推定不动产登记簿记载的主体是被征收对象。二是以实际交易的买房人为被征收对象为例外。《中华人民共和国民法典》第二百一十七条、第二百二十条规定了“有证据证明不动产登记簿确有错误”时的不动产权属解决路径。从举证责任的角度来看，不动产实际居住人的举证责任应适用显然可能性盖然性标准，只有达到此等程度，方可推翻不动产登记簿之记载，并认定实际居住人为被征收人。三是以诚实信用原则为利益衡量的补充。当法官面临法律（登记生效）和情理（实际买卖）的抉择时，通过诚信原则的适用，既能够充分释法析理、增强内心确信，也起到了弘扬和传递社会主义核心价值观的教化作用。例如，本案中，法院即明确指出，当事人履行合同应当遵守诚实信用原则，朱某等人买房时支付了相应对价，也不存在为谋取拆迁补偿利益恶意买卖的行为，王某某户、黄某甲户为获取拆迁利益对已经履行完毕达十余年之久的合同提出异议，有违交易诚信。

编写人：江苏省南通市中级人民法院　张祺炜　金保阳

49

基于“合理信赖”构成表见代理的行政协议有效

——石某某诉某县住房和城乡建设局、某县某街道办事处确认行政协议无效案

【案件基本信息】

1. 裁判书字号

浙江省绍兴市中级人民法院（2023）浙06行终309号行政判决书

2. 案由：确认行政协议无效纠纷

3. 当事人

原告（上诉人）：石某某

被告（被上诉人）：某县住房和城乡建设局、某县某街道办事处（以下简称某街道办事处）

第三人：陈某甲、陈某乙

【基本案情】

1998年，甲医药药材公司改制为乙医药药材公司，原国有划拨土地（东街×号）按出让方式处置。经土地出让手续，该公司申请办理了国有土地使用权证，将土地用途登记为“商业综合用地”，使用年限50年。2006年，乙医药药材公司将东街×号房产转让给石某某，办理了房屋所有权证和国有土地使用证。权证载明的共有人为石某某、陈某甲、陈某乙；用地面积1145.63平方米，建筑面积1302.4平方米；地类（用途）：商业综合用地；同时备注：权利人不得开发和改变目前现状。

2022年6月，东街×号房屋被列入征收范围。某县住房和城乡建设局为房

屋征收部门，对征收全流程负有监管职责；某街道办事处为房屋征收实施单位，负责具体的征迁工作。征迁工作启动后，某街道办事处将征收决定和补偿方案等文件进行张贴。因用地性质存在分歧，某县拆改工作领导小组办公室形成会议纪要，就案涉房屋的性质用途形成一致意见：建筑面积中商业和仓储各占一半，仓储中15%按办公用房计算。根据该会议纪要，案涉房屋按照商业和工业用途的建筑面积分别为762.35平方米、563.47平方米。

2022年8月，陈某乙向某街道办事处提交了一份授权委托书，载明石某某全权委托陈某乙办理房屋征收补偿安置签约手续，并承担由此产生的所有法律责任。陈某甲、陈某乙与某街道办事处签订了两份补偿协议，石某某的签名由陈某乙代签。两份补偿协议中约定的补偿款共计1000余万元。9月，陈某乙作为家庭代表在房屋腾空验收单、承诺书上签字，确认房屋已腾空并自愿交付。10月，石某某向某县东街旧城改造指挥部邮寄《声明》一份，称其未委托任何人代签任何拆迁有关法律文书。原告不服上述两份协议，遂成讼。

【案件焦点】

1. 陈某乙提供虚假的授权委托书是否构成表见代理；2. 两份房屋货币补偿协议是否明显减损原告财产利益；3. 两份房屋征收货币补偿协议是否存在其他法定无效情形。

【法院裁判要旨】

浙江省新昌县人民法院经审理认为：某县住房和城乡建设局虽在协议中列为房屋征收部门，但未设定具体的权利义务，也未在协议中签章，非协议一方当事人，本案诉讼标的为征收补偿协议，从合同相对性角度，某县住房和城乡建设局非本案适格被告。本案主要的争议焦点在于两份房屋征收货币补偿协议是否存在法定无效情形。（1）从行政法律规范出发。首先，应当认可授权委托书的法律效力。授权委托书系原告之子陈某乙代为签署，考虑到双方之间的母子关系，且原告在签约期间并未向被告提出明显异议。陈某乙向某街道办事处提交授权委托书，其有理由相信该委托书的真实性。陈某乙的代理行为构成表见代理，该代理行为有效。其次，按照会议纪要进行补偿并未减损被征收人的补偿利益。甲医药药材公司转制后的土地用途为 60 平方米商业综合用地和 1085.63 平方米工业用地。原告办理的国有土地使用证上明确“权利人不得开发和改变目前现状”，故原告持有的国有土地证中载明的用地面积并未发生增减。被告的补偿方式不仅没有减损其补偿利益，反而有利于被征收人。最后，被告并未剥夺原告对房屋评估复核的权利。（2）从民事法律规范出发。陈某甲、陈某乙与某街道办事处自愿签订案涉协议，而陈某乙提供了原告的授权委托书，被告有理由相信陈某乙享有签约的代理权限。该协议是双方协商一致的结果，能够体现双方的真实意思表示，不存在以欺诈、胁迫等手段逼迫当事人违反意志签订协议的情形。该协议的签订，不违反法律、法规的强制性规定，不违背公序良俗，不存在民法典中关于合同无效的其他情形。

浙江省新昌县人民法院根据《最高人民法院关于适用〈中华人民共和国行政诉讼法〉的解释》第六十九条第一款第三项，《中华人民共和国行政诉讼法》第六十九条的规定，作出如下判决：

一、驳回原告石某某对被告某县住房和城乡建设局的起诉；

二、驳回原告石某某要求确认与被告某街道办事处签订的《房屋征收货币补偿协议》无效的诉讼请求。

石某某不服一审判决，提出上诉。

浙江省绍兴市中级人民法院经审理认为：同意一审法院的裁判意见。判决如下：

驳回上诉，维持原判。

【法官后语】

在无权代理中，由于行为人缺乏代理权，其代理行为理应对被代理人不具有约束力。但是，如果第三人确有相信代理人享有代理权的正当理由，简单地确定该代理不能对被代理人产生拘束力，不利于维护交易安全和保护第三人利益。由此产生了表见代理。

一、表见代理的定义及法律特征

表见代理特指本人虽未向行为人授予代理权，但若客观上存在代理权授予的外观表象事实、并致使外部善意相对人因信赖无权代理人有代理权而与其实施法律行为，法律使之发生与有权代理相同法律效果的制度。表见代理中的“表见”一词，就是足以使第三人相信行为人具有代理权的表面事实或者表面现象。

表见代理的法律特征主要表现在以下四个方面：一是代理人以被代理人的名义从事法律活动；二是代理人实际上不具有代理权；三是代理人与被代理人之间有某种足以使第三人相信代理人享有代理权的事由，第三人已尽到合理的注意义务，主观上善意且无过失；四是表见代理的后果直接归属于被代理人，代理行为有效。

二、“合理信赖”的司法界定

认定表见代理的核心要义在于对“合理信赖”的界定。“合理信赖”主要表现为两个方面：一是相对人善意无过失；二是相对人已尽到合理的注意义务。人民法院在审查认定是否构成“合理信赖”，关键要认定相对人是否尽到了合理的注意义务，主要考虑下列因素：

（一）代理权表象证据外观

代理权的表象证据主要是指相关文件、授权委托书等可以让第三人产生合理信赖的载体。若代理权的表象证据本身存在明显瑕疵，作为一般正常人可轻易识别，第三人主观上就并非善意。例如，授权委托书存在明显的篡改痕迹、使用公章不规范等。此时，第三人应当进行调查核实，否则信赖不合理。

（二）代理的法律行为性质

代理人代理的法律行为涉及的标的金额越大、对被代理人的权益影响越大，第三人的注意义务就会越高。例如，代理行为对被代理人重大不利，明显与被代理人的意思表示相悖，第三人就应当核查代理关系的真实有效性，否则信赖不合理。

（三）代理人的身份特质

代理人实施代理行为，从表面上应当与其身份相关联。如具有亲属关系的人员互相代理从事法律活动，身份上具有高度关联性；又如，公司的法定代表人以公司名义作出的民事法律行为，法律效果应当作用于公司。若只是公司的普通员工，就缺乏必要的权利外观，第三人应当对该瑕疵外观提起必要的注意，否则信赖不合理。

三、行政协议领域中的表见代理及其认定

行政协议具有双重属性，人民法院审理行政协议类案件适用行政法律规范的规定，也可参照适用民事法律规范中关于民事合同的相关规定。在土地房屋征收领域，存在大量的行政协议，尤以补偿安置协议最多。在认定补偿安置协议的法律效力时，要综合运用行政法律规范和民事法律规范判定。本案主要的争议焦点在于房屋征收领域中房屋共有权人向征收实施单位提供其他共有权人的授权委托书后，是否可以产生处分共有房屋的法律后果，并因此影响补偿协议的效力。要厘清该问题，我们需要界定房屋共有权人的授权及代理行为是否构成表见代理。首先，代理权的表象特征未有明显瑕疵。本案中，陈某乙提交的授权委托书载明委托人及受托人的身份信息、委托权限范围、法律后果承担等信息，委托人与受托人均签字确认。作为非专业鉴定机构的征收部门，无法从形式上鉴别石某某签名的真伪。其次，代理人的身份具有特殊性。陈某乙系石某某独子，且已成年，其职业为国家公职人员。在征迁实践中，父母子女之间的代理行为较为普遍，尤其是像陈某乙这样已经成年且具有较高学识、相关阅历的代理人，让征收部门更有理由相信该授权委托书的真实性。另外，作为户主的父亲陈某甲也在协议上签字，三分之二的共同共有人签字加上授权委托书，增加了代理行为的可信度。最后，被代理人未提出明显异议。石某某在征收期间未曾离开新昌地区且知悉相关拆迁政策，其又与陈某甲同住，对于处分房屋这类重大家庭活动，石某某不知晓的可能性较低。其在房屋腾空后向征收部门书面声明不存在委托行为，征收部门将其视为签约后的反悔行为，具有一定合理性。

设立表见代理制度在维护交易安全、保护善意相对人的合理信赖、降低制度性交易成本、促进交易中起到了举足轻重的作用，是对本人意思自治原则的例外限制，也是对善意相对人意思自治的适度尊重。但是，表见代理仍是无权代理范畴中的特殊类型，无论是客观上行为人外示于人的代理权外观表象，还是主观上相对人对代理权外观深信不疑的善意且无过失，都离不开对相对人、行为人和本人之间三角利益关系的权衡和自由裁量。因此，我们在审判实践中应当结合案情综合认定。

编写人：浙江省新昌县人民法院　张小玉

50

“探求真实合意”是相对人提起行政协议撤销之诉审查的首要标准

——某投资公司诉某市自然资源局、某市人民政府行政协议案

【案件基本信息】

1. 裁判书字号

广东省珠海市中级人民法院（2023）粤04行终20号行政判决书

2. 案由：行政协议纠纷

3. 当事人

原告（被上诉人）：某投资公司

被告（上诉人）：某市自然资源局、某市人民政府

【基本案情】

案涉用地面积为14428.31平方米，规划用途为二类居住用地。2021年11月1日，某投资公司向某市自然资源局提交《某市国有建设用地使用权用地预

申请书》，申请受让案涉用地。2021 年 11 月 18 日，某市人民政府批复同意某市自然资源局依法挂牌出让案涉用地。2021 年 11 月 24 日，某投资公司向某市自然资源局签订《用地预申请协议》，约定某投资公司缴纳预申请保证金人民币 680 万元，并按招标拍卖挂牌出让文件的规定参与竞买，履行竞买人义务，且报价不低于上述承诺的最低价格。如未参加案涉用地的招标拍卖挂牌出让活动，没有按照招标拍卖挂牌出让文件要求履行竞买人义务的，其缴纳的用地预申请保证金不予返还。

2021 年 11 月 24 日，某市公共资源交易中心向社会发布《某市国有建设用地使用权网上挂牌出让公告》，挂牌出让案涉用地，但某投资公司并未依约履行竞买义务。某市自然资源局遂根据《用地预申请协议》约定的违约责任，决定不予返还某投资公司已缴纳的用地预申请保证金 680 万元。某投资公司不服，认为用地预申请制度属于招拍挂程序中非必要的提前协商的制度，用地预申请协议约定收取和没收保证金无法律依据，并向某市人民政府申请行政复议，同时请求对《某市国有建设用地使用权用地预申请操作规则（暂行）》（以下简称《操作规则》）进行合法性审查。某市人民政府经审查后作出维持《用地预申请协议》的复议决定。某投资公司仍不服，向法院提起诉讼。

【案件焦点】

本案争议焦点是《用地预申请协议》是否应当撤销，其涉及的关键问题在于审查案涉行政协议是否存在相对人主张的撤销情形。

【法院裁判要旨】

广东省珠海市金湾区人民法院经审理认为：被诉《用地预申请协议》合法、有效。一是某市自然资源局具有签订被诉《用地预申请协议》的法定职权。某投资公司提交《用地预申请书》，某市自然资源局经报市政府同意，与其签订《用地预申请协议》并约定保证金条款，具有相应的事实根据。二是被诉《用地预申请协议》内容不违反行政诉讼法及民事法律规范关于民事合同的相关规定，合法有效。《操作规则》系原珠海市国土资源局依法制定，其内容未违法增设当事人义务或减损当事人权利，与上位法不相抵触，合法有效，可以作为认定被诉《用地预申请协议》效力的依据。

广东省珠海市金湾区人民法院依照《中华人民共和国行政诉讼法》第六十九条、第七十九条之规定，判决如下：

判决驳回某投资公司的诉讼请求。

某投资公司不服，提出上诉。

广东省珠海市中级人民法院经审理认为：实施用地预申请制度的价值在于通过政府和企业的双向沟通，实现土地高质量利用。于企业而言，可以有更多的时间对土地展开投资研究，理性参与土地竞拍。《用地预申请协议》就其合同特性而言，符合《中华人民共和国民法典》第四百九十五条“预约合同”的特征，双方关于订立本约意思表示真实、明确，依法成立并生效。该协议的标的就是完成招标拍卖挂牌出让程序从而签订正式的土地出让合同，不能与本约混淆，其意义在于为当事人设定了按照公平、诚信原则进行磋商以实现土地成功出让的程序，守约方有权主张约定的违约责任。

某投资公司依据民事法律规范提出显失公平和重大误解等抗辩并主张撤销《用地预申请协议》，其抗辩内容本质上具有一定的同质性，即在重大误解的情形下，双方利益显著失衡，进而显失公平，其提交的证据不足以证明本案存在重大误解或显失公平的情形，应承担违约责任。

广东省珠海市中级人民法院依照《中华人民共和国行政诉讼法》第八十九条第一款第一项之规定，判决如下：

驳回上诉，维持原判。

【法官后语】

引发行政协议纠纷的缘由众多，但绝大多数的争议已由法律规制好相应路径，针对行政协议的审查模式也不外乎“行为说”与“协议说”两种观点。本案一审、二审虽然都判决驳回诉讼请求，但是对于行政协议撤销之诉的审查模式却截然不同，二者的分歧在于审判实践中对“行为说”与“协议说”撤销之诉在审理思路和方法上的差异。

笔者认为，行政行为代表的是国家强力意志，行政机关在一定条件下可以通过行使优益权解除或变更行政协议。但是，相对人提起行政协议撤销之诉针对的是不具有公权力行使性质的双方合意行为，其本质上是通过法院向行政机关主张其公法上的形成权，以达到改变协议内容的目的。因此，相应的司法审查模式也应优先适用民事法律规范进行合意性审查，充分探求双方签订行政协议的真实合意理应成为审查的首要标准。

1. 审查相对人意思表示之“名”，是厘清争议焦点的前提。司法实践中，法官面对一份文本时，首先注意的就是其名称，在相对人主张意思与表示不一致时，普遍采取客观性立场，以外部表示内容为准。本案中，二审判决明确认定《用地预申请协议》符合《中华人民共和国民法典》第四百九十五条“预约合同”的特征，协议的主要内容是行政机关根据相对人的用地申请，组织开展国有土地出让工作，相对人通过参加招标拍卖挂牌出让程序从而签订正式的土地出让合同。故，相对人的表示行为在于通过“预约”签订“本约”，法官确定争议焦点也应围绕双方签订预约合同的这一合意行为，不能与本约合同内容相互混淆。

2. 审查相对人内心真意之“实”，是发挥行政审判监督职能的关键。行政协议具有行政性和民事性的双重特征，审查相对人内心真意首先就是要求法官关注协议签订的程序，程序的完整既是保护相对人的内心真意能够充分表达，也是保护公共利益，应重点审查行政协议是否按照法定形式签署，行政机关是否按照法定程序履行相关的报批手续，相对人的知情权、陈述权和申辩权是否得到保障。本案中，相对人通过《公开出让建设用地规划条件》获悉土地的基本情况，其内心真意已经通过《用地预申请书》完整表达，某市自然资源局报请某市人民政府同意后，在其职权范围内依据《操作规则》的相关规定签订《用地预申请协议》，符合法定程序和正当程序的要求，能够证明相对人在签订行政协议的过程中已充分表达了其内心真意。

3. 审查“名”“实”是否一致，是实质化解争议的保障。对于相对人请求撤销协议这一核心诉求，法官应当充分结合相对人的举证情况，全面审查判断撤销情形是否存在。本案中，相对人依据民事法律规范提出显失公平和重大误解等抗辩并主张撤销行政协议，经查其抗辩内容具有一定的同质性，即在重大误解的情形下，双方利益显著失衡，进而显失公平。但基于重大误解行使的撤销权属于形成权，其行使已因超过除斥期间而消灭。相对人提交的证据也不能证明其意思表示瑕疵或不一致，撤销情形并不存在，应对此承担约定的违约责任。

需要注意的是，人民法院在审查相对人提起的行政协议撤销之诉时，优先遵循合意性审查路径探求双方真实合意，并不代表放弃合法性审查。事实上，本案在探求双方真实合意的过程中，基于行政机关在某种程度上的主导地位，不可避免地需要对行政机关的主体资格、缔约权限、适用法律等行政行为进行合法性审查，只是根据案件的需要对相关行政行为的认定做了简化处理，合法性审查仍然贯穿行政审判的全过程。

编写人：广东省珠海市中级人民法院　张弢

51

行政机关未按约定履行行政协议纠纷中权利义务的确定及裁判方式的选择

——某集团公司诉甲市政府未按约定履行公交化改造行政协议案

【案件基本信息】

1. 裁判书字号

吉林省高级人民法院（2021）吉行终607号行政判决书

2. 案由：未按约定履行公交化改造行政协议纠纷

3. 当事人

原告（上诉人）：某集团公司

被告（上诉人）：甲市政府

【基本案情】

2008年，某州政府为加强甲、乙两市之间沟通融合，召开会议并形成会议纪要，确定乙市至甲市客运班线实施公交化改造，并原则同意某集团公司兼并甲市客运总公司。此后甲市政府与某集团公司签订协议，约定为实行甲–乙线路城际公交化，由某集团公司收购甲市客运总公司的整体资产并承担债务。协议签订后，某集团公司成立某公交公司及其甲分公司，由该公司进行了降票价、更换车辆等公交化改革工作。2018年，某州交通运输局拟许可乙至甲两市间公交线路，向甲市政府征求意见。甲市政府提出此前其与甲市公交公司签订的改制协议中明确约定在甲市只允许存在一家公交公司，若再增加一家公交企业，在有限的运输需求下，势必引起城市公交客运市场的混乱，故拒绝开通甲市至乙市之间的公交客运线路。2019年，某公交公司甲分公司向甲市运输管理所申请给予城市公共汽（电）车道路运输经营许可，该所认为该公司的申请存在无法提供依法注册的具有企业法人资格的营业执照问题，决定不予道路运输行政许可。2021年，某集团公司提起行政诉讼，请求判令甲市政府按照协议约定履行给某公交公司办理相关公交许可手续的义务并承担因迟延履行约定义务造成的损失。

【案件焦点】

1. 约定不明时，上级机关的会议纪要能否作为认定行政机关及相对人行政协议权利与义务的依据；2. 诉讼中，判断行政机关能否继续履行行政协议条件不成熟时，应该如何选择裁判方式。

【法院裁判要旨】

吉林省延边朝鲜族自治州中级人民法院一审认为：本案中，某集团公司的诉求实质为要求甲市政府继续依约履行行政协议并赔偿损失。虽然双方在书面协议中约定不明，但根据某州政府会议纪要，结合甲市政府会议纪要及甲市客运总公司整体转让协议，可以认定甲市政府为实现公共管理目的，与某集团公司达成了进行甲-乙城际公交化改革的行政协议。甲市政府的协议义务可具体化为与乙市政府协商开通两市之间的公交客运线路。本案中，甲市政府未能完全履行协议义务，应继续履行。如果其不能继续履行协议义务，则应对某集团公司因此造成的损失作出处理。

吉林省延边朝鲜族自治州中级人民法院根据《最高人民法院关于审理行政协议案件若干问题的规定》第十九条之规定，判决如下：

一、责令甲市政府继续履行开通甲-乙城际公交线路的协议义务，如无法履行则应在确定无法履行之日起两个月内对某集团公司因此造成的损失作出处理；

二、驳回某集团公司的其他诉讼请求。

某集团公司、甲市政府不服一审判决，提出上诉。

吉林省高级人民法院经审理认为，同意一审法院的裁判意见。判决如下：

驳回上诉，维持原判。

【法官后语】

行政协议作为现代行政管理活动的新方式越来越广泛运用于现代社会治理模式中，由此引发的纠纷也日益增加。但受制于行政协议签订形式不规范、约定内容不严谨及协议履行与社会公共利益紧密相关等因素，审判中需要法官平衡各方合法权益，从实质性化解行政争议的角度依法处理案件。

一、行政管理目标是确定行政协议当事人权利义务的重要依据

《最高人民法院关于审理行政协议案件若干问题的规定》第一条规定："行政机关为了实现行政管理或者公共服务目标，与公民、法人或者其他组织协商订立的具有行政法上权利义务内容的协议，属于行政诉讼法第十二条第一款第十一项规定的行政协议。"行政协议是行政机关为履行行政职权、实现行政管理

或公共服务目标，与相对人经过协商一致所达成的协议。[①] 行政协议兼具行政性及协议性双重属性，但较民事合同而言，发展较晚。司法实践中发现，行政机关及相对人签订行政协议的专业性还有所欠缺，部分行政协议内容不规范，有的关于权利义务的关键内容表述不清甚至根本没有表述，为诉讼中确定行政协议各方当事人的权利义务带来困难。因行政协议承载实现公共管理目标这一重要目的，协议的签订、履行均围绕着实现公共管理目标进行，在书面协议中当事人权利义务不明确时，应综合审查其他证据，将行政管理目标作为重要依据予以考量。

本案中，在甲市政府和某集团公司签订的协议中虽然写明为“加快推进延龙图一体化进程，实行甲-乙线路城际公交化”达成协议，但在协议具体条款中，并未约定具体义务。而根据某州政府的会议纪要，可以明确甲市政府与某集团公司签订的兼并协议，系为落实某州政府推动乙、甲两市（包括农村）客运班线公交化改造、推进区域一体化建设这一行政管理目标而为。故，结合上述会议纪要，案涉兼并协议中规定的“实行甲-乙线路城际公交化”并非宣誓性口号，而是目标性约定。可以证明甲市政府与某集团公司当时达成的是收购甲市客运总公司并进行公交化改革的行政协议；甲市政府负有协助某集团公司完成收购工作，并实行甲-乙线路公交化的协议义务。

二、结合裁判时机，从实质性化解行政争议的角度选择裁判方式

《最高人民法院关于审理行政协议案件若干问题的规定》第十九条规定：“被告未依法履行、未按照约定履行行政协议，人民法院可以依据行政诉讼法第七十八条的规定，结合原告诉讼请求，判决被告继续履行，并明确继续履行的具体内容；被告无法履行或者继续履行无实际意义的，人民法院可以判决被告采取相应的补救措施；给原告造成损失的，判决被告予以赔偿。”上述法律明确规定人民法院审理被告未依法履行、未按照约定履行行政协议时应适用的裁判方式。在一般情况下，对于协议内容较为简单，履行周期不长，被告能否

① 参考郭修江：《行政协议案件审理规则——对〈行政诉讼法〉及其适用解释关于行政协议案件规定的理解》，载《法律适用》2016年第12期。

继续履行协议法定条件明晰的案件，若判决被告继续履行或者采取补救措施的裁判时机成熟，人民法院可以直接作出相应裁判，一次性解决行政争议。但是，在司法实践中发现，部分行政协议法律关系十分复杂，协议履行时间跨度较长，涉及金额高，协议继续履行与否对社会公共利益有巨大影响，且被告能否继续履行协议还需依据其他条件成就与否，不能在诉讼中直接予以确认。此种情况下，如果判决继续履行，可能出现判决后被告实际不能履行的情况，造成争议仍然存在；如果直接确认协议不能履行，又可能使行政机关过早失去相应的行政管理职权并承担巨额赔偿，损害社会公共利益。为实质性化解争议，依法保护行政相对人的合法权益及社会公共利益，人民法院可以采取“递进式”裁判方式，即在判决被告继续履行行政协议义务的同时，进一步在判决中明确如不能按照协议的约定履行义务则应在限定期限内承担相应的损失赔偿责任。

本案中，人民法院根据争议实质，对在案证据进行全面综合审查，认定甲市政府与某集团公司存在行政协议，且甲市政府尚未履行与乙市政府协商开通两市之间公交线路的协议义务。人民法院认为，在某集团公司已经履行协议义务的情况下，甲市政府应该践约守诺，履行自己的协议义务。但根据本案案情，考虑到判决后可能会出现其他不确定因素导致甲市政府最终无法继续履行协议，人民法院同时在判决中明确如不能按照协议约定履行义务，甲市政府应在限定期限内对某集团公司因此造成的损失作出处理。因此采用“递进式”的裁判方式，兼顾被告继续履行以及履行不能的两种情况，切实增强实质性化解涉民营企业矛盾纠纷的成效，有效避免程序空转增加当事人诉累。

编写人：吉林省延边朝鲜族自治州中级人民法院　李红广　李丽英

52

行政相对人起诉解除行政协议的应当适用除斥期间的规定

——李某某诉某县房屋征收补偿服务中心解除行政协议案

【案件基本信息】

1. 裁判书字号

山东省菏泽市中级人民法院（2022）鲁17行终128号行政裁定书

2. 案由：解除行政协议纠纷

3. 当事人

原告（上诉人）：李某某

被告（被上诉人）：某县房屋征收补偿服务中心（以下简称某县征补中心）

第三人：某房地产公司

【基本案情】

李某某与某县征补中心于2012年12月1日签订房屋征收实物补偿协议（以下简称涉案补偿协议），约定自签订之日起生效，并未约定具体交付回迁商业用房的期限，亦未约定解除协议的具体事由及解除权行使的期限。在某县征补中心拟交付回迁房屋时，李某某认为某县征补中心未依约交付符合法定和约定条件的商业用房，李某某曾于2017年向某县人民法院提起民事诉讼，诉请某县征补中心交付合格的商业用房。后李某某又于2020年提起行政诉讼，菏泽市中级人民法院经审理作出（2020）鲁17行终334号行政判决，认定被告存在履约不当行为，判令某县征补中心在该判决生效之日起120日内针对李某某的回迁安置依法采取补救措施。经李某某依法申请执行，菏泽市牡丹区人民法院在2021年7月强制执行生效行政判决的程序终结时，某县征补中心仍未按照约定依法履行涉案补偿协议，因涉案补偿协议目的无法实现，李某某于2021年9月向菏泽市牡丹区人民法院提起本案诉讼，请求：（1）依法解除其与某县征补中心于2012年12月1日签订的案补偿协议；（2）判令某县征补中心支付各项损失费用若干；（3）诉讼费、鉴定评估费用由某县征补中心承担。

【案件焦点】

行政相对人诉请要求解除行政协议的，是适用行政诉讼法关于起诉期限的规定，还是适用民事诉讼法关于诉讼时效、抑或是关于除斥期间的规定，来判断是否超过相关期限或时效。

【法院裁判要旨】

山东省菏泽市牡丹区人民法院经审理认为：李某某提起本案诉讼已超过了五年的最长起诉期限，裁定如下：

驳回起诉。

李某某不服一审裁定，提出上诉。

山东省菏泽市中级人民法院审理认为：涉案补偿协议属于行政协议。《最高人民法院关于审理行政协议案件若干问题的规定》第二十五条规定："公民、法人或者其他组织对行政机关不依法履行、未按照约定履行行政协议提起诉讼的，诉讼时效参照民事法律规范确定；对行政机关变更、解除行政协议等行政行为提起诉讼的，起诉期限依照行政诉讼法及其司法解释确定。"本案是因被征收人要求解除涉案补偿协议而提起的诉讼，并非对行政机关变更、解除行政协议等行政行为提起的诉讼，不适用行政诉讼法关于起诉期限的规定。本案诉讼是否适用诉讼时效的规定，上述规定并未明确。《最高人民法院关于审理行政协议案件若干问题的规定》第二十七条规定："人民法院审理行政协议案件，应当适用行政诉讼法的规定；行政诉讼法没有规定的，参照适用民事诉讼法的规定。人民法院审理行政协议案件，可以参照适用民事法律规范关于民事合同的相关规定。"因涉案补偿协议属行政协议，且兼具行政性和协议性的特征，在与行政法律规范不相冲突的情况下，人民法院可以参照适用民事法律规范审理本案。在民事法律规范中，解除权的存续期间被称为除斥期间。根据《中华人民共和国民法典》第一百九十九条的规定，解除权的存续期间，除法律另有规定外，自权利人知道或应当知道权利产生之日起计算，不适用有关诉讼时效中止、中断和延长的规定，存续期间届满，解除权利消灭。根据《最高人民法院关于适用〈中华人民共和国民法典〉时间效力的若干规定》第二十五条的规定，本案应参照适用民事法律规范有关除斥期间的规定。根据涉案补偿协议签订的时间及关于履行期限的相关约定，因上诉人未通过通知对方的方式解除涉案补偿协议，而是直接提起本案诉讼，应根据《中华人民共和国民法典》第五百六十三条的规定认定上诉人知道或应当知道解除事由的时间。经审查，在2021年7月人民法院强制执行生效行政判决的程序终结时，某县征补中心仍未按照约定依法履行涉案补偿协议，因被上诉人的违约行为致使不能实现合同目的。故，李某某自2021年7月生效行政判决执行终结时方知道解除事由，根据《中华人民共和国民法典》五百六十四条第二款的规定李某某于2021年9月提起本案解除涉案补偿协议之诉，并未超过一年的除斥期间。据此，依照《最高人民法院关于适用〈中华人民共和国行政诉讼法〉的解释》第一百零九条第一款之规定，裁定如下：

一、撤销山东省菏泽市牡丹区人民法院（2021）鲁1702行初462号行政裁定；

二、指令山东省菏泽市牡丹区人民法院继续审理。

【法官后语】

行政协议，兼具行政性和协议性的特征，在审理行政协议案件过程中，要依照《最高人民法院关于审理行政协议案件若干问题的规定》第二十七条，兼顾行政法规规范和民事法律规范的相关规定，视情况而定。关于起诉期限、诉讼时效及除斥期间的相关规定，分别在不同的法律规范中予以规定，且人民法院是否能够主动审查及超过相应期限或时效带来的法律后果截然不同。根据《最高人民法院关于审理行政协议案件若干问题的规定》第二十五条的规定，行政机关单方变更或解除行政协议的属于行政机关作出了一定行政行为，相对人不服的，人民法院应适用行政诉讼法关于起诉期限的规定；对行政机关不依法履行、未按照约定履行行政协议提起诉讼的，诉讼时效参照民事法律规范确定。因行政机关履行行政协议不能时，行政相对人起诉要求解除行政协议时，行政相对人行使的是民事法律规范中的解除权，这种诉请更加体现了行政协议的协议性特点。在民事法律规范中，解除权的存续期间被称为除斥期间，因此，行政相对人起诉要求解除行政协议的，人民法院应当依照相关规定审查是否超过除斥期间。

新修订的《中华人民共和国行政诉讼法》第十二条把行政协议纳入行政诉讼受案范围，同时，第六十一条规定，在涉及行政许可、登记、征收、征用和行政机关对民事争议所作的裁决的行政诉讼中，当事人申请一并解决相关民事争议的，人民法院可以一并审理。这就改变了以往只在附则中规定的在审理行政案件程序中行政诉讼法没有规定的，适用民事诉讼法的相关规定之情形。新修订的行政诉讼法的上述规定，不仅扩大了行政诉讼受案范围，也突出了其实质性化解行政争议的立法目的。当然，行政诉讼与民事诉讼的融合发展，也对长期从事行政审判工作的法官提出了挑战。例如，行政协议案件、一并解决民事争议案件的审理，不仅需要法官熟谙行政诉讼和民事诉讼的相关程序性法律、司法解释的相关规定，还要对相关的行政和民事法律法规有所了解。

当然，行政诉讼案件的审理不仅仅用到民事诉讼及民事法律规范，有时还需要对刑事诉讼及刑法相关知识有所掌握。例如，在审理行政处罚、行政强制等案件过程中，可能涉及行政处罚与刑事处罚的相互折抵的规定、是属于刑事侦查行为还是行政强制措施行为、是否需要对相关犯罪线索移送司法机关处理的问题，这些也是行政审判法官在审理相关案件过程中不可避免的问题。

行政诉讼虽然在三大诉讼中的案件总量占比较少，但其涉及领域较广，且容易与刑事和民事案件存在交叉情形。如果行政审判法官固守传统行政审判理念，不及时丰富和掌握相关业务知识，在审理相关案件过程中将会无从下手，力不从心。

编写人：山东省菏泽市中级人民法院　陈士安

53

行政协议案件中对行政机关合同条款解释的限制及对违约情形的认定

——某技术公司诉某区城市管理和综合执法局行政协议案

【案件基本信息】

1. 裁判书字号

广东省深圳市中级人民法院（2022）粤03行终1488号行政判决书

2. 案由：行政协议纠纷

3. 当事人

原告（上诉人）：某技术公司

被告（被上诉人）：某区城市管理和综合执法局（以下简称某区城管局）

【基本案情】

某技术公司与某区城管局于2015年10月签订了《深圳市南山区公共自行车租赁系统建设与运营合同》（以下简称《运营合同》）。该合同约定某技术公司负责项目建设及运营产生的一切费用，某区城管局基于公共自行车实际投放数量及中标的财政补贴单价经季度考核后给予补贴，同时约定合同期限与运营期间保持一致，运营期满后，若某技术公司经履约评价结果为优秀，可续期2年，但续期最多不超过2次。在合同履行期间，某区城管局向某技术公司支付运营补贴款共计15次，双方当事人实际履行的补贴款项付款期限为某区城管局依上季度考核结果在某技术公司提交收款收据后15日内付清。此外，深圳市南山区市政管理所（某区城管局下属单位）针对某技术公司在管理公共自行车项目期间出现的问题多次作出整改通知，某技术公司亦在收到整改通知后进行整改并说明相关情况。2019 年 1 月，深圳市南山区市政管理所根据招标文件制作《政府采购履约情况反馈表》，该表记载了某技术公司在履约中存在的不足，履约评价为“中”，并建议不予续约。2019 年 3 月，某区城管局作出《关于〈运营合同〉到期不续约的通知》，并告知某技术公司《运营合同》已到期，且不再续约。某技术公司不服城管局到期不予续约，提起诉讼，要求判决某区城管局提前终止合同不予续约的行为违法，并要求其赔偿因违约给某技术公司造成的各项损失以及逾期支付运营补贴款项的逾期付款违约金。

【案件焦点】

1. 某区城管局不予续约、终止合同的行为是否合法合约；2. 某区城管局是否存在逾期支付运营补贴费用情形，是否应承担相应违约责任。

【法院裁判要旨】

广东省深圳市盐田区人民法院经审理后认为：本案《运营合同》的合同期间为三年，某技术公司的履约评价结果并不符合续签合同的条件，故某区城管局并不存在提前终止合同的行为。针对某技术公司所主张的某区城管局存在逾期支付运营补贴费用的情形，因行政机关财政支付需要经过审批报账程序，审批的起点为收到某技术公司的收据开始，而某区城管局收到收据时已经超过合同约定期限，系某技术公司自身原因导致付款逾期，且某区城管局主张 15 日的审批期限具有合理性，应予以采信。故，某区城管局不存在支付运营补贴费用超期情形，不构成违约，无须承担违约金。某技术公司诉求被告赔偿提前终止合同的损失无事实和法律依据。广东省深圳市盐田区人民法院判决：

驳回原告某技术公司的诉讼请求。

某技术公司不服一审判决，提出上诉。

广东省深圳市中级人民法院经审理认为，行政机关不能基于其优势地位而享有任意解释行政协议条款的权利。人民法院须对行政机关解释的合法性予以审查，包括解释是否有滥用职权之虞、是否明显不当。而本案中某技术公司的履约评价结果为“中”，未达到合同约定的续约条件，故某区城管局到期不予续约行为合法合约，其于 3 年合同期满宣布涉案项目停止运营，具有事实依据，符合合同约定。并且，行政机关对履行协议行为的合法性负举证责任。人民法院在判断行政机关是否迟延履行付款义务时，须结合协议约定、财政支付情形、实际履行情况等综合判断付款义务的履行期限。双方对履行期限有争议，现有证据存在冲突、不足以支持任何一方主张的，应基于举证责任分配，将相关利益归于行政相对人。本案中，双方当事人对付款期限起算的时间均提出了不同主张，现有证据也不足以支持任何一方主张。广东省深圳市中级人民法院认为基于举证分配原则，相关利益应归于行政协议相对人，从而采信某技术公司的主张，以收款收据的落款时间起算付款义务履行期限。在扣除相关整改期间后，认定某区城管局在履行行政协议期间，确有迟延履行付款义务的情形存在。广东省深圳市中级人民法院遂依据《中华人民共和国行政诉讼法》第六十九条、第七十八条第一款、第八十九条第一款第二项，《最高人民法院关于审理行政协议案件若干问题的规定》第十九条、第二十五条、第二十七条，并参照《中华人民共和国民法总则》第一百八十八条，《中华人民共和国合同法》第一百一十四条第二款的规定，判决：

一、撤销原审判决；

二、某区城管局应于本判决生效之日起十日内支付上诉人某技术公司逾期付款违约金；

三、驳回某技术公司的其他诉讼请求。

【法官后语】

行政协议案件中，相比传统的民事协议，行政协议中行政机关往往享有优益权，具有一定的优势地位。为了保障行政权行使的合法性，保障国家利益、社会公共利益和私人合法权益的平衡，人民法院在行政协议之诉中除进行传统民事合同之诉中的合约性审查外，还需对行政机关协议行为予以合法性审查，即进一步强化了对行政机关协议行为的审查力度。在合同条款解释及对行政机关违约情形的认定上，亦是如此。

一、行政机关不能基于其优势地位而享有任意解释行政协议条款的权利，人民法院须对行政机关解释的合法性予以审查

依据《最高人民法院关于审理行政协议案件若干问题的规定》第十条、第十一条明确规定行政机关应当对订立、履行、变更、解除行政协议等行为的合法性承担举证责任，人民法院审理行政协议案件，应当对被告订立、履行、变更、解除行政协议的行为是否具有法定职权、是否滥用职权、适用法律法规是否正确、是否遵守法定程序、是否明显不当、是否履行相应法定职责进行合法性审查。这也就意味着人民法院在行政协议之诉中对行政机关所作的行政协议行为进行审查时，除传统合同之诉中的合约性审查外，还需对协议行为予以合法性审查。

行政机关对合同条款的解释，亦属于行政协议案件审查的范畴。在普通民事合同中，各方当事人地位平等，根据民法典的规定，在双方对合同条款的理解有争议的，应当按照所使用的词句，结合相关条款、行为的性质和目的、习惯以及诚信原则，确定争议条款的含义。而行政协议系行政机关为了实现行政管理或者公共服务目标，与公民、法人或者其他组织协商订立的具有行政法上权利义务内容的协议。行政机关在行政协议的订立、履行、变更、解除等行为中，享有行政优益权，具有优势地位，容易给行政协议相对人的合法权益造成侵害。这就要求人民法院对行政机关合同条款解释依据行政诉讼法进行合法性审查，包括解释是否明显不当。

本案中所涉的《运营合同》第四条约定："运营期满后，若乙方经履约评价结果为优秀，可续期 2 年，续期最多不超过 2 次。"对合同续期的用语是"可续期 2 年"，而非"应续期 2 年"。某区城管局据此主张其对是否续期享有全部的斟酌判断权，认为即使履约评价结果为优秀，也依然可以不续期。此种解释单纯从字面意义上，并无违法之处。但是，从限制行政权肆意扩张、保障行政权行使的合法性以及保障国家利益、公共利益、私人合法权益的平衡来看，上述条款不能解读为行政机关就此享有任意决定续约与否的绝对权力。某区城管局作为行政机关须依据当时情势、必要性等就续约与否进行合理地斟酌判断，

并就其所作不予续约行为的合约性、合法性承担举证责任，不能毫无理由地一概仅以合同用语为“可以”而拒绝续约。此种解释有行政机关权力滥用之虞，亦明显不当。因此，本案裁判的一大亮点在于，虽然某技术公司的履约评价为中，未满足续约条件，但法院仍对某区城管局合同条款解释的合法性予以了评判和纠正，以规范和指引行政行为。

二、行政机关对履约行为的合法性负有举证责任，双方对履约有争议，且现有证据不足以支持任何一方主张的，应将相关利益归于行政相对人

行政协议案件中，行政机关对其履约行为的合法性负举证责任。本案中，双方当事人正是对某区城管局是否具有延迟付款的违约行为产生了争议。一方面，因涉及财政支付制度，本案出现了付款义务的实际履行期间与行政协议中约定的履行期间不完全相符的情形。法院综合协议约定、财政支付情形、协议实际履行情况对付款义务的履行期限进行了认定，即在某区城管局收到收款收据后十五日内。另一方面，双方当事人对付款期限起算的时间，即收款收据收到时间产生了争议。应该承认，双方确认的付款凭证、付款审批单、收款收据等证据存在一定冲突、均不足以支持任何一方主张。

《最高人民法院关于审理行政协议案件若干问题的规定》第十条对行政机关在行政协议案件中的举证责任作了明确的规定，行政机关在对于自己具有法定职权、履行法定程序、履行相应法定职责以及订立、履行、变更、解除行政协议等行为的合法性承担举证责任，同时双方当事人在对行政协议是否履行发生争议的，由负有履行义务的当事人承担举证责任。也就是说，在行政机关负有履行付款义务时，行政机关对其是否完全履行付款义务，应负有举证责任。因此，基于举证责任分配的原则，如现有证据存在冲突、不足以支持任何一方主张的，应将相关利益归于行政相对人。简言之，在行政协议相对人主张行政机关不完全履行行政协议，行政机关主张其已完全履行行政协议，而现有证据不足以支持任何一方主张的，基于举证责任分配原则，相关利益应归于行政相对人。

本案中，就某区城管局收到收款收据时间，某技术公司主张收款收据落款时间即该局收到收据的时间，而该局则主张其启动付款审批日期方为收到某技

术公司出具的收款收据时间，但双方均不能就此提交收文凭证等予以证明。两个时间之间一般约有七天左右差异。在这种情况下，法院依据举证责任分配原则，将相关利益归于行政协议相对人，采信了某技术公司主张，以收款收据落款时间起算付款义务履行期限，在扣除相关整改期间后，认定某区城管局存在迟延履行付款义务的情形，合计逾期七十四天，并判决某区城管局承担相应违约责任。

综上所述，本案生效判决依据行政诉讼法及最高人民法院关于审理行政协议案件的司法解释，同时亦参照了合同法、民法典的相关规定，对行政机关履约的合法性、合约性进行了全面审查。特别是对限制行政机关任意解释行政协议条款及明确行政机关对履行协议行为的合法性负举证责任进行了详细论述，对行政协议案件审理具有一定指导意义。

编写人：广东省深圳市中级人民法院　王惠奕

54

行政协议履行之诉应坚持合法性及合约性双重审查

——某教育投资公司诉某市教育局行政协议案

【案件基本信息】

1. 裁判书字号

山东省高级人民法院（2023）鲁行终647号行政判决书

2. 案由：行政协议纠纷

3. 当事人

原告（上诉人）：某教育投资公司

被告（被上诉人）：某市教育局

【基本案情】

2013 年 3 月 6 日，某市教育局（甲方）决定与某教育投资公司（乙方）就创办某国际学校和某国际教育幼儿园签订合作办学协议书，其中协议第五条约定“甲方对本项目筹备期间发生的费用以及正式开学后三年内的运营费用提供全额补贴，随后两年如果仍然出现运营亏损，由甲方继续给予平衡补贴”。第七条约定，“第五条完成后，如果因生源问题经费仍入不敷出，甲方与乙方管理公司再共同协商对本项目的扶持措施”。第十五条约定，“在计算营运亏损时本项目办学单位的总支出中应该全额包含该管理费”。

2023 年 1 月 10 日至 2 月 15 日，根据某市政府安排，对某国际学校和某国际幼儿园 2013-2022 年运营盈亏及财政补贴拨付情况进行了核查，并形成了《核查说明》。(1) 筹备期间发生的费用以及正式开学后三年内费用情况。2013 年 9 月至 2016 年 8 月，运营结余-1394.4 万元，财政补贴 1530 万元，累计结余 135.6 万元。(2) 随后两年费用情况。2016 年 9 月至 2018 年 8 月，运营结余-851.4 万元，按照协议“随后两年如果仍然出现运营亏损，由甲方继续给予平衡补贴”约定，财政补贴 680 万元，累计结余-35.8 万元。(3) 以后五年费用情况。按照协议第七条约定，2018 年 9 月至 2022 年 8 月，财政补贴 450 万元。某教育投资公司认为某市教育局未履行协议义务，向法院起诉。其认为根据协议约定，某市教育局有向其“全额补贴”前三年“运营费用”以及“平衡补贴”随后两年的运营亏损义务，但某市教育局并未及时足额对其进行补贴。且某教育投资公司多次向某市教育局明确声明其已存在无法继续经营的客观困难，因某市教育局未按约定支付相应补贴，故请求按约定支付上述补贴及差额损失。

【案件焦点】

本案主要涉及审查行政机关是否履行了行政协议约定义务的问题。

【法院裁判要旨】

山东省日照市中级人民法院经审理认为：第一，根据《中华人民共和国民法典》第一百四十二条、第四百六十六条第一款之规定以及协议书第五条的约定，对“全额补贴”的认定，从文义解释、体系解释以及双方签订涉案协议的性质和目的角度来考量，“全额补贴”应系运营亏损的全额补贴。同理，平衡补贴应系根据运营亏损情况给予的适当补贴。第二，根据协议第七条约定，协议第五条完成后，由双方共同协商是否给予补贴及补贴的数额。某教育投资公司虽提交了相关证据证明其于2020年4月、5月先后向某市教育局发送《紧急应对措施方案测算》，但上述证据仅能证明某教育投资公司向某市教育局发送了相关申请，并不能证明双方最终达成“继续提供全额亏损补贴”的一致意见，某市教育局对此予以否认，某教育投资公司对其主张亦未再提交充分有效的证据予以证明，故不予采纳。第三，某市教育局提交的《核查说明》详细列明了某国际学校和某国际幼儿园2013-2022年收支情况和财政补贴资金明细，双方对于补贴数据的真实性双方并不存在争议，在前述已对“全额补贴”“平衡补贴”作出认定的前提下，对于该核查说明中的已补贴数额，亦予以确认。第四，关于某教育咨询公司为筹备本项目实际发生的费用问题。根据协议书第五条、第七条的约定，双方协议约定享受补贴的特定主体系“本项目”，即某国际学校和某国际教育幼儿园。协议书第十九条的约定仅系扩大了乙方的范围，并未约定扩大享受补贴的“本项目”的范围，故某教育咨询公司自身的日常运营费用不应列入本项目核算。据此，判决：驳回某教育投资公司的诉讼请求。

某教育投资公司不服一审判决，提出上诉。

山东省高级人民法院经审理认为：同意一审法院裁判意见，判决如下：

驳回上诉，维持原判。

【法官后语】

本案主要涉及审查行政机关是否履行了行政协议约定义务的问题。

行政机关通过与公民、法人或其他组织缔结行政协议，能实现行政权力的谦抑性，并高效履行管理职责，助益社会治理目标的实现。对于行政协议类案件的审理，应参照《中华人民共和国行政诉讼法》及相关司法解释，《中华人民共和国民法典》相关条款作为法律依据，在依法保证国家和社会公共利益的前提下，运用正当程序、依法行政、诚实守信等原则平衡依法行政与意思自治之间的关系，保护协议双方的合法权益，达到良好的社会效果。就本案体现的典型性问题，应当根据以下审判思路予以正确把握。

一、行政协议的四个识别标准

明确案件的主旨要件是否属于行政协议，是审理行政协议类案件的首要问题。依据《最高人民法院关于审理行政协议案件若干问题的规定》第一条的规定，行政协议的认定标准主要包含四个方面的因素：一是主体因素，即缔结一方必须为行政机关，或经授权、委托具有行政管理职能的组织，另一方为行政相对人的公民、法人或其他组织；二是目的要素，即其目的在于实现公共管理或公共服务目标，具有公益性；三是内容要素，即必须具有行政法上的权利义务内容，可以从是否行使行政职权、是否为实现公共利益等方面进行判断；四是意思要素，即协议双方协商一致。本案中，涉案合作办学协议系为促进日照市国际教育事业发展，改善投资环境，创办的专门招收外籍人员子女的国际学校和主要招收中国学生的国际教育幼儿园而与某教育投资公司协商一致签订的协议，符合上述四个识别因素，属于行政协议的范围。

二、行政协议的司法审查坚持合法性及合约性双重审查原则

行政协议在法律性质上具有行政性及契约性的双重属性，二者不可分割。行政性侧重于对行政协议在缔结以及履行过程中行政行为的合法性审查，契约性则是要求审查要同时关注行政协议法律关系的存续状态，必要时可适用相应民事法律规范。基于其双重属性，在对行政协议进行审查时，要坚持三个原则：一是保护力度不低于民事诉讼，在起诉期限、原告资格等程序及实体权利方面，给予行政相对人同等力度的保护；二是全程监督原则，即对行政机关的行政协议行为进行全程监督，其审查范围不受相对人诉讼请求的限制；三是双重审查、双重裁判的原则，即对行政协议的合法性及合约性进行全面审查。应当优先适用《中华人民共和国行政诉讼法》及相关司法解释的规定，从法定职权、是否违反强制性规定等方面进行合法性审查，再从合约角度进一步审查行政协议是

否存在不符合约定的情形。本案中，首先认定协议系双方当事人协商订立，未违反法律法规强制性规定，对案涉行政协议的合法性予以确认后，再重点对某市教育局是否未按照涉案合作办学协议的约定向某教育投资公司支付相应补贴的合约性进行审查，体现了行政协议双重审查的原则。

三、行政协议履行之诉合约性审查

行政协议履行之诉合约性审查主要涉及合同履行“主观诉讼”事实，当事人之间对行政机关是否履行了协议约定义务的分歧，主要在于对协议约定具体条款的认定。可适用《中华人民共和国民法典》中关于当事人对合同条款的理解有争议的规定，运用目的解释、体系解释等法律解释方法，结合协议的性质及订立目的综合予以认定。具体到本案，双方当事人对全额补贴、平衡补贴等概念的定性存在争议，法院依据《中华人民共和国民法典》的相关规定，以合同使用词句所表达文义解释为基础，结合文本相关条款及双方签订涉案协议的性质和目的，通过目的解释、体系解释、习惯和诚信原则来确定当事人的真实意思表示，对协议约定的全额补贴和平衡补贴进行了详细阐述，综合认定某市教育局已按协议约定支付了相应补贴，履行了协议确定的义务。

人民法院在对行政协议进行司法审查时，要坚持合法性审查及合约性审查相结合的原则，涉及对合同条款的理解有争议的履行之诉合约性审查时，可通过适用《中华人民共和国民法典》相关规定，运用目的解释、体系解释等法律解释方法，结合协议的性质及订立目的综合予以认定。需要注意的是，行政机关在解决涉行政协议争议过程中，应当尽可能与行政相对人协商，实质性化解行政争议，进一步优化营商环境，切实保障企业合法权益。

编写人：山东省日照市中级人民法院　高月玉　管珈琪

55

行政协议效力的确认及对行政机关行使行政优益权行为的合法性审查问题

——戚某甲等诉某街道办事处未按约定履行补偿安置协议案

【案件基本信息】

1. 裁判书字号

浙江省台州市中级人民法院（2023）浙10行终141号行政判决书

2. 案由：未按约定履行补偿安置协议纠纷

3. 当事人

原告（被上诉人）：戚某甲、袁某某、戚某乙

被告（上诉人）：某街道办事处

【基本案情】

原告戚某甲、袁某某系夫妻关系，于2005年办理结婚登记手续。戚某乙、林某某系戚某甲父母。原告戚某甲的户口于1997年8月23日自其父母的户口中迁出，为非农户。戚某乙原有楼房2间。1999年4月15日，戚某乙与被告签订拆迁协议书一份，约定拆除戚某乙的三层楼房1间，就地安置立地式建筑1间，归还建筑占地面积48.6平方米。1999年4月16日，戚某乙户提交农村私人建房用地呈报表，以在册人口3人申请拆建用地48.6平方米。2000年9月21日，戚某乙因在建房过程中超占地4.7平方米被土管所没收折价款1410元。2001年7月9日，戚某乙为上述新建楼房办理了房产证，证载房屋所有权人戚某乙、共有人林某某。2001年9月，戚某乙又办理了集体土地使用证，土地使用者为戚某乙。2001年8月18日，戚某乙、林某某与戚某甲签订《分据》一

份，约定将上述涉案房屋分据子戚某甲所有管业，但未办理过户手续。2017年4月24日、25日，原告戚某甲与被告就上述析产所得房屋共签订三份协议书。2017年4月24日，原告戚某乙与被告就其居住的房屋签订二份协议书。上述涉案房屋均已腾空拆除。2021年10月12日，该区旧改办向戚某乙发送通知一份。被告分别于2021年10月12日、2021年10月20日发布公告，均将原告戚某甲户纳入戚某乙户安置。原告认为被告未按约履行涉案协议，要求责令被告履行与其签订的三份行政协议。本院于2022年2月23日作出行政判决书，责令被告按约履行其与原告戚某甲、袁某某签订的三份协议书。被告不服，向台州市中级人民法院提出上诉。上诉期内，被告于2022年3月14日向原告户送达《行政处理告知书》。2022年3月23日，被告作出案涉《行政处理决定书》，决定解除其与戚某乙户、戚某甲户于2017年4月24日、25日签订的五份拆迁安置协议。台州市中级人民法院于2022年5月17日作出行政裁定书，撤销本院行政判决书，发回本院重新审理。

【案件焦点】

1. 袁某某的原告主体资格是否适格；2. 被诉协议是否存在无效情形；3. 某街道办事处关于被诉协议已经解除的主张是否成立。

【法院裁判要旨】

浙江省温岭市人民法院经审理认为：第一，原告袁某某主体资格问题。袁某某与戚某甲于2005年办理结婚登记手续且婚姻存续，其与案涉协议有利害关系，主体适格。第二，案涉行政协议的效力审查。原告提起案涉履职之诉，被告却在二审诉讼过程中作出案涉行政处理决定单方解除案涉协议，则应当在审查案涉协议的效力时就被告的上述解除协议行为一并进行合法性审查。案涉五份协议系双方自愿签订，不存在欺诈、胁迫等情况，也没有违反法律、行政法规的强制性规定，且内容所涉及拟安置房屋已在建设中，不存在客观上不可能实施及其他重大且明显违法情形。第三，案涉行政处理决定的合法性审查。（1）原告间的分户析产时间均早于通告规定，且原、被告在签订协议时均予以认可。（2）案涉房屋权源合法。（3）被告作出案涉处理决定非基于国家法律政策和协议基础事实发生变化。即使案涉行政协议签订存在问题，也是行政机关内部决策问题。案涉2间房屋均已依约腾空拆除，原告具有值得保护的信赖利益，故被告在二审审理过程中迳行单方作出案涉解除决定缺乏事实根据和法律依据，不予支持。关于原告主张的逾期临时安置费，系案涉协议内容的一部分，可待被告在继续履行案涉安置补偿协议过程中一并处理。至于原告要求被告承担因其违约导致原告支出的律师费50000元的诉讼请求，缺乏事实和法律依据，不予支持。综上，判决如下：

一、撤销被告某街道办事处于2022年3月23日作出的《行政处理决定书》；

二、责令被告某街道办事处在本判决发生法律效力之日起六十日内继续按约履行其与原告戚某甲签订的《路桥区旧城改建项目集体土地上房屋征收补偿协议书》《路桥区旧城改建项目集体土地上房屋（住改商）征收补偿安置协议书》《路桥区旧城改建项目集体土地上房屋征收安置协议书》，其与原告戚某乙签订的《路桥区旧城改建项目集体土地上房屋征收补偿协议书》《路桥区旧城改建项目集体土地上房屋征收安置协议书》；

三、驳回原告戚某甲、袁某某、戚某乙的其他诉讼请求。

某街道办事处不服，提出上诉。

浙江省台州市中级人民法院经审理：同意一审法院裁判意见。判决如下：

驳回上诉，维持原判。

【法官后语】

本案系一起典型的签订行政补偿安置协议后引发的履行及解除行政纠纷。针对该类纠纷，应明确双方举证责任，坚持全面合法性审查原则，落实行政机关“法无授权不可为”原则，维护行政协议的稳定性及行政机关的公信力，保护行政相对人的合法权益。

一、关于行政协议效力的确认问题

签订行政协议后引发的行政争议分无效和撤销两类。是否属无效情形：根据民事相关法律规定，恶意串通、损害他人合法权益，以合法方式掩盖非法目的，损害社会公共利益，违反法律、行政法规的强制性规定四种情形属于合同无效的法定情形，故行政协议无效的判断应参考民事相关规定对行政协议的签订进行分情形分析。实践中，首先，“违反法律、行政法规”是较为客观的判断因素，涉诉行政协议是否违反相关法律有明确客观的标准，故“违反法律、行政法规的强制性规定”是导致行政协议无效常见的原因。其次，关于恶意串通，损害他人合法权益这一情形，“恶意串通”本身是较为主观的标准，需要法官结合案情来判断，且从“恶意串通”的双方主体来说，行政协议不同于民事合同，签订协议的一方是行政机关或者受行政机关委托的主体，代表着公共利益，一般不存在与协议相对人恶意串通损害他人利益的情形。最后，关于损害社会公共利益情形，在行政协议纠纷中，社会公共利益在一定程度上优先于私人利益，在行政协议损害公共利益时确认其无效。但是不能笼统地将很多事由都纳入到公共利益中来，以此为由侵害协议相对人的利益，这种情况下容易造成对“公共利益”这一概念的滥用，使行政机关躲在公共利益的盔甲中任意单方变更解除行政协议或者使得协议归于无效。

是否属撤销情形：实践中，对于行政协议的撤销事由没有统一的具体规定，可参考民事相关法律规定中，将重大误解、显失公平、欺诈、胁迫及趁人之危五种情形纳入审查行政协议纠纷时是否可行使撤销权的范畴。行政相对人在与行政机关签订行政协议时，基于重大误解而签订协议的，有权请求人民法院撤销该协议。关于显失公平，行政机关利用对方当事人缺乏判断能力等情形，致使签订的行政协议显失公平的，受损害的协议相对方有权请求人民法院撤销该协议。但显失公平的判断应当以签订行政协议时的情况进行判断，在后续履行过程中或协议已经履行完毕很长时间后，因市场行情发生变化，导致补偿款、安置面积等发生变化的，不属于显失公平的情形，如果协议当事人起诉请求撤销行政协议的，应当认为其已经不具有起诉的权利。另外在行政协议中，若行政机关利用他人的危难处境或者紧迫需要，强迫对方接受某种明显不公平的条件并作出违背其真实意思的表示，这该协议符合可撤销合同的法定情形，对行政相对人的诉求应予支持。

本案中，涉案五份协议的签订不存在上述分析的恶意串通、损害他人合法权益，以合法方式掩盖非法目的，损害社会公共利益，违反法律、行政法规的强制性规定四种情形，无法认定协议具有无效的因素；其签订也不存在具有可撤销的法定情形，应认定签订的行政协议均合法有效。

二、关于行政机关行使行政优益权行为的合法性审查问题

因行政协议的行政属性，若行政机关存在受到欺诈、重大误解的情况下，可以行使其行政优益权，单方变更、解除行政协议。但基于行政权力行使可能带来的恣意，要明确行政优益权的行使条件是否符合“公共利益”、是否出于不可预见且不可归责的原因及是否已穷尽其他方法三种认定标准；同时，对行政优益权的行使应进行监督制约，将行政优益权的行使纳入行政行为的合法性审查范围。最高人民法院关于审理行政协议案件的司法解释将行政机关作为被告签订、履行、变更、解除行政协议时是否具有法定职权、是否滥用职权、适用法律法规是否正确、是否遵守法定程序、是否明显不当、是否履行相应法定职责等六个方面的内容纳入对被诉行政行为的全面的合法性审查，且不受原告诉讼请求的限制。前述六种情形涵盖了行政机关在行政协议中行使行政优益权的全部种类，也是人民法院在审理行政协议类案件时应重点审查的事实问题和法律问题。以行使单方解除行政协议的优益权为例，法院对程序正当性的审查内容应当包括行政机关是否向相对人告知了协议解除的事实和理由，告知相对人享有的陈述、申辩等权利以及是否充分听取了相对人的意见等。

结合本案，关于涉诉优益权行为是否合法的审查，围绕行政优益权的行使主体资格、行使条件以及行使程序等内容予以全面展开。对于被告提出的有损社会公共利益，对该标准的甄别，应该结合行政机关行使行政优益权的动机、过程和结果予以综合考量，以防止基于维护公共利益而行使的行政优益权行为沦为一种“涂层正义”。在本案中，被告作出单方解除行政协议的行为未遵守法定程序，既未书面告知相对人其行使行政优益权的法律依据、理由以及相对人享有的救济权利等，也未保障相对人救济途径的畅通，亦不存在绝对的损害国家利益、社会公共利益的情形，故被告行使行政优益权的行为不当。

编写人：浙江省温岭市人民法院　王敏一　阮灵飞

56

预约性行政协议约定的条件成就的行政机关须全面履行协议义务

——罗某某诉某镇政府继续履行行政协议案

【案件基本信息】

1. 裁判书字号

广州铁路运输中级法院（2022）粤71行终4288号行政判决书

2. 案由：继续履行行政协议纠纷

3. 当事人

原告（上诉人）：罗某某

被告（上诉人）：某镇政府

第三人：某村民委员会、某镇某经济联合社

【基本案情】

2014年，罗某某所有的建筑物及附属物被纳入政府储备用地项目征收范围，其系该项目的首位签约者。为了保障自身合法权益，罗某某在与某镇政府签订的征拆补偿协议中约定“对于因本协议签订后，如出现后签者比前签者同类补偿项目单价高的情况，则将高出部分追溯补偿给权属人”的追溯补偿条款。2019年，该区区政府针对同一征收项目正式发布征收补偿方案，并与后签约权属人按照新的更高的补偿标准签订拆迁补偿协议。罗某某知悉后，要求某镇政府履行协议约定，追溯支付相应补偿款。因对某镇政府不予支付追溯补偿款行为不服，罗某某提起本案诉讼。

【案件焦点】

如何理解涉案拆迁协议中"追溯补偿"条款的性质。

【法院裁判要旨】

广州铁路运输法院经审理认为：涉案拆迁补偿协议所约定的"追溯补偿"条款内容合法、有效，且罗某某于 2014 年签订的协议所涉征收项目与 2019 年该区区政府发布的征收补偿办法所涉项目属于同一征收项目，故罗某某据此请求某镇政府依据协议约定的"追溯补偿"条款，按照 2019 年征收补偿办法对其进行追溯补偿，符合征收补偿公平性原则，亦符合协议约定精神，依法应予支持。但因 2014 年和 2019 年的补偿项目和补偿标准细分方式不同，需由专业人员核算，故对罗某某要求支付的追溯补偿款请求暂不支持。

法院判决如下：某镇政府于判决生效之日六十日内根据《某镇某路政府储备用地项目拆迁补偿协议书》第七条第一项约定对罗某某作出进行追溯补偿的行政处理。

罗某某及某镇政府均不服一审判决，提出上诉。

广州铁路运输中级法院经审理认为：某镇政府与罗某某在平等、自愿、等价、有偿的基础上签订涉案拆迁补偿协议，协议内容不违反法律法规强制性规定，合法有效。该协议约定的"追溯补偿"条款，在一定程度上有利于激励征收范围内的人民群众积极配合政府征收工作，保障权属人的合法权益，提高政府征收拆迁改造工作效率，促进行政管理目标的更快实现，具有一定的公平性、合理性，协议各方均应当遵循诚实信用原则，按照协议约定履行相关义务。涉案拆迁补偿协议并未明确"追溯补偿"所适用的标准和依据，结合某镇政府确认双方于 2014 年签订涉案拆迁补偿协议所对应的征收项目与 2019 年发布的征收补偿办法为同一征收项目，双方签订协议时涉案地块项目征收补偿方案及办法尚未出台，以及部分村民确系按照 2019 年的补偿标准签约的实际情况，罗某某诉请某镇政府按照上述 2019 年征收补偿办法的标准对后签者比前签者同类补偿项目单价高出部分进行"追溯补偿"，符合协议约定的精神和目的，应当予以支持。鉴于 2014 年与 2019 年的补偿项目和标准存在差异，并非简单计算即可得出，应由征收部门进行专业核算更为妥当，故一审判决某镇政府根据2019年征收补偿办法核算相应征收补偿款后再对罗某某作出追溯补偿的行政处理并无不当，罗某某诉请径直判决某镇政府向其支付追溯补偿款的差额，理据不足，不予支持。

据此，判决如下：

驳回上诉，维持原判。

【法官后语】

征收拆迁关系着被征收人的重大财产利益，而征收拆迁补偿款往往是被征收人最关心的问题。目前，在征收补偿协议中约定“追溯补偿”的情况并不多见，如何衡平各方利益并对该条款作出准确界定是该案审理的难点。

一、不违反行政、民事法律规范的行政协议，属于合法有效的行政协议

行政协议作为现代行政管理的一种新形式，对于充分发挥和调动社会资本为社会公共利益服务起到了良好作用。协议的订立需经行政机关与公民、法人或者其他组织协商、合意达成，既体现了行政机关为实现社会公共利益或达成行政管理目标依法履行职责，也有利于保障公民、法人或者其他组织实现合法经济利益。具体到本案，涉案拆迁补偿协议系征收部门为了完成政府储备用地项目、为城市建设供应土地的社会公共利益目标，经各方自愿、平等、协商所签订，协议内容具有行政法上的权利义务，故在协议既不存在《中华人民共和国行政诉讼法》第七十五条规定的重大且明显违法情形，也不存在民事法律规范关于合同无效规定的情况下，应认定为合法、有效。

二、合法有效的行政协议对双方均具有拘束力，行政机关应当全面履行行政协议

行政机关作为社会公共利益的代行者，负有保护社会公共利益的法定职责，法律对行政机关的要求比对一般的公民、法人或者其他组织更加严格。《中共中央、国务院关于完善产权保护制度依法保护产权的意见》突出强调了要“完善政府守信践诺机制”“大力推进法治政府和政务诚信建设，地方各级政府及有关部门要严格兑现向社会及行政相对人作出的政策承诺，认真履行在招商引

资、政府与社会资本合作等活动中与投资主体依法签订的各类合同”。因此，行政机关应当以更高的要求、更严的标准来约束和规范自身的行为，为全社会作出表率。本案中，涉案拆迁补偿协议的内容、条款均系各方充分协商、合意达成。尽管作为预约性行政协议，其约定的“追溯补偿”是否成就存在不确定性，但该条款的指向性和目的性非常明确，一旦协议约定的条件成就，即应成为行政机关依法须履行的协议义务和法定职责。

三、对协议内容事先未作明确界定、事后又不能作出合理解释的，应作出对行政相对人一方有利的解释

平等原则作为行政行为实质合法性的审查标准之一，要求行政机关对同等情况同等对待。本案中，罗某某是涉案征收项目中带头签订拆迁补偿协议的“第一人”，为了充分保障自己的补偿权益，避免出现积极配合的先签约者比后签约者或拒不签约者在同一征收项目的同类补偿项目中所获得的补偿利益更低的情况，在协议中特别约定了“追溯补偿”条款。对于何为“追溯补偿”，某镇政府事先未在协议中作出明确界定，协议签订后又不能作出合法有据的解释，此种情形下应当结合被征收人约定相关条款的目的，从常情常理出发，作出对行政相对人一方有利的解释。一方面，虽罗某某订立“追溯补偿”条款时，补偿方案尚未出台，相关补偿项目和补偿标准并不确定，该条款能否最终实现存在不确定性。但该条款的订立本身即是征收部门对被征收人作出的庄严承诺，一经订立即让协议相对人产生信赖利益和预期。一旦条件成就，行政机关就应当恪守信用、兑现承诺，否则将对政府公信力产生极大危害。另一方面，某镇政府在本案中确认 2019 年征收补偿方案所涉项目与罗某某 2014 年签约时的征收项目属于同一地块的同一征收项目，而 2019 年出台的同类项目补偿标准更高，后签约者根据该补偿标准确实获得了更加优厚的补偿。此时，法院判决根据 2019 年征收补偿办法核算相应征收补偿款后再对罗某某作出追溯补偿，也符合同等情况平等对待原则的要求。

编写人：广州铁路运输中级法院　庄惠平

广州市从化区人民法院　梁碧仪

57

征收补偿协议未包含房屋安置事项的，人民法院应当判决行政机关就安置问题另行作出处理

——冯某某诉某街道办行政协议案

【案件基本信息】

1. 裁判书字号

江苏省南通市中级人民法院（2023）苏06行终624号行政判决书

2. 案由：行政协议纠纷

3. 当事人

原告（被上诉人）：冯某某

被告（上诉人）：某街道办

【基本案情】

冯某某户在某农场七大队建有二层楼房及附房，但未办理房屋所有权证。2018年6月20日，某开发区管委会与冯某某签订《住宅房屋补偿安置协议》，约定补偿费用、安置方式，明确冯某某应当在腾房通知规定的时间内无条件腾空并搬离所搬迁的房屋等相关权利义务。2019年12月4日，某街道办为冯某某办理了金额为173678元的银行存单。

2020年4月13日，因当地体制机制改革并实行“区街分设”，由某街道办承担辖区内动迁安置等工作。

2020年12月30日，某街道办组织被搬迁人选房，冯某某提出妻子住院，未按期选房。某街道办先后于2021年4月26日、6月9日向冯某某提出的事项作出处理意见，其中载明“经查，该地块拆迁户于2019年4月28日左右腾房

并拆除，冯某某户由于房屋出租他人至今未办理腾房手续，某街道办于2020年12月30日组织该地段选房，此前通知冯某某腾房并参与选房至少5次，冯某某户以未见到具体房源为由放弃选房资格，此后多次找农场拆迁办及现场拆迁公司，后经沟通，如近期腾房可在原房源中继续选房，但冯某某户至今未腾房，故不能办理选房手续”。冯某某提起行政诉讼，请求确认所签订的《住宅房屋补偿安置协议》无效，责令某街道办对其履行补偿安置职责，法院生效判决驳回冯某某的诉讼请求。

冯某某提起本案行政诉讼，请求判令某街道办履行《住宅房屋补偿安置协议》。

至冯某某本案一审起诉时，冯某某户未腾房交付房屋，拒绝选择安置房屋，被搬迁房屋仍用于出租。一审法院宣判后，冯某某户将案涉被搬迁房屋交付某街道办。

【案件焦点】

1.《住宅房屋补偿安置协议》的法律性质；2. 某街道办是否依法依约履行协议的认定；3. 此类争议解决途径的选择。

【法院裁判要旨】

江苏省南通经济技术开发区人民法院经审理认为：根据协议约定，某街道办对冯某某户负有补偿安置义务，应当结合冯某某户的安置面积等因素，根据现有房源，及时作出决定。据此，依照《中华人民共和国行政诉讼法》第七十二条之规定判决：

责令某街道办在判决发生法律效力之日起90日内对冯某某作出具体的补偿安置决定。

某街道办不服，提出上诉。

江苏省南通市中级人民法院经审理认为：某街道办根据《住宅房屋补偿安置协议》确定的补偿总价，以提存方式预留补偿款，留待冯某某户选房后结算补差，符合行政习惯，不违反法律规定。某街道办提供的房源足以保障冯某某户所获得安置保障的水平不低于甚至高于同时期其他被搬迁户的安置保障，将该批次被搬迁户选择后剩余的房源提供给冯某某户选择，符合公平原则，未侵犯冯某某户安置房屋选择权。一审法院迳行判决某街道办对冯某某户作出补偿安置决定，条件尚未具备，且存在一定解释空间，可能造成难以准确执行的问题，并可能带来与生效补偿协议冲突的法律适用后果。考虑到在一审宣判后、某街道办的上诉被立案受理前，冯某某户主动腾空被搬迁房屋并交付某街道办，某街道办亦予以接收，此时某街道办即负有对冯某某户继续补偿的职责。鉴于《住宅房屋补偿安置协议》已经依法生效，而双方始终未能就安置房屋的选择和结算协商一致，故某街道办应当在执行补偿协议内容的基础上，及时确定安置房屋、结算差价，对冯某某户房屋搬迁安置作出相应行政决定。二审法院对一审法院判决理由作出调整后，依照《中华人民共和国行政诉讼法》第八十九条第一款第一项之规定判决：

驳回上诉，维持原判。

【法官后语】

由于现行法律、法规未赋予乡镇人民政府、街道办事处组织实施集体土地征收和国有土地上房屋征收的行政职权，乡镇人民政府、街道办事处只能通过协议搬迁的方式、在与被搬迁户协商一致的情况下，通过赎买其房屋所有权等不动产物权，推进公益性项目建设。搬迁协议履行、强制执行和被搬迁户合法权益保障等问题，是协议类行政行为法律适用的难点。

一、协议搬迁模式中《住宅房屋补偿安置协议》的法律性质

乡镇人民政府、街道办事处签订搬迁补偿、安置协议，与市、县级人民政府实施集体土地或者国有土地上房屋征收补偿，其法律性质、补偿模式存在一定差别。通常，乡镇人民政府、街道办事处将补偿与安置分阶段进行，即在评估确定被搬迁房屋补偿内容、补偿价值的基础上，与被搬迁户签订补偿协议，协议的主要内容包括被搬迁房屋坐落、合法建筑面积、补偿内容、补偿价值、被搬迁户可安置面积、补偿安置方式、腾空交付房屋期限、签约和腾房奖励等。之后，经被搬迁户腾房、选择安置房屋和行政机关审批确认，安置房销售单位受委托与被搬迁户签订安置房销售协议，在前述协议确定补偿价格的基础上，结算差价。因

此，乡镇人民政府、街道办事处需要先后签订和履行补偿协议和安置结算协议两份协议，以及在此过程中履行安置面积确认、安置房选择确认等审批手续，依法完整地履行搬迁补偿安置职责。乡镇人民政府、街道办事处签订补偿协议后，通常需按约先行支付部分补偿款或者提存补偿款，并积极促成被搬迁户完成选房、安置房签约结算等手续。其中未包含房屋安置事项、仅就补偿事项签订的补偿协议，如本案的《住宅房屋补偿安置协议》，属于协议搬迁中的阶段性协议。

二、行政机关是否依法依约履行职责的审查认定

根据《最高人民法院关于审理行政协议案件若干问题的规定》第十一条第二款规定，原告认为被告未依法或者未按照约定履行行政协议的，人民法院应当针对其诉讼请求，对被告是否具有相应义务或者履行相应义务等进行审查。协议搬迁中，行政机关应当依法完整地履行搬迁补偿安置职责。因此，对于尚处于仅签订补偿协议阶段提起的不履行行政协议之诉，主要审查以下两点：一是行政机关是否履行补偿协议；二是行政机关是否促成原告得到安置，主要包括选房和签订安置房销售协议等事项能否保证被搬迁人获得安置保障的水平不低于同时期其他被搬迁户的安置保障，是否符合公平原则。同时，尽管乡镇人民政府、街道办事处在协议搬迁中往往以自愿和协商同意为主，但补偿标准、补偿内容、补偿方式仍遵循法定主义。当然，行政机关补偿安置职责的履行需要原告配合，当协议无法履行或阻碍后续安置的原因在被搬迁人，如本案中冯某某拒绝腾房、选房的行为直接导致其未能及时安置结算、签订安置结算协议，则不能以此为由主张行政机关未履行或怠于履行相关职责。

三、协议搬迁的常见情形和处理方式

协议搬迁大致包括三种情形和相应的处理方式：

其一，双方签订补偿协议后，因各种原因未能签订安置结算协议，被搬迁户尚未交付房屋的，如果公益性建设项目不是必须涉及被搬迁户房屋及所在土地，双方可以依法协商解除补偿协议，或者由乡镇人民政府、街道办事处决定解除补偿协议，不再对协议相对方实施协议搬迁，由此造成被搬迁户合理财产损失的，则依法给予适当补偿；确需实施征收的，乡镇人民政府、街道办事处

应当终止履行协议，依法申请由有权的市、县级人民政府组织实施集体土地征收或者国有土地上房屋征收程序。

其二，双方签订补偿协议后，因各种原因未能签订安置协议，同时，被搬迁户的房屋已经交付甚至被拆除的，或者因周边其他住户实施搬迁以致该户不再具备原有居住环境和生活条件的，此时，乡镇人民政府、街道办事处对被搬迁户负有必须实施搬迁补偿的法定义务。此种法定义务，或因行政主体存在违法行政行为而转换为赔偿不低于补偿的行政赔偿义务，或因行政主体实施合法行为但导致被搬迁房屋失去应有财产利用价值，而存在管制性征收补偿义务，在此情形下，人民法院应当判决行政机关对相对人作出行政赔偿或者补偿决定，以承担相应的行政赔偿或者补偿责任。

其三，双方签订补偿协议和安置结算协议后，被搬迁人未腾空交付房屋的，乡镇人民政府、街道办事处可以依法作出履行行政协议决定书，责令被搬迁人限期履行协议义务，同时再次明确补偿安置的具体内容，并在行政决定生效后依法申请人民法院强制执行。

编写人：江苏省南通市中级人民法院　王博然　黄静波

58

因城中村改造签订的拆迁安置协议应当视具体情况判断是否属于行政协议

——刘某某诉柳州市某区自然资源局等支付补偿款案

【案件基本信息】

1. 裁判书字号

广西壮族自治区柳州市柳南区人民法院（2023）桂0204行初116号行政裁定书

2. 案由：支付补偿款纠纷

3. 当事人

原告：刘某某

被告：柳州市某区自然资源局、柳州市某区征地拆迁和房屋征收补偿服务中心（以下简称某区征补中心）、柳州市某区某街道某村民委员会（以下简称某村委）

第三人：柳州某公司

【基本案情】

2016 年 11 月，柳州市政府办公室印发《柳州市城中村改造管理办法》，确定城中村改造坚持政府引导、市场运作、片区平衡的原则。该办法同时规定，对产权住宅所有人进行补偿安置后，剩余安置补偿建筑，经村民大会讨论同意，可进行如下处置：(1) 将剩余的安置补偿建筑分配到户；(2) 上市销售剩余安置补偿建筑，将销售资金分配到户；(3) 统一经营管理剩余安置补偿建设，定期将经营收益分配到户。

2018 年 5 月，某村委（甲方）、广西某公司（乙方）与某区政府（见证方）共同签订《某村城中村改造框架协议书》，约定：由甲乙双方合作成立柳州某公司进行旧村改造、安置用房建设和商住开发等工作，配合区政府做好征地和安置。见证方主导城中村改造项目的实施及后续集体经济产业发展扶持。柳州某公司对属甲方安置用房进行分批建造和交付给甲方后，由甲方负责分配至各拆迁户。乙方按 5000 元/平方米的折算标准货币补偿被拆迁户每户不超过 30%的安置房建筑面积。

2021 年 9 月 5 日，某村经村民代表大会讨论通过后制定《城中村改造项目安置房签约选房办法》，该办法第三条规定：被拆迁人（户）可置换面积在选择安置房后，剩余安置面积指标加上补差面积 20 平方米不足以选择剩余最小户型的，经村委统筹后，由柳州某公司按 5000 元/平方米的价格统一回购剩余安置指标面积，回购款在签订回购协议后 90 日支付完毕。

2021 年 11 月 10 日，某区征补中心（甲方）、某村委（乙方）及刘某某

(丙方)共同签订《拆迁安置协议书》,约定:丙方被拆迁房屋可置换安置房总建筑面积指标为130.49平方米。丙方选择安置房屋建筑面积为100.14平方米,剩余可置换安置房建筑面积指标为30.35平方米,按5000元/平方米给予货币补偿,经核算,乙方应向丙方支付被拆迁房屋剩余可置换安置房建筑面积指标补偿款151750元,上述款项在签订协议后90日内支付完毕。因某村委未向刘某某支付上述补偿款,刘某某遂向本院提起行政诉讼,要求某村委支付房屋补偿款及利息。

【案件焦点】

1. 涉案《拆迁安置协议书》是否为行政协议;2. 补偿款应当由谁支付。

【法院裁判要旨】

广西壮族自治区柳州市柳南区人民法院经审理认为:根据《中华人民共和国行政诉讼法》第四十九条的规定,当事人提起诉讼应当属于人民法院行政诉讼受案范围。本案争议焦点在于《拆迁安置协议书》中约定的被拆迁房屋剩余可置换安置房建筑面积指标补偿款是否属于行政诉讼受案范围。某村委与广西某公司签订的《城中村改造框架协议书》中明确约定由广西某公司对被拆迁户每户不超过30%的安置房建筑面积进行货币补偿,该协议书的签订主体是平等的民事主体,某区政府为协议书的见证方,该协议书并未对行政机关设定行政法上的权利义务内容。从某村城中村改造项目的实际的运作模式来看,系某村村民大会讨论同意后由该村村委自主制定城中村改造项目房屋剩余安置面积指标回购款的支付条件,在村委统筹后,由柳州某公司统一回购剩余安置指标面积,是村民自治的体现。从涉案的《拆迁安置协议书》的内容看,签订主体为某区征补中心、某村委与原告三方,协议明确约定原告诉请的补偿款151750元由某村委向原告支付,并未在《协议书》中约定行政机关对该补偿款的支付承担责任。综上,从本案《拆迁安置协议书》约定的剩余安置面积指标回购款的资金来源、签订主体和实际支付主体来看,并未超出村民自治的范围,难以认定原告诉请的补偿款属于行政机关应当承担的义务,且原告提交的证据不足以证明其合法权益受到行政行为的侵害，故原告的诉请不符合行政诉讼的受案范围，依法应当驳回原告的起诉。原告若认为其合法权益受到侵害，应另寻救济途径。

广西壮族自治区柳州市柳南区人民法院依照《中华人民共和国行政诉讼法》第四十九条、《最高人民法院关于适用〈中华人民共和国行政诉讼法〉的解释》第六十九条第一款第一项之规定，裁定如下：

驳回原告刘某某的起诉。

【法官后语】

城中村改造是改善城乡居民居住环境，优化城市结构，推动城市高质量发展的一项重要举措。城中村改造涉及政府行为、市场化运作及村民自治等方面，因城中村改造签订的拆迁安置协议在履行中发生争议，应当选择何种救济途径，需要以正确判断该协议属于行政协议还是民事合同为基础。可以从以下几个方面进行司法审查：

其一，审查拆迁安置协议的当事人是否为行政主体，即主体要素。协议签订的当事人至少有一方是行政主体，才可能属于行政协议。但是，在行政主体参与签订协议并作为协议的一方当事人的情况下，还需要结合协议内容审查行政主体在协议中的地位，究竟是作为履行协议的一方还是仅仅作为监督见证方，不能因为合同签订或履行过程中有行政机关参与就判断为行政协议。只有行政主体作为履行协议主导方的情况下，该协议才可以认定为行政协议。

其二，审查拆迁安置协议的内容是否规定了行政法上的权利义务，即内容要素，主要在于协议内容是否与行政主体行使行政职权和履行行政职责相关，是否需要借助行政手段才能实现。例如，在城中村改造中会涉及土地征收与安置补偿，而根据土地管理法的相关规定，政府部门是征收主体，负有补偿安置职责，并且征收补偿也必须通过行政手段才能实现，因此涉及征收补偿内容的协议应为行政协议。如果拆迁安置协议的内容并不涉及行政主体的行政职权，而是体现平等民事主体间的法律关系，不需要行政主体行使职权和履行职责就可以实现协议约定的，不宜认定为行政协议。

其三，审查拆迁安置协议的目的是否具有公益性，即目的要素。行政协议的目的是实现行政管理或公共服务目标，民事合同的目的在于实现自身利益。城中村改造整体上是为了公共利益，但不意味着因城中村改造而签订的协议都为行政协议。公益性应当是在一定范围内具有普遍性和整体性的利益，受益群体为不特定的人员，而不局限于某个单位、部门或集团的利益。是否具有公益性可以结合是否有利于社会发展和受益范围进行判断。

其四，审查拆迁安置协议是否体现了行政优益权，即意思要素。行政协议与民事合同具有“合意性”和“契约性”的特点，都必须经过协商一致签订。但行政协议的“行政性”还体现在行政主体享有一定的行政优益权，有权对协议的履行进行监督指导，基于公共利益可以单方变更、解除行政协议，可以对行政相对人予以惩治，这也是与民事合同不同的一个显著区别。

在以上判断标准中，主体要素是形式标准，内容要素、目的要素和意思要素是实质标准。内容要素是认定行政协议的充分条件和核心标准。只要符合行使行政职权、履行行政职责这一内容要素的，即可判断为行政协议。是否具有公益性目的和行政机关的优益权是判断是否行使行政职权的辅助或推定要素。应当结合四个要素综合进行分析判断。

本案中，可以判断涉案法律关系是民事法律关系。首先，从《拆迁安置协议书》签订主体看，未涉及某区征补中心的权利义务，故可以判断某区征补中心为协议的见证人而非合同履行方。其次，从合同权利义务的承担主体某村委及原告的法律地位来看，双方当事人属于平等的民事主体，不享有行政管理权。最后，从合同的内容来看，《拆迁安置协议书》约定的补偿款系在行政机关对村民的安置补偿之外，由某村委和柳州某公司对被拆迁房屋剩余安置面积达成的回购协议，是村民自治和市场行为的表现。补偿款支付方式为某公司向村委支付后，再由某村委支付给村民，不涉及行政机关的安置补偿职责。综上所述，《拆迁安置协议书》应认定为民事合同，当事人不能以提起行政诉讼的方式对其权利进行救济。

编写人：广西壮族自治区柳州市柳南区人民法院　刘娟

八、行政补偿

59

地方补偿标准可以作为人民法院审查湿地自然保护区范围内行政补偿是否到位的依据

——某种植公司诉某镇人民政府行政补偿案

【案件基本信息】

1. 裁判书字号

郑州铁路运输中级法院（2023）豫71行终42号行政判决书

2. 案由：行政补偿纠纷

3. 当事人

原告（上诉人、再审申请人）：某种植公司

被告（被上诉人、再审被申请人）：某镇人民政府

【基本案情】

河南郑州黄河湿地省级自然保护区于2004年经河南省人民政府批准建立。2013年11月，原告某种植公司与某镇甲村村民委员会、乙村村民委员会签订了土地承包经营权流转（出租）合同，租赁该两村土地投资种植业及进行配套附属设施建设，共建设有管理房、简易房、井房等建筑870.73平方米和塑料大棚23375平方米。2017年12月，某县人民政府印发《某县黄河湿地自然保护

区遥感监测人类活动核查问题整改处理工作方案》，因原告公司经营区域位于河南郑州黄河湿地省级自然保护区内，故被纳入突出生态环境问题专项整治范围。2020年某县人民政府印发《某县人民政府县长办公会议纪要》（以下简称7号会议纪要），该纪要“关于解决黄河中牟段突出生态环境问题专项整治工作补偿资金”事项中，针对在专项整治范围内需要拆除的建筑物、构筑物及畜禽养殖圈舍，确定了建筑物、构筑物按100元/平方米、畜禽养殖圈舍按50元/平方米予以补偿的标准。2020年7月19日至23日，原告某种植公司的建筑物及附属设施被拆除，后被告某镇人民政府依照上述补偿标准共支付给原告补偿款150万元。

【案件焦点】

1. 某镇人民政府是否是补偿主体、是否具有被告资格以及该案是否属于行政诉讼受案范围；2 某镇人民政府是否已经履行补偿责任。

【法院裁判要旨】

河南省郑州铁路运输法院经审理认为：关于被告是否已经履行补偿责任的问题，原告主张被告应补偿13130432元，被告主张支付150万元已补偿到位。首先，本案不存在国家对原告所使用土地、所建设房屋及附属设施征收的事实，不适用有关行政征收补偿的法律法规，原告主张参照《郑州市人民政府关于调整国家建设征收集体土地青苗费和地上附着物补偿标准的通知》（以下简称25号补偿标准通知）计算补偿标准的理由不能成立，法院不予采纳；其次，某县人民政府针对在专项整治范围内需要拆除的建筑物、构筑物及畜禽养殖圈舍，确定了建筑物、构筑物按100元/平方米、畜禽养殖圈舍按50元/平方米予以补偿的标准，并不违反国家法律法规强制性规定，可以作为确定本案应补偿数额的依据；再次，根据原告陈述、参照原告提交的《建筑物及附属设施估价报告》中所记载的管理房、简易房、井房等建筑面积870.73平方米和塑料大棚面积23375平方米等客观数据，能够确认被告已对原告补偿到位；最后，根据原告、被告所提交证据，案涉拆除主要是针对原告建筑物及大棚，故原告主张由被告补偿其机械设备、农作物及植物类、大棚拆除奖励、搬迁费用、评估费用及租金等损失缺乏事实依据。

郑州铁路运输法院判决如下：

驳回某种植公司的诉讼请求。

某种植公司不服，提出上诉。

郑州铁路运输中级法院经审理认为：同意一审法院裁判意见。判决如下：

驳回上诉，维持原判。

【法官后语】

湿地是指具有显著生态功能的自然或者人工的、常年或者季节性积水地带、水域，包括低潮时水深不超过六米的海域，但是水田以及用于养殖的人工水域和滩涂除外。《中华人民共和国湿地保护法》第二十四条规定，省级以上人民政府及其有关部门根据湿地保护规划和湿地保护需要，依法将湿地纳入国家公园、自然保护区或者自然公园。就湿地自然保护区而言，除典型湿地外，往往还涵盖与湿地紧密相连的滩涂、滩涂至堤岸之间的滩区等，尤其是在黄河这种下游滩区面积广阔的重要湿地，地方人民政府限于经济发展水平和财力限制往往不能将湿地自然保护区内的集体土地全部征收，仍存在着大量人民群众传统农业种植、畜禽养殖等历史遗留问题，由此而衍生的行政补偿案件需要区分不同情况进行审查。

1. 经过依法征收程序的行政补偿，依照《中华人民共和国土地管理法》及《中华人民共和国土地管理法实施条例》进行审查。如果是经过征收的集体土地，在审查相应行政补偿案件时，应当按照《中华人民共和国土地管理法》第四十七条、第四十八条和《中华人民共和国土地管理法实施条例》第三十一条、第三十二条的规定，重点审查地方人民政府是否出台有补偿标准，土地补偿费、安置补助费以及农村村民住宅、其他地上附着物和青苗、社会保障费用等补偿是否足额到位，能否达到“公平合理，保障被征收农民原有生活水平不降低、长远生计有保障”的法定要求。

2. 集体土地未经过征收，如果地方政府已经出台相应补偿标准的，一般应当作为裁判的参照。如前所述，在目前的湿地自然保护区中，仍然存在着大量归集体所有的土地，但基于保护优先的原则以及发挥涵养水源、改善环境、维护生物多样性等多种生态功能的要求，需要对保护区内利用集体土地的各类生产经营活动进行一定的限制。而对于造成湿地自然保护区生态环境存在明显不利影响的生产经营活动，则应安排有序退出，在退出过程中涉及生产、养殖建筑物及附属设施拆除、清理的，如果地方政府已经出台相应补偿标准，虽然从理论上讲，政府或行政机关本身既是侵害者又是补偿者，可能是未来行政补偿争议中的一方当事人，将补偿标准完全授权政府单方确定存在一定问题，但只要该补偿标准不违反法律强制性规定，且不存在明确不公平合理情形的，可以作为人民法院审查相关案件行政补偿是否到位的依据。

3. 集体土地未经过征收，但地方政府未出台相应补偿标准的，按照公平合理的原则进行审查。在此类案件中，有部分是政府或行政机关已经作出行政补偿决定，大部分是未作出行政补偿决定，无论是对行政补偿决定的法院审查，还是对政府或行政机关给予行政补偿的确定补偿金额判决，我们宜按照建筑物及附属设施建设时间及折旧、当地经济发展水平等情况进行综合判断，从而判定行政补偿决定是否公平合理和公平合理确定政府或行政机关应当补偿的金额。

就本案而言，因并不存在集体土地征收，而且就原告某种植公司经营活动而言，其仍然可以在不改变所租用土地种植用途的情况下继续农业种植经营，所被拆除的也只是影响湿地生态和生物多样性的建筑物及附属设施，因此不适用25号补偿标准通知对补偿结果进行审查。被告某镇人民政府会议纪要确定了补偿标准，而且也及时、足额支付给了原告某种植公司，公平合理地弥补了原告某种植公司的损失，因此原告诉讼请求不成立，法院裁判正确。

编写人：郑州铁路运输中级法院　吴林轶

郑州铁路运输法院　张东方

60

对动物疫区采取防疫措施造成损失的补偿标准

——北京某养殖场诉北京市某区人民政府行政补偿案

【案件基本信息】

1. 裁判书字号

北京市高级人民法院（2023）京行终4966号行政判决书

2. 案由：行政补偿纠纷

3. 当事人

原告（上诉人）：北京某养殖场

被告（被上诉人）：北京市某区人民政府（以下简称某区政府）

【基本案情】

2018年12月5日，被告某区政府发布《北京市某区人民政府关于封锁非洲猪瘟疫区的命令》，确认种猪场发生非洲猪瘟疫情。立即启动《某区突发重大动物疫情应急预案》，开展疫情扑灭和控制工作。2020年7月28日，原告向北京市某区某镇人民政府（以下简称某镇政府）提交《行政赔偿申请书》，以某镇政府为控制非洲猪瘟疫情对其生猪扑杀、掩埋时超出必要之外拆毁其4栋猪舍并毁损其他部分猪舍和其他附属设施为由，请求赔偿损失8580000元。2021年9月9日原告向北京市第四中级人民法院提起行政诉讼，要求被告对2018年12月11日拆除原告4栋猪舍和毁损其他猪舍及附属设施的行为履行补偿职责。（2021）京04行初1014号行政判决书（以下简称1014号行政判决书）责令被告在法定期限内就拆除原告猪舍和损毁其他猪舍及附属设施的行为履行补偿职责。

2022年5月11日，北京市某区农业农村局（以下简称某区农业农村局）、某镇政府工作人员与原告进行了谈话并制作了《谈话笔录》，该谈话笔录明确对原告的补偿金额为123.95291万元，其中包括拆除4栋猪舍和猪舍内生产设施及拆除过程中毁损附属设施的金额和因全场消毒等工作产生的电费损失。

2022年9月26日，某区农业农村局作出《北京市某区农业农村局关于〈关于核实相关情况的函〉的复函》中明确：2022年5月11日，某区农业农村局、某镇政府与原告的谈话笔录是某区政府作出的最终补偿决定。原告可依据该谈话笔录向上级人民政府申请行政复议或向法院提起行政诉讼。

原告认为被告补偿决定并未依法确定合理的行政补偿范围且补偿金额过低，远远无法弥补原告所遭受的直接财产损失，故提起诉讼，请求法院依法判决撤销被告于2022年5月11日对原告作出的行政补偿决定；依法判决被告立即补偿原告各项财产损失4789569.3元；本案诉讼费用由被告承担。

【案件焦点】

对动物疫区采取防疫措施造成损失，被告某区政府具有对原告养殖场所及附属设施进行补偿的法定职责。本案争议的焦点问题有两个，即被告某区政府履行补偿职责的范围以及补偿金额如何确定。

【法院裁判要旨】

北京市第四中级人民法院经审理认为：（1）关于补偿范围，本案被告系履行1014号行政判决书作出的行政补偿决定，鉴于原告并未在（2021）京04行初1014号案件中就兽药器械及饲料部分提出明确的补偿申请，故原告就兽药器械及饲料的财产损失向被告提交损失清单的行为，应当视为原告另行向行政机关提出的行政补偿申请，某区政府应当另行对兽药器械及饲料能否予以补偿进行调查核实并作出明确的处理意见。本案中某区政府确定将被拆除的4栋猪舍及毁损的猪舍及附属设施作为补偿范围并无不当。（2）关于补偿金额的确定。为确定猪舍及附属设施的价值，某镇政府另行委托某公司进行现场勘查，并出具了评估报告。由于部分猪舍和附属设施已经被拆除，无法进行实体评估，故评估公司采用了参照类似圈舍进行实体评估的办法。原告与被告均认可以01号、02号猪舍面积总和的两倍作为被拆除4栋猪舍的面积，对此本院亦不持异议。原告不认可01号、02号猪舍的附属设施等同于被拆除猪舍的附属设施，并提交相关材料用以证明原告就拆除建筑物及附属设施的损失共计3550001.34元。但对于上述附属设施，原告并未提交相关设备设施的购买票据、交易记录等证明材料，其提交的现场照片亦无法证明相关附属物系被拆除或毁损猪舍的附属物。故原告主张建筑物及附属物的损失尚缺乏证据支持，对原告的该项主张本院不予支持。

综上，原告提出的撤销被诉补偿决定的诉讼请求不能成立，本院不予支持。因原告提出的兽药器械及饲料部分行政补偿请求尚需被告进行调查、衡量，故本院依法判决被告针对原告的该部分补偿申请作出调查处理，对原告要求本院径行判决被告补偿其损失的诉讼请求依法不予支持。据此，依照《中华人民共和国行政诉讼法》第六十九条、第七十二条，《最高人民法院关于适用〈中华人民共和国行政诉讼法〉的解释》第九十一条之规定，判决如下：

一、驳回原告北京某养殖场的诉讼请求；

二、责令被告在本判决生效之日起法定期限内对北京某养殖场兽药器械及饲料损失的补偿申请作出调查处理。

北京某养殖场不服判决提出上诉。

北京市高级人民法院经审理认为：同意一审法院裁判意见。判决：

驳回上诉，维持原判。

【法官后语】

公共利益与个人利益此消彼长的特点决定了行政补偿需要格外注重公共利益与个人利益的平衡，既要避免补偿不足，也要避免补偿过度。根据《中华人民共和国动物防疫法》《重大动物疫情应急条例》等规定，对在动物疫病预防和控制、扑灭过程中强制扑杀的动物、销毁的动物产品和相关物品，县级以上人民政府负有行政补偿的法定职责。《重大动物疫情应急条例》第三十三条明确了要合理补偿，“合理”属于不确定法律概念，涉及动物防疫的补偿案件中，到底应该如何补偿，在法益衡量的基础上保障行政相对人合法权益得到充分救济，尽可能实质化解行政争议，这是行政法官在个案审查中必须重点考虑的问题。

一、补偿标准的认定：适用比例原则进行利益衡量

（一）行政补偿的现有标准

根据我国现行立法来看，行政补偿标准没有统一的规定，散见于一些单行法律法规中，主要有合理补偿[①]、相应补偿[②]、适当补偿[③]、公平补偿[④]等几种表达方式。学界主要有完全补偿和相当补偿等观点。完全补偿是指只要行政相对人的合法权益因公益受到损害，国家就应弥补其全部客观存在的损失，这种补偿建立在完全客观地计算全部损失的基础上。但在实践中，各地经济发展水平不平衡，补偿事项比较繁杂，一味采取完全补偿标准也不符合现实。有学者建议在社会公共政策或者公益征收时引入相当补偿标准作为其例外情况或者例外补充。相当补偿标准是指无须补偿行政相对人的全部实际损失，只要妥当、适当、合理即可。

（二）比例原则在行政补偿案件审查中的适用

无论是完全补偿还是相当补偿，单一的补偿标准都不利于社会利益的调整和平衡。在行政补偿类案件的审查中，适时地引入比例原则，将比例原则作为利益衡量的工具，可以更好地在公共财政和社会效果之间获取平衡，正如姜明安教授所言："传统之行政权力所遵循的比例原则，更多地适用于损益性行政行为中，实际上，比例原则应当扩大到给付行政。"[⑤] 具体审查可以从比例原则的三个子原则入手，一是适当性原则，一方面需要判断原告履责申请是否符合补偿目的，另一方面需要判断行政机关履行给付义务是否符合给付目的。二是必要性原则，从保护公民合法权益的角度出发，必要性在行政补偿中的适用需要采用"最大保护"规则，即需要判断对原告的补偿是否产生了不当克减，这

① 见《中华人民共和国矿产资源法》第三十六条。

② 见《中华人民共和国城市房地产管理法》第二十条。

③ 见《中华人民共和国防洪法》第四十五条。

④ 见《国有土地上房屋征收与补偿条例》第二条。

⑤ 姜明安等：《行政程序法典化研究》，法律出版社2016年版，第94页。

种不当克减的程度是否最小化，对原告损失的补偿是否实现最大化，这既与行政补偿的本质相符合，也能最大限度地弥补当事人的损失。三是均衡性原则，需要审查公共资源的让渡和支出与个人损失的补偿是否均衡、合乎比例，对个人的补偿不能超过现阶段财政的承受能力，要相互适应。

（三）本案裁判的适用

本案被告系履行1014号行政判决书作出的本案被诉行政补偿决定，因此将1014号判决中明确的被拆除的4栋猪舍及毁损的猪舍及附属设施作为了本案的补偿范围。对于上述设施补偿金额的确定，由于部分猪舍和附属设施已经被拆除，无法进行实体评估，故评估公司采用了参照类似圈舍进行实体评估的办法。对于被拆除的猪舍的建筑面积，原告与被告均认可以01号、02号猪舍面积总和的两倍作为被拆除4栋猪舍的面积，本案裁判对此亦予以支持。虽然原告不认可评估报告中附属设施的面积，但原告并未提交相关设备设施的购买票据、交易记录等证明材料，其提交的现场照片亦无法证明相关附属物系被拆除或毁损猪舍的附属物，因此对原告的该项主张本案裁判不予支持。

同时，由于原告在1014号行政判决书作出后才向被告提交兽药器械及饲料的损失申请，被告在本案被诉行政补偿决定中也没有对兽药器械及饲料是否补偿作出明确答复意见。立足比例原则，在尽可能尊重原告利益的基础上同时实现公共利益，且为了减少当事人诉累，力争在弥补原告损失和财政支出之间取得平衡，因此本案明确被告应当对原告另行提出的兽药器械及饲料补偿申请进行调查处理，并要求被告作出明确回复。

二、法院审查应尊重行政机关的首次判断权

法官应当充分尊重行政机关在其行政管理专业范围内所作出的判断，而不应轻易地以自己的判断代替行政机关的判断，除非存在着越权或者是滥用职权的情况。行政机关裁量时应做到合理和适当，要全面充分掌握构成补偿事实的相关因素，衡量公益和私益后作出合理的行政补偿决定。行政机关对于补偿的标准、数额等的裁量和把握是“一次判断”，而法院的审查则是“二次判断”。行政机关裁量时可能会涉及技术性或者政策性的问题，恰恰需要借助行政机关的经验和技能来解决。有时还需要委托给专业领域的机构，如评估机构作出的评估报告。法院原则上可以审查，但应尊重行政机关的判断，保持司法的谦抑性，即行政机关有“判断余地”。法院应意识到司法审查的限度，对行政裁量给予必要的尊让。

本案裁判充分尊重了评估机构作出的生效评估报告，对于评估报告认定的补偿面积和数额予以支持、对于原告后来提出的兽药器械及饲料部分的补偿请求，法院从比例原则尽可能最大程度弥补当事人合理损失的角度出发，填补其可能获得的补偿利益，没有直接否认该部分的补偿请求。由于该部分的补偿尚需被告进行调查、衡量，因此判决被告对兽药器械及饲料部分的补偿申请作出调查处理。

编写人：北京市第四中级人民法院　于玮宁

61

征收补偿决定作出时间与评估时点间隔较长是否认定征收补偿决定不合法

——沈某诉某区政府房屋征收补偿案

【案件基本信息】

1. 裁判书字号

最高人民法院（2023）最高法行申 3385 号行政裁定书

2. 案由：房屋征收补偿纠纷

3. 当事人

原告（上诉人、再审申请人）：沈某

被告（被上诉人、再审被申请人）：某区政府

【基本案情】

2019年8月23日，某区政府作出并公告《房屋征收决定书》（以下简称《补偿决定》），登记在沈某名下的某区和平里×号房屋在该征收范围内。经公证机构公证，由被征收人、公有房屋承租人投票确定案涉项目的评估机构。之后，评估机构公示房屋初步评估结果，并于2019年12月4日向沈某送达分户评估报告，其中载明了房屋价值单价和评估时点（2019年8月23日），同时告知被征收人对评估结果有异议可申请复核、鉴定。2019年12月6日，沈某对分户评估报告申请复核，评估机构复核认为评估价格合理。之后沈某未申请鉴定。至2020年12月底征收工作恢复签约。因不能达成补偿协议，2022年5月13日，某区政府以分户评估报告为依据作出《补偿决定》，提供了货币补偿方式和产权调换方式。沈某对《补偿决定》不服，认为产权调换房源偏远，货币补偿金额明显偏低，评估机构选定程序违法，补偿决定延迟作出，产权调换房源价值应当重新评估，《补偿决定》内容损害其合法权益，故提起诉讼。

【案件焦点】

1. 案涉《征收决定》及《补偿方案》的合法性对《补偿决定》的作出有无影响；2. 评估机构的选定和评估程序是否违法；3.《补偿决定》的作出是否对被征收人的实际补偿利益造成损害。

【法院裁判要旨】

武汉铁路运输中级法院经审理认为：（1）无证据证明案涉《征收决定》及《补偿方案》被确认违法或被撤销，故某区政府作出《补偿决定》于法有据。沈某提出某区政府提供的产权调换房屋位置偏远，违反就近安置原则，其实质是对《补偿方案》提出异议，但《补偿方案》作为案涉《征收决定》的附件，系与案涉《征收决定》一并接受审查。鉴于案涉《征收决定》及《补偿方案》并未被认定存在违法或者被撤销情形，故某区政府按照《补偿方案》提供相关产权调换房源供沈某选择，符合相关规定。（2）评估机构的选定和评估程序符合法律法规规定。《湖北省国有土地上房屋征收与补偿实施办法》第二十八条第一款、第二款规定："房地产价格评估机构由被征收人协商选定；协商不成的，通过投票或摇号等方式确定。被征收人协商选定房地产价格评估机构的，由房屋征收部门组织。协商方式以征求意见表的形式进行，被征收人应当在规定期限内将征求意见表交由房屋征收部门统计、核实。在七个工作日内三分之二以上的被征收人选择同一家房地产价格评估机构的，视为协商选定，由房屋征收部门公布协商选定结果。"《武汉市国有土地上房屋征收与补偿实施办法》第二十五条规定，协商不成的，由房屋征收部门通过组织被征收人、公有房屋承租人按照少数服从多数的原则投票决定，或者采取摇号、抽签等方式随机确定。本案中，经公证机关公证，涉案项目共发放协商（投票）单 1832 张，没有评估机构得票数在三分之二以上，属协商不成，房屋征收部门根据投票结果选定评估机构，选定程序符合上述规定。案涉房屋分户评估报告向沈某直接送达后，沈某如对评估报告中确定的房屋价值持有异议，其救济路径为依法申请复核乃至申请鉴定，但沈某仅申请了复核，之后对评估机构认为评估价格合理的回复未申请鉴定，应视为对评估、复核意见的认可。（3）《补偿决定》的延迟作出未对被征收人的实际补偿利益造成损害。首先，本案没有证据显示作出征收决定至补偿决定将近三年期间征收地段类似房地产市场价格出现大幅波动，评估机构以征收决定公告日为评估时点确定被征收房屋价值符合《国有土地上房屋征收与补偿条例》的规定。其次，被诉《补偿决定》包括货币补偿和产权调换两种方式，关于产权调换房屋价值，根据一般市场经济规律，被征收房屋价值上涨的同时，产权调换房屋的价格也在上涨，同类房屋不同时段涨价的因素对被征收人的实际补偿利益并未造成损害，故被诉补偿决定并未损害被征收人的实质利益。因此，沈某关于补偿决定延迟作出后应对案涉房屋及产权调换房屋价格重新进行评估的理由不能成立，不予支持。综合上述分析意见，法院对案涉《补偿决定》的合法性予以确认。

武汉铁路运输中级法院判决如下：

驳回原告沈某的诉讼请求。

沈某不服一审判决，提出上诉。

湖北省高级人民法院经审理认为：同意一审法院裁判意见。判决如下：

驳回上诉，维持原判。

沈某不服，申请再审，最高人民法院经审理裁定如下：

驳回再审申请。

【法官后语】

本案案涉《补偿决定》作出时间虽距离评估时点较长，但不能单纯以时间长短判断补偿决定的合法性，应结合补偿决定作出的依据、程序、房地产市场变化情况等综合判断延迟作出补偿决定对当事人的补偿权益是否产生实际影响，在未实际减损当事人补偿权益的情况下，法院不应仅以作出时间较长撤销补偿决定。

1. 关于作出房屋征收补偿决定的依据。随着城市的发展，城市房屋拆迁很少能有就地还建的产权调换房源，但产权调换房源系由《征收决定》及《补偿方案》确定，在《征收决定》及《补偿方案》未被确认违法或被撤销的情况下，行政机关依据《征收决定》及《补偿方案》作出的《补偿决定》，于法有据。

2. 关于补偿决定延迟作出后被征收房屋和产权调换房屋价值是否需要重新评估的审查原则。根据《国有土地上房屋征收与补偿条例》第十九条、第二十六条的规定，对被征收房屋价值的补偿，不得低于房屋征收决定公告之日被征收房屋类似房地产的市场价格。房屋征收部门与被征收人在征收补偿方案确定的签约期限内达不成补偿协议的，征收部门应当报请作出房屋征收决定的市、县级人民政府按照征收补偿方案作出补偿决定。前述规定的目的一方面在于有序地推进征收项目的进行，以保障公共利益得以实现；另一方面也可以及时地解决行政争议，以实现被征收人权益的保障。虽然征补条例未明确规定签约期限，但是仍应在合理的期限内作出。如果房屋征收补偿决定的作出时间相距征收决定公告之日较长，且不可归责于被征收人，同时房地产市场价格出现大幅波动，若以房屋被征收决定公告之日作为房屋价值的评估时点，将导致被征收人实际获得的补偿不足以弥补其损失，则征收主体应当采取相应措施予以补救，如重新确定被征收房屋价值的评估时点、增加补偿金额利息或者采取其他补救措施等，以弥补被征收人由此可能遭受的损害。反之，仍应以房屋征收决定公告之日作为房屋价值的评估时点。本案中，被诉补偿决定作出时间距离征收决定公告之日相隔接近三年，系受客观因素的影响，不可完全归责于被征收人，现无证据显示延迟期间案涉房屋征收地段类似房地产市场价格出现大幅波动，现实情况是本地房地产市场价格甚至呈下降趋势，而根据一般市场经济规律，被征收房屋价值上涨的同时，产权调换房屋的价格同时也在上涨，被征收人实际可以综合考量各种因素并选择补偿方式。故，虽然案涉房屋征收补偿决定延迟作出，但同类房屋不同时段涨价的因素对被征收人的实际补偿利益并未造成损害，被诉补偿决定并未损害被征收人的实质利益，被征收房屋和产权调换房屋价值亦不需重新评估。

编写人：武汉铁路运输中级法院　柳青　向琴

62

征收主体的补偿安置职责并不因其就在先违法占地行为承担赔偿责任而当然免除

——范某某诉T市人民政府不履行补偿安置职责案

【案件基本信息】

1. 裁判书字号

山东省泰安市泰山区人民法院（2023）鲁0902行初99号行政判决书

2. 案由：不履行补偿安置职责纠纷

3. 当事人

原告：范某某

被告：T市人民政府（以下简称市政府）

【基本案情】

范某某系T市T区Q镇X村村民，在该村有承包地。2016年9月，X村村委会与相关政府部门签订《土地征收补偿安置协议》。同年12月，S省人民政府作出批件，同意征收的土地均涉及X村农用地，但相应土地调查登记表、青苗调查登记表、地上附着物调查登记表均未涉及范某某。2017年1月3日，市政府根据批件作出《征收土地公告》并附补偿安置方案。同年1月24日，X村村委会出具征地补偿到位证明，证明土地补偿安置补助费已足额拨付到该村、青苗补偿费已足额支付给被征地农民。2019年1月6日，范某某社会保障账户新增缴费信息，缴费人员类别为"普通被征地农民"，总金额为3026.69元。同年1月，X村制订被征地农民养老保险保障方案，涉及批件等，相应《被征地农民养老保险基金征缴单据》载明实缴金额、人数。原告范某某因认为被告市政府不履行补偿安置职责，诉至本院。

另查明，2015年5月，市政府在范某某耕种土地外围修建围墙，妨碍范某某耕种。后范某某相继提起行政及行政赔偿诉讼，生效行政判决确认市政府占用范某某土地的行为违法。行政赔偿案件审理过程中，范某某请求判令市政府赔偿因违法占地给其造成的损失31513.812元并返还土地、恢复原状，市政府则主张"对于原告主张占用其土地3.69亩予以认可，其中2.61亩为口粮田，1.08亩为饲料地"。2018年6月，T市中级人民法院作出行政赔偿判决书，结合原告主张、被告自认等认定地上附着物损失，认定"涉案土地已用于建设项目，且建设项目基本建设完毕，已经没有条件恢复土地原状"，遂判决被告赔偿原告地上附着物损失10155.35元并驳回原告的其他赔偿请求。上述行政赔偿判决"本院认为"部分载明："……对于正在办理集体用地征地手续的土地，本院认为，被告应当采取补救措施，补办有关用地手续，维护原告的合法权益，本院不宜直接作出赔偿判决认定……"2019年4月，S省高级人民法院作出二审行政赔偿判决书，判决"驳回上诉，维持原判决"。

再查明，本案庭审中，范某某主张市政府应当作出补偿决定，补偿金额为378594元，包括土地补偿费和安置补助费212544元（基本农田补偿标准7.2

万元/亩×3.69亩×80%)、地上附着物和青苗补偿费110700元(大包干方式补偿标准3万元/亩×3.69亩)、社会保障补贴55350元(补偿安置方案标准1.5万元/亩×3.69亩);市政府则主张涉案承包地中的1.08亩土地现在还未征收,市政府正在积极办理相关的征地手续。

【案件焦点】

1. 被告市政府是否已就涉案承包地向原告范某某履行补偿安置职责;2. 本案应当判令被告市政府以何种方式具体履行补偿安置职责。

【法院裁判要旨】

山东省泰安市泰山区人民法院经审理认为:

第一,关于被告是否已履行职责的认定。被告主张原告所称承包地中的1.08亩土地不在征收范围内、生效判决已判令赔偿地上附着物损失以及其已拨付土地征收补偿安置费、社会保障费用。一是就被征收面积而言,被告未提交有效证据证明涉案承包地涉及征收的面积、地类等信息。同时,被告虽认可涉案2.61亩土地位于批件批复的征收范围内,但该批复所涉勘测调查材料可证明征收部门未就上述土地及地上附着物的具体情况进行现场调查。故而,被告主张已履行职责缺乏前提条件。二是就地上附着物和青苗补偿费而言,被告确已被判令赔偿原告地上附着物损失,但上述判项内容系人民法院根据被告于2015年实施违法占地行为造成的直接损失确定的赔偿事项,并非原告通过行政赔偿程序取得的地上附着物和青苗补偿费损失,不能据此认定其在承包地被依法征收后无需要加以保护的合法权益。三是就土地征收补偿安置费、被征收土地农民社会保障资金政府补贴部分而言,在涉案承包地被征收面积等基本信息尚不确定的情形下,被告提供的征地补偿到位证明、养老保险基金征缴单据等不能证明其已依法履行职责。据此,被告未依法就涉案承包地向原告履行补偿安置职责。

第二,关于履行职责的内容和方式。原告就涉案承包地被征收面积、补偿项目、补偿数额等均与被告存在争议,实际上已难以与征收部门达成征地补偿安置协议。同时，原告亦表示被告应当根据补偿安置方案向其作出征地补偿安置决定。此外，因无有效证据证明涉案承包地被征收的具体面积等信息，无法就具体补偿数额进行认定。据此，本案应当判令被告向原告作出征地补偿安置决定，被告应在调查核实后就土地征收补偿安置费、地上附着物和青苗补偿费、被征收土地农民社会保障资金政府补贴部分等事项作出决定。另需说明，原告因被告的违法占地行为早已无法就涉案土地行使权利，其与被告就地上附着物及青苗补偿费的争议实质上应属于行政赔偿纠纷范畴。被告在作出征地补偿安置决定时，可以在明确补偿安置内容的同时，一并解决因其违法占地而造成的被征收人直接损失的赔偿问题。为维护自身合法权益，原告亦宜配合被告进行调查核实。此外，即便被告经调查核实查明涉案承包地确有不属于征收范围内的部分，亦应采取补救措施，补办有关用地手续，同时宜就相应损失与原告充分进行协商，及时维护当事人的合法权益。

山东省泰安市泰山区人民法院依照《中华人民共和国行政诉讼法》第七十二条、《最高人民法院关于适用〈中华人民共和国行政诉讼法〉的解释》第九十一条之规定，判决如下：

责令被告市政府于本判决生效之日起六十日内对原告范某某作出补偿安置决定。

判决后，双方当事人均未上诉，本判决现已生效。

【法官后语】

征收主体的补偿安置职责并不因其就在先违法占地行为承担赔偿责任而当然免除。实践中，为规避征收程序、满足用地需求，某些市、县人民政府作为征收主体实施未批先征行为，在违法占用农用地后再行补办用地手续。在此期间，土地权利人可以就违法占地行为一并提起行政诉讼和行政赔偿诉讼。而在土地征收公告作出后，土地权利人又可以以征收主体为被告提起不履行补偿安置职责之诉。对于该类案件，人民法院应当综合考量当事人是否存在应予以保护的合法权益，并在查明征收主体未依法履行补偿安置职责的情形下，采取判令作出征地补偿安置决定的形式保护当事人的合法权益。同时，人民法院应就实质诉求、争议解决方案等予以释明，推动行政争议实质化解。

在未批先征情形下，如涉案土地确已被用于公益事业建设，出于保护社会公共利益的考量，当事人所提出的返还原物、恢复原状的赔偿请求无法得到支持。而倘若该请求未能实现，人民法院在就违法占地行为作出行政赔偿判决时，除判令行政机关赔偿土地权利人因违法占地行为造成的地上附着物损失外，还应当充分考虑当事人于占地行为发生至征地批复作出期间不能利用土地的损失。若当事人的上述损失没有通过一并提起的行政赔偿诉讼得以填补，人民法院在审理后续引发的不履行补偿安置职责之诉时应当对此予以考量。同时，涉案土地被违法占用并不意味着征收部门无须就土地权属、地类、面积以及地上附着物的权属、种类、数量等进行现场调查、清点、核实。相应土地征收勘测调查材料的缺失，足以证明征收主体未依法履行补偿安置职责。

根据现行《中华人民共和国土地管理法》及其实施条例，县级以上地方人民政府属于征收土地工作的责任主体。在个别被征收人于征收土地公告发布后仍未达成征地补偿安置协议的情形下，相应行政机关应当按照“权责对等”的原则及时作出征地补偿安置决定，明确补偿安置的内容、补偿决定的依据及理由等事项。而且，依法履行补偿安置职责是征收人的法定义务，该义务为持续负担的作为义务，不因行政机关怠于履行而消灭，亦非须以被征收人申请为前提。此外，就补偿安置的内容而言，因土地补偿费系归农村集体经济组织所有，被征地村民提起行政诉讼要求征收机关履行支付土地补偿款职责的，人民法院一般不予支持。但是，在土地征收勘查、调查义务并未充分履行的情形下，当事人确有理由怀疑征收主体未足额支付相应费用，征收主体有必要在作出征收补偿安置决定时对此予以充分说明。除此之外，违法占地期间的损失虽非补偿安置内容，但从避免“程序空转”的角度看，人民法院应当通过行政裁判“附带意见”的方式，引导行政机关和行政相对人自动根据法院的判决调整自身行为，推动行政纠纷的实质性解决。

编写人：山东省泰安市泰山区人民法院　王辉

九、其　他

63

复议机关驳回申请人对重复申诉不予答复行为的申请不具有可诉性

——郑某某诉某市某区人民政府驳回行政复议申请决定案

【案件基本信息】

1. 裁判书字号

广西壮族自治区高级人民法院（2023）桂行终882号行政裁定书

2. 案由：驳回行政复议申请决定纠纷

3. 当事人

原告（上诉人）：郑某某

被告（被上诉人）：某市某区人民政府

第三人（被上诉人）：某市某区城市管理行政执法局

【基本案情】

郑某某于2022年7月5日、7月6日通过某市人民政府热线举报韩某某违法搭建光伏板，对此某市某区城市管理行政执法局（以下简称某区执法局）通过短信进行答复；同时，郑某某亦于2022年7月5日进行投诉，某区执法局于2022年7月11日通过短信形式作出答复。此外，郑某某因韩某某在小区安装光伏板先后通过某市人民政府热线进行投诉后某区执法局、某市某区人民政府(以下简称某区政府)、某区住建局已分别通过发送手机短信方式回复郑某某，其中对郑某某反映的“光伏板”问题，某区执法局答复“经我局队员到现场查看核实，该处安装的光伏板的具体地点为××19栋2单元4楼平台的廊架顶上方，光伏板并非安装在公共区域地面，安装光伏板依托平台原规划建设的廊架进行安装，光伏板下焊接的钢结构是光伏板的配件，属于光伏板必要的安全配件，现场不存在违法建设行为，太阳能板属于设施设备。安装设施设备行为属于小区管理范畴。如反映人认为其合法权益被侵犯，建议通过司法途径进行处理”。2022年8月25日，郑某某向某区执法局提交书面举报材料，某区执法局未对此进行答复。2022年9月26日，郑某某以某区执法局对案外人韩某某违法搭建光伏板的行为不予查处为由向某区政府申请行政复议，请求某区政府责令某区执法局对郑某某2022年8月25日书面实名材料进行书面答复，要求某区执法局立案处理，拆除违建。某区政府受理后于2022年11月21日作出《驳回行政复议申请决定书》，认为“某区执法局对郑某某提出的举报事项，已到现场进行调查，并将调查处理结果答复郑某某，某区执法局已多次回复郑某某通过不同渠道对同一事项进行的投诉举报，已告知郑某某处理结果和救济途径，虽未对2022年8月25日的举报材料作书面答复，但未实质损害郑某某权利，不属于《中华人民共和国行政复议法》第二条、第六条所规定的行政复议范围”，故根据《中华人民共和国行政复议法实施条例》第四十八条第一款第二项之规定决定驳回郑某某的行政复议请求。

【案件焦点】

1. 重复申诉行为是否可诉；2. 复议机关驳回申请人对重复申诉不予答复行为的申请，是否对申请人的权利义务产生实际影响。

【法院裁判要旨】

广西壮族自治区柳州市中级人民法院经审理认为：行政诉讼对行政行为相对人以外的原告资格以与行政行为有利害关系为前提，针对投诉人的利害关系问题，应以“为维护自身合法权益”，作为判断投诉人与行政行为是否有利害关系的核心标准。本案中，原告向某区执法局投诉，要求某区执法局查处的系违法安装光伏板的行为，意在要求相关职能部门对违法行为进行查处，原告并非安装光伏板的当事人，某区执法局是否履行查处职责并未对原告权利义务直接产生影响，原告主张的关于相邻关系人的诉求，可另行通过民事救济途径予以救济。并且原告在 2022 年 8 月 25 日的书面投诉之前也通过某市政府热线进行投诉，某区执法局通过短信进行答复。因此，某区执法局虽未对原告 2022 年 8 月 25 日的书面投诉作出书面答复，但未对原告的权利义务产生直接影响，原告对某区执法局未对投诉作出处理答复的行为提起诉讼，主体资格不适格。在此情况下，原告对其投诉不作出处理答复的行为提出复议申请，被告作出《驳回行政复议申请决定书》，驳回原告的行政复议请求亦对原告的权利义务不产生实际影响。因此，原告提起本案诉讼不属于法院受案范围，依法应驳回原告的起诉。一审法院裁定：

驳回郑某某的起诉。

郑某某不服一审裁定，提出上诉。

广西壮族自治区高级人民法院经审理认为：对于郑某某 2022 年 7 月 5 日、7 月 6 日通过某市人民政府热线投诉的投诉，某区执法局已及时组织现场核查、处理，并作出明确答复。郑某某因对某区执法局的上述处理结果不服，又于 2022 年 8 月 25 日就同一事项向某区执法局投诉，属于重复申诉行为，某区执法局对此重复申诉不予重复处理及作出答复，某区政府驳回郑某某复议申请的行政行为，并不损害郑某某合法权益，根据《最高人民法院关于适用〈中华人民共和国行政诉讼法〉的解释》第六十九条第一款第八项规定，依法应当裁定驳回郑某某的起诉。裁定如下：

驳回上诉，维持原裁定。

【法官后语】

生活中，公民、法人或者其他组织因认为第三人实施的违法行为侵犯其自身合法权益向行政机关进行投诉的事情时有发生。行政机关予以答复后，投诉人可能就该投诉事项再次甚至多次向行政机关提出重新处理的申诉请求，行政机关可能不予答复。之后当事人便对不予答复的行为不服申请行政复议，行政复议机关则以复议申请不属于行政复议范围为由驳回复议申请，当事人仍不服，就对驳回复议申请的决定向人民法院提起行政诉讼。而对该类驳回复议申请不服提起行政诉讼的案件是否属于人民法院的受案范围，审判实践中存在两种截然不同的观点：一种观点认为该类案件属于人民法院受案范围，另一种观点则认为该类案件不属于人民法院受案范围。第一种观点认为属于人民法院受案范围的理由是：当事人对驳回复议申请的决定提起诉讼系因对复议机关的行为不服而提起诉讼，而复议机关驳回当事人的复议申请对当事人的申请复议权产生实际影响，故当事人对该类驳回复议申请的决定有权提起行政诉讼。第二种观点认为不属于行政诉讼受案范围的理由是：行政机关对重复申诉行为不予答复对重复申诉人的权利义务并不产生实际影响，在此情况下当事人对其权利义务不产生实际影响的不予答复重复申诉的行为申请行政复议，即使行政复议机关作出驳回复议申请决定，也未对当事人权利义务产生实际影响，故不属于人民法院行政诉讼的受案范围。

当事人重复申诉系其不当行使救济权利的表现，行政机关对其重复申诉行为不予答复，对当事人的权利义务并不产生实际影响，因此即使对不予答复重复申诉行为申请复议被复议机关驳回，实际上对当事人的权利义务仍不产生实际影响，如果允许当事人对复议机关作出的关于“驳回对不予答复重复申诉行为申请复议”的决定提起诉讼，则可能促成当事人就同一事项不断进行申诉、复议、诉讼，循环往复地要求行政机关予以处理，一定程度上可能会产生权利滥用引起滥诉，造成诉讼程序空转，浪费行政和司法资源，复议机关驳回申请人对重复申诉不予答复行为的申请，不具有可诉性，不属于行政受案范围，应予支持第一种观点。

此外，对于因重复申诉行为引起的行政诉讼案件，人民法院在立案阶段进行严格立案审查，对不符合立案条件的，依法不予立案的同时，应持“如我在诉”理念，做好当事人的释法明理，引导其正确行使救济权，避免行政和司法资源的浪费，确保实质解决纠纷。

编写人：广西壮族自治区柳州市中级人民法院　姜云霞　此兴

64

复议机关以未经过纳税前置程序为由作出的程序性驳回决定可诉

——沧州某某公司诉某省税务局不予受理行政复议申请案

【案件基本信息】

1. 裁判书字号

河北省石家庄市中级人民法院（2023）冀 01 行终 785 号行政判决书

2. 案由：不予受理行政复议申请纠纷

3. 当事人

原告（上诉人）：沧州某某公司

被告（被上诉人）：某省税务局

【基本案情】

2020 年 11 月 5 日，某市税务局稽查局作出《税务处理决定书》，认定沧州某某公司存在隐匿部分产品销售收入、未记账，未按规定申报纳税等问题；上述问题按应税所得率进行企业所得税计算调整等税收违法行为造成少缴税款，根据《中华人民共和国税收征收管理法》的规定，作出建议追回增值税出口退税额，追缴增值税、城建税、企业所得税、房产税、土地使用税、教育费附加、地方教育费附加及加收滞纳金的处理决定。限沧州某某公司自收到决定书之日起 15 日内到国家税务总局沧州市运河区税务局将上述税款及滞纳金缴纳入库，并按照规定进行相关账务调整。逾期未缴清的，将依照《中华人民共和国税收征收管理法》第四十条规定强制执行。并告知沧州某某公司若在纳税上有争议，必须先依照该决定的期限缴纳税款及滞纳金或者提供相应的担保，然后可自上述款项缴清或者提供相应担保被税务机关确认之日起六十日内依法向某市税务局申请行政复议。2020 年 11 月 9 日，沧州某某公司收到该处理决定。沧州某某公司不服该处理决定，遂向某省税务局申请行政复议。某省税务局于 2023 年 4 月 11 日作出《不予受理行政复议申请决定书》，认为沧州某某公司未依照税务处理决定书先行缴纳税款及滞纳金，或者提供相应的担保，对沧州某某公司的行政复议申请不予受理，并将该决定书送达沧州某某公司。2023 年 4 月 7 日，某区税务局第一税务分局出具《情况说明》，载明："沧州某某公司可以就《税务处理决定书》在我局办税服务厅申报缴纳税款及滞纳金，不存在障碍。截至 2023 年 4 月 7 日，该企业从未到我局申报缴纳税款及滞纳金，从未向我局咨询相关缴纳事宜。"沧州某某公司不服《不予受理复议申请决定》，提起行政诉讼，请求法院撤销《不予受理复议申请决定》；判令某省税务局依法受理复议申请。

【案件焦点】

1. 以未依照税务处理决定书先行缴纳税款及滞纳金或者提供相应的担保为由不予受理行政复议申请是否合法；2. 税款征收机关告知错误是否影响复议申请期限和主张权利；3.《不予受理复议申请决定》是否可诉。

【法院裁判要旨】

河北省石家庄市桥西区人民法院经审理认为：依据《中华人民共和国税收征收管理法》第八十八条第一款规定，纳税人、扣缴义务人、纳税担保人同税务机关在纳税上发生争议时，必须先依照税务机关的纳税决定缴纳或者解缴税款及滞纳金或者提供相应的担保，然后可以依法申请行政复议；对行政复议不服的，可以依法向人民法院起诉。本案中，某市税务局稽查局于 2020 年 11 月 5 日作出《税务处理决定书》，并于 2020 年 11 月 9 日向沧州某某公司送达。沧州某某公司不服该处理决定，应当先依照税务机关的纳税决定缴纳或者解缴税款及滞纳金或者提供相应的担保，然后才能提起行政复议。某市税务局稽查局复议机关告知错误，沧州某某公司向决定书告知的复议机关或者向正确的复议机关提起复议，均视为提出复议申请，程序性告知错误，并未影响沧州某某公司主张权利。某市税务局稽查局告知沧州某某公司税款及滞纳金缴纳的机关错误，沧州某某公司向决定书告知的缴税机关或者向正确的缴税机关交税，均视为依照纳税决定缴纳税款及滞纳金，程序性告知错误，并未影响沧州某某公司主张权利。沧州某某公司称无法交纳税款，未提交证据证明，且与某区税务局第一税务分局出具的《情况说明》不符。综上，《不予受理复议申请决定》事实清楚，证据确实充分，应予维持。

河北省石家庄市桥西区人民法院依照《中华人民共和国行政诉讼法》第六十九条之规定，判决如下：

驳回沧州某某公司的诉讼请求。

沧州某某公司不服一审判决，提出上诉。

河北省石家庄市中级人民法院经审理认为：同意一审法院裁判意见。判决如下：

驳回上诉，维持原判。

【法官后语】

纳税人与税务机关在纳税问题上发生争议时，当事人可对相关税务决定依法寻求救济。根据《中华人民共和国税收征收管理法》第八十八条第一款的规定，纳税人、扣缴义务人、纳税担保人同税务机关在纳税上发生争议时，必须先依照税务机关的纳税决定缴纳或者解缴税款及滞纳金或者提供相应的担保，然后可以依法申请行政复议；对行政复议不服的，可以依法向人民法院起诉。此谓“双前置”程序，即纳税争议发生后，行政相对人需先纳税或者提供担保才能申请行政复议，在经过行政复议实体性处理后，才可提起行政诉讼。在此类“双前置”案件中，如果行政复议机关并未作出实体性处理，而是以申请人没有纳税或提供担保为由作出程序性驳回决定，当事人不服的，仍可以提起诉讼。

程序性驳回决定对当事人权利义务产生影响，属于可诉行政行为。复议前置类案件中对原行政行为合法性的审查，应当以复议机关对原行政行为进行了实体评价为前提。如果复议机关仅是对该复议申请是否符合受理条件进行程序性判断，则不能认为复议前置程序已经完成，当事人不能对原行政行为直接提起诉讼。但是，复议机关以当事人未经过纳税前置程序为由驳回复议申请，虽未对原行政行为作出处理，却实则是对案涉纠纷是否属于纳税争议、当事人未履行前置程序等情况进行了法律和事实上的判断，该判断直接影响当事人能否寻求救济，对当事人权利义务产生实际影响，因为复议机关对上述情况的判断并非完全不会存在争议，如果当事人认为案涉纠纷本就不属于纳税争议或者其已履行了前置程序，一旦直接以当事人未经过纳税前置程序为由而认定其不能对程序性驳回复议决定提起行政诉讼，将导致其彻底丧失救济的权利。因此，当事人可就复议机关作出的程序性驳回决定或者不予受理决定提起行政诉讼。

案件审理应围绕程序性驳回理由展开，不应对纳税决定本身合法性进行审查。为防止当事人以此方式逃避纳税前置程序，在审理此类案件时，应当紧紧围绕复议机关作出程序性驳回决定的合法性问题，审查案涉争议是否属于《中华人民共和国税收征收管理法》第一百条界定的纳税争议、当事人是否已完成纳税前置程序、是否有特殊情况阻碍当事人未能完成该前置程序等问题，避免对原行政行为作出实体判断。

就本案而言，沧州某某公司提出了税款征收机关存在程序性告知错误，但经审理查明该程序性错误不影响其积极履行交纳税款的前置程序，沧州某某公司从未向决定书告知的缴税机关或者向正确的缴税机关任何一方交税，因此该情况不能作为其未履行前置程序的合理理由。沧州某某公司未完成纳税前置程序便申请行政复议，不符合行政复议的受理条件，故某省税务局作出的《不予受理复议申请决定》合法。

编写人：河北省石家庄市桥西区人民法院　王清正　郭雨佳　齐立霞

65

互联网医院在线开具处方前应当履行审核义务

——阳某某诉某区卫生健康局行政处理案

【案件基本信息】

1. 裁判书字号

广东省揭阳市中级人民法院（2023）粤 52 行终 50 号行政判决书

2. 案由：行政处理纠纷

3. 当事人

原告（上诉人）：阳某某

被告（被上诉人）：某区卫生健康局（以下简称某区卫健局）

第三人：某区人民医院（以下简称某区医院）

【基本案情】

2022 年 6 月 22 日，阳某某向某区卫健局提出申请，请求：（1）责令某区医院某互联网医院提供 2019 年 4 月 17 日至被查处之日所开具的处方情况；（2）对某区医院某互联网医院按每开具一次虚假处方处以 1000 元罚款的标准对其进行处罚；（3）吊销蒋某某的执业医师证书；（4）对陈某某和江某某予以通报批评等处罚。经调查，某区卫健局于 2022 年 7 月 22 日作出《关于群众阳某某申请书的回复》：（1）对你所提出的要求某区医院某互联网医院提供 2019 年 4 月 17 日至被查处之日所开具的处方情况，该院于 2021 年 5 月 28 日为你开具的电子处方已提供给你，我局对此无须处理。该院为其他患者开具的处方，因我局未发现该院开具处方存在违法违规情形，处方内容涉及到个人隐私及医疗伦理，且该院为其他患者开具的处方与你无利害关系，我局对该项申请不予同意。（2）对你所提出的要求对某区医院某互联网医院作出行政处罚、吊销蒋某某的执业医师证书以及对陈某某、江某某作通报批评的申请，因我局未发现各被申请人存在违法违规的医疗行为，因此我局对该申请不予同意。阳某某不服该回复，提起行政诉讼，请求法院：（1）确认某区卫健局于2022年7月22日对阳某某作出的《关于群众阳某某申请书的回复》违反法律并违背基本常理；（2）撤销某区卫健局于2022年7月22日对阳某某作出的《关于群众阳某某申请书的回复》；（3）判决某区卫健局依法履行法定职责重新对阳某某所申请事项作出行政决定，依法对某区医院某互联网医院和相关医务工作人员作出处罚决定。

【案件焦点】

1. 阳某某提起本案诉讼，是否符合人民法院行政诉讼的起诉与受理条件；2. 某区卫健局作出《关于群众阳某某申请书的回复》是否合理、合法。

【法院裁判要旨】

广东省揭阳市榕城区人民法院经审理认为：第一，关于阳某某提起本案诉讼，是否符合人民法院行政诉讼的起诉与受理条件的问题。根据《医疗机构管理条例实施细则》第六十九条规定："各级医疗机构监督管理办公室的职责……（四）负责接待、办理群众对医疗机构的投诉；……"《互联网诊疗管理办法（试行）》第四条规定："……地方各级卫生健康行政部门（含中医药主管部分，下同）负责辖区内互联网诊疗活动的监督管理。"某区卫健局具有对阳某某投诉事项作出处理的职责。《中华人民共和国行政诉讼法》第二十五条第一款规定："行政行为的相对人以及其他与行政行为有利害关系的公民、法人或者其他组织，有权提起诉讼。"《最高人民法院关于适用〈中华人民共和国行政诉讼法〉的解释》第十二条第五项规定："有下列情形之一的，属于行政诉讼法第二十五条第一款规定的'与行政行为有利害关系'：……（五）为维护自身合法权益向行政机关投诉，具有处理投诉职责的行政机关作出或者未作出处理的；"阳某某认为医院在开具电子处方时存在违法违规行为并向某区卫健局投诉举报，某区卫健局据此向其作出《关于群众阳某某申请书的回复》，告知阳某某相关处理结果，阳某某与某区卫健局作出的处理行为具有利害关系，阳某某享有提起本案行政诉讼的主体资格，其提起本案行政诉讼符合行政诉讼法的受案条件。某区卫健局、某区医院辩称阳某某作为原告主体不适格，法院不予采纳。

第二，关于某区卫健局作出《关于群众阳某某申请书的回复》是否合理、合法的问题。阳某某向某区卫健局申请责令医院提供2019年4月17日至被查处之日所开具的处方情况，其中医院于2021年5月28日开具的阳某某普通处方笺已向其本人提供，而其他患者的处方涉及他人隐私及个人信息，某区卫健局对阳某某的上述申请不予同意，事实认定清楚。阳某某请求撤销《关于群众阳某某申请书的回复》处理意见第一项，依据不足，本院不予支持。

根据《互联网诊疗管理办法（试行）》第十八条规定："医疗机构开展互联网诊疗活动应当严格遵守《处方管理办法》等处方管理规定。医师掌握患者病历资料后，可以为部分常见病、慢性病患者在线开具处方。在线开具的处方必须有医师电子签名，经药师审核后，医疗机构、药品经营企业可委托符合条件的第三方机构配送。"《互联网医院管理办法（试行）》第二十条第一款规定："互联网医院应当严格遵守《处方管理办法》等处方管理规定。在线开具处方前，医师应当掌握患者病历资料，确定患者在实体医疗机构明确诊断为某种或某几种常见病、慢性病后，可以针对相同诊断的疾病在线开具处方。"本案中，某区医院向某区卫健局提交的回复函及证据材料，向本院提交的证据、依据，均无法证明其在线开具处方前已掌握患者病历资料，确定患者在实体医疗机构明确诊断为某种疾病，该行为违反上述规定。关于某区医院述称阳某某冒用他人信息购买处方药，若某区医院在开具处方前掌握患者病历资料，可以明显发现购药人与用药人不一致，因此某区医院未充分履行审核职责。某区卫健局作出《关于群众阳某某申请书的回复》处理意见第二项"未发现各被申请人存在违法违规的医疗行为，因此我局对该申请不予同意"，认定事实不清，主要证据不足，应当予以撤销，并在法定期限内重新作出处理。

综上，某区卫健局具有作出涉案回复的行政职责，其作出涉案回复认定

“未发现各被申请人存在违法违规的医疗行为”的事实不清，主要证据不足，也未依据《中华人民共和国消费者权益保护法》第四十六条“消费者向有关行政部门投诉的，该部门应当自收到投诉之日起七个工作日内，予以处理并告知消费者。”的规定处理，程序不当。判决如下：

一、撤销被告某区卫生健康局于 2022 年 7 月 22 日对原告阳某某作出的《关于群众阳某某申请书的回复》；

二、责令被告某区卫生健康局于本判决发生法律效力之日起 60 日内对原告阳某某的申请重新作出处理；

三、驳回原告阳某某的其他诉讼请求。

阳某某不服一审判决，提出上诉。

广东省揭阳市中级人民法院经审理判决：

驳回上诉，维持原判。

【法官后语】

“互联网+医疗”是指利用互联网技术，结合传统的医疗服务，打破时间限制、空间限制，一方面为患者提供更加便捷、高效的医疗服务，方便群众看病就医；另一方面有助于缓解线下医疗机构诊疗压力及拥挤无序的状况。为规范互联网诊疗活动，保证线上诊疗质量，国家卫生健康委办公厅、国家中医药局办公室联合制定并公布《互联网诊疗监管细则（试行）》。

该细则要求，患者就诊时应当提供具有明确诊断的病历资料，由接诊医师留存相关资料，并判断是否符合复诊条件。当患者病情出现变化、本次就诊经医师判断为首诊或存在其他不适宜互联网诊疗的情况时，接诊医师应当立即终止互联网诊疗活动，并引导患者到实体医疗机构就诊。由此可见，互联网医院在线开具处方前，应当履行审核职责，掌握患者病历资料、基本情况，避免造成群众用药安全问题。

本案中，阳某某用本人实名账号，通过互联网平台在互联网大药房为其父亲购买药品，问诊时自行填报信息“阳某某，男，46 岁，半身不遂（偏瘫），无肝肾异常，过敏史”。阳某某问诊后，互联网医院仅根据阳某某上述自报问诊信息开具电子处方，随后“互联网大药房”依据该电子处方向阳某某发出药品。互联网医院在线开具处方前并未掌握患者病历资料，也未确定患者在实体医疗机构明确诊断为某种疾病，仅根据患者自述问诊信息开具电子处方，未充分履行审核职责，其行为违反上述规定。

根据《医疗机构管理条例实施细则》第六十九条规定："各级医疗机构监督管理办公室的职责……（四）负责接待、办理群众对医疗机构的投诉……"《互联网诊疗管理办法（试行）》第四条规定："……地方各级卫生健康行政部门（含中医药主管部门，下同）负责辖区内互联网诊疗活动的监督管理。"某区卫健局对其辖区内互联网诊疗活动具有监管职责。针对阳某某的投诉，某区卫健局具有作出被诉回复的行政职责，但其没有在查明事实的基础上对阳某某的投诉举报进行处理，认定事实不清，主要证据不足，处理不当，应予以撤销，并在法定期限内重新作出处理。

编写人：广东省揭阳市榕城区人民法院　陈熳纯

66

行政机关不得以业主未交纳物业费为由限制其参加业委会竞选

——严某某诉某街道办事处行政处理案

【案件基本信息】

1. 裁判书字号

重庆市渝中区人民法院（2022）渝0103行初123号行政判决书

2. 案由：行政处理纠纷

3. 当事人

原告：严某某

被告：某街道办事处

第三人：曹某某、陈某、左某1、左某2、钱某某、敖某1、敖某2、马某

【基本案情】

2022年4月，渝中区某商厦业委会将举行换届选举，某街道办事处工作人员口头通知未按时交纳物业费的业主不得参加竞选。业主严某某、曹某某等9人不服，认为《全国人大常委会法制工作委员会关于2021备案审查工作情况的报告》中提到：全国人大常委会法制工作委员会审查认为，业主委员会是业主自治组织，其参选资格以业主身份为基础，业主未按时交纳物业管理费，属于业主违反物业服务合同的民事违约行为，地方性法规以此限制业主参选业主委员会的资格，与民法典的有关规定相抵触。据此，业主严某某、曹某某等9人于2022年4月4日共同提交书面申请，要求某街道办事处纠正前述说法。同年4月27日，某街道办事处作出《某商厦业主〈告知函〉》，认为根据《重庆市物业管理条例》第十七条第三款、第二十六条之规定，业主如存在拖欠物管费的行为，将不得竞选业委会成员，而《全国人大常委会法制工作委员会关于2021备案审查工作情况的报告》仅是全国人大常委会法制工作委员会的工作报告，并不具备法律效力，不应作为该街道办事处指导和监督业主大会、业主委员会组建和换届改选的法律依据，在相关法律法规未作修订或收到立法部门明确意见前，将严格按照《重庆市物业管理条例》指导和监督辖区物业区域业主大会筹备及组织工作，即业主如有拖欠物业费的行为，将不能通过筹备组成员资格审查，也不能成为业主委员会成员候选人。严某某不服该复函内容，遂向人民法院提起行政诉讼，请求判令撤销某街道办事处于2022年4月27日作出的《某商厦业主〈告知函〉》。

【案件焦点】

被告以业主存在拖欠物业费为由限制其成为业主委员会成员候选人适用法律、法规是否正确。

【法院裁判要旨】

重庆市渝中区人民法院经审理认为：《中华人民共和国民法典》第九百三十七条第一款规定，物业服务合同是物业服务人在物业服务区域内，为业主提供建筑物及其附属设施的维修养护、环境卫生和相关秩序的管理维护等物业服务，业主支付物业费的合同。《物业管理条例》第七条第五项、《重庆市物业管理条例》第十三条第五项规定，业主在物业管理活动中要履行按时交纳物业服务费用的义务。据此可知，业主交纳物业服务费，系业主与物业服务人通过物业服务合同约定产生的义务，该权利义务的基础是平等主体之间的民事法律关系。业主不按时交纳物业服务费的，物业服务人可以通过法律途径主张权利。如果将交纳物业服务费理解为业主的法定义务，则物业服务合同显无平等性可言。而《业主大会和业主委员会指导规则》第三十一条虽然规定业主委员会成员需要符合应当遵守国家有关法律、法规，模范履行业主义务的条件。但我国现行法律法规中，并无"未按时交纳物业服务费的业主不得担任业主委员会成员"的规定。换言之，是否缴纳物业服务费，并非业主报名参选业主委员会成员的法定前置条件。被告某街道办事处答复的"业主如存在拖欠物管费的行为，将不得竞选业委会成员"等内容，与法律法规的规定不符，依照《中华人民共和国行政诉讼法》第七十条第二项之规定，应予撤销。

重庆市渝中区人民法院判决如下：撤销被告某街道办事处事处于2022年4月27日作出的《某商厦业主〈告知函〉》。

判决后，双方当事人均未上诉，本判决现已生效。

【法官后语】

业委会作为业主自治组织，是居民自治的重要构成，在维护业主权益、推动基层治理等方面具有重要作用。业委会的选举事关全体业主的共同利益，应当严格依法组织实施。《物业管理条例》规定按时交纳物业服务费用是业主应尽义务，多地区近年来在物业管理地方性法规中又将"依法履行业主义务"作为成为业委会成员的资格条件，其立法初衷是期望业委会成员发挥模范示范作用以促进全体业主共同履行业主义务。但此种资格设立，导致行政机关在指导业委会成立时将“按时交纳物业费用”视为业主参选业委会成员的必要条件，以此引发行政争议。此种理解，一方面不符合法律规定；另一方面亦不利于业主依法行使权利，具体原因如下：

首先，业委会参选资格等业主共同管理权系建筑区分所有权的组成部分，物业费缴纳系业主与物业服务人订立的物业服务合同的组成部分，两者属于不同法律关系。《中华人民共和国民法典》第二百零七条规定，物权受法律平等保护，任何组织或者个人不得侵犯；第二百七十一条规定，业主对专有部分以外的共有部分享有共有和共同管理的权利；第九百四十四条规定，业主应当按照约定向物业服务人支付物业费，业主违反约定逾期不支付物业费的，物业服务有人可以催告其在合理期限内支付，合理期限届满仍不支付的，物业服务人可以提起诉讼或者申请仲裁。据此，将“按时交纳物业费用”视为业主参选业委会成员的必要条件，系以物业服务合同义务的履行与否作为业主行使所有权的前提，混淆了物权关系与合同关系，以合同义务限制了业主的所有权行使，不符合民法典平等保护物权的精神。同时，从物业服务合同权利义务相对性分析，物业服务人应当按照合同约定提供服务，业主应当按照约定支付物业费用，业主不按时交纳物业服务费的，物业服务人可以通过法律途径主张权利，如果将交纳物业服务费理解为法定义务，则物业服务合同亦无平等性可言。

其次，将“按时交纳物业费用”视为业主参选业委会成员资格并无上位法依据。《中华人民共和国民法典》第二百七十七条规定，业主大会、业主委员会成立的具体条件和程序，依照法律、法规的规定。《物业管理条例》第十六条第二款规定，业主委员会委员应当由热心公益事业、责任心强、具有一定组织能力的业主担任。民法典对于业主参选业主委员会的法定资格并未作出限制，《物业管理条例》亦仅对业主参选业委会的资格作出原则性规定，因此将“按时交纳物业费用”视为业主参选业委会成员资格并无上位法依据。

最后，实践中业委会发起成立的重要因素即业主与物业服务人之间的矛盾过甚，若以业主未按时缴纳物业费为由限制其参选业委会，一方面不利于业主救济自身权利；另一方面可能进一步激化双方矛盾，影响基层和谐稳定。目前，《重庆市物业管理条例》于2024年5月30日修订后删除了业委会成员应符合“依法履行业主义务”的条款。行政机关对辖区内业委会的选举进行指导时，应当尊重和保护业主合法权益，不得以拖欠物业服务费为由限制业主参加业委会选举的权利。

编写人：重庆市渝中区人民法院　李冰心　刘晓蒙

67

市场监督管理机关对于嵌套平台的责任主体认定应以明示公开为判断标准

——周某诉某区市场监督管理局、某区人民政府行政复议案

【案件基本信息】

1. 裁判书字号

北京市第四中级人民法院（2023）京04行终166号行政判决书

2. 案由：行政复议纠纷

3. 当事人

原告（被上诉人）：周某

被告（上诉人）：某区市场监督管理局（以下简称某区市监局）、某区人民政府（以下简称某区政府）

【基本案情】

2022年6月19日，某区市监局接到周某通过全国12315平台提交的针对北京某科技有限公司（以下简称某科技公司）的举报，主要内容为，周某于2022年6月6日在××APP预订了某度假酒店。订购时其宣传的房间面积为1500平方米，而在酒店向周某确认时被告知只有220平方米，与其宣传的面积不符，

涉嫌虚假宣传欺诈，应当查处。

2022 年 6 月 26 日，某科技公司向某区市监局提交《情况说明》《关系证明》《服务协议》及订单截图等资料。其中载明如下内容：（1）××APP 酒店/民宿的运营主体包括天津某旅游有限责任公司（以下简称某旅游公司）、某科技公司等公司，负责运营××APP 旗下的酒店民宿平台。目前，平台已于××APP 酒店/民宿页面显著位置公示了某科技公司的营业执照，通过 APP 消费者可以查看酒店民宿预订服务信息及服务提供方的营业执照，并可以在酒店页面完成下单交易。（2）××APP 首页“资质与规则”的协议/规则中的“××旅行”栏中，向消费者公示了《××酒店××门票用户服务条款》并明确写到“本条款的履约双方为××酒店/××门票平台（包括但不限于……某旅游公司）与使用××酒店/××门票相关服务的使用人（以下简称用户或您），本条款是您与××酒店/××门票之间关于您使用××酒店/××门票平台提供的各项服务所订立的服务条款，具有正式书面合同的效力”。同时，消费者下单后支付前，在具体酒店订单页面的“订房必读”部分，明确提示。（3）经核实，消费者预订的某度假酒店-皇室临海别墅。通过此订单号查询该酒店实际签约主体亦为某旅游公司，某旅游公司负责审核酒店的资质证照，并与酒店合作方签署协议。涉案酒店名称为某度假酒店，该酒店首次签约入驻时间为 2016 年 10 月 21 日。某旅游公司为独立法人和运营团队，可独立承担法律责任。（4）根据服务协议的 3.2 条，酒店作为甲方“承诺并保证其通过各种方式……向乙方提供的产品信息真实、准确、完整，并不应对齐产品、经营或服务等各项内容做引人误解或虚假的宣传……由于甲方提供信息不准确或更新/提供不及时产生的损失均由甲方承担”，实际信息的提供方为甲方，即某度假酒店。

2022 年 6 月 29 日，某区市监局通过全国 12315 平台向周某进行答复（以下简称被诉举报答复），主要内容为：经查，举报事项不予立案，理由：经核实，通过订单号查询，此单商家签约主体为“某旅游公司”。因某区市监局异地管辖困难，建议向该公司所在地天津某市场监督管理局反映，某区市监局不予立案。周某不服，向某区政府申请行政复议，某区政府被诉复议决定，决定维持被诉举报答复，但指出，某区市监局认定某旅游公司为涉案平台经营者，但某区市监局经调查获取的《服务协议》《××酒店××门票用户服务条款》等证据并不足以证明某旅游公司为涉案平台经营者，某区市监局作此认定属认定事实不清。且涉案酒店为平台内经营者，因其实际经营地为海南省三亚市，某区市监局应告知周某向涉案酒店所在地海南省三亚市相关市场监管部门举报，而非向天津市相关市场监管部门举报。鉴于某区市监局作出涉案不予立案决定的结论并无不妥，某区政府依法予以维持。

另查，周某在收到被诉复议决定后，通过全国12315平台就涉诉订单举报某旅游公司，2022年11月10日天津某市场监督管理局答复称“经查，当事人仅作为电子商务平台为商户入驻××平台提供资格审核管理、调解纠纷等服务，商家入驻后相关产品信息为商家自行提供，未发现违法行为。根据《市场监督管理行政处罚程序规定》的规定，不予立案”。

再查，某科技公司和某旅游公司出具《关系证明》，载明：“××APP是某科技公司经营并管理的网站……某科技公司和某旅游公司均为××旗下子公司。”

【案件焦点】

1. 某科技公司主平台中的嵌套平台某旅游公司作为电商平台经营者是否履行了经营者信息公示的义务；2. 关于某区市监局判断平台主体责任的公示标准是否恰当。

【法院裁判要旨】

北京互联网法院经审理认为：某区市监局收到周某的投诉举报，后经调查认为，某旅游公司非某区市监局辖区企业，建议周某向天津市场部门反映，现有证据无法证明某科技公司的行为构成虚假宣传或欺诈，经审批决定不予立案，并通过全国12315平台向周某进行告知。故，某区市监局的履职程序合法，结论并无不当。但应当指出的是，根据某区市监局调查获取的材料，可以看出涉案酒店信息应为该酒店的经营者即三亚某有限公司某度假酒店对外发布，故被诉举报答复中有关商家签约主体为某旅游公司，建议向该公司所在地市场监督管理局反映的内容属于认定事实不清，但鉴于被诉复议决定中某区政府已对该情形予以纠正并向周某告知，一审法院对此予以确认。

北京互联网法院依照《中华人民共和国行政诉讼法》第六十九条，判决如下：

驳回原告周某的诉讼请求。

周某不服一审判决，提出上诉。

北京市第四中级人民法院经审理认为：

1. 电子商务平台经营者具有经营者信息公示的义务，而在公示程度上，电子商务平台经营者有义务采用清晰、显著、合理的方式告知消费者明确的经营主体，以保障消费者维权路径的畅通。对实际存在多个运营主体平台的情况下仅以“签约主体公司”代称，未具体公示明确的平台经营者，属于不完全履行平台经营者信息公示义务。××酒店在公示平台经营者身份方面，在无显著、清晰的方式标示经营者的情况下，某科技公司作为××APP 的开发公司，对其服务要承担平台经营者的责任。因此某区市监局作出的被诉举报答复以其“异地管辖困难，建议向某旅游公司所在地市场监督管理局反映，并不予立案”属于认定事实不清，适用法律错误。对此，被诉复议决定已经予以指出，应予以认可。

2. 在复议期间，涉案酒店是否存在虚假宣传或欺诈的违法行为尚未经相关市场监督管理部门认定，因此复议机关认定根据当前证据，无法证明某科技公司存在虚假宣传或欺诈的行为，某区市监局作出的不予立案决定结论正确，并据此作出被诉复议决定，并无不当。

北京市第四中级人民法院依照《中华人民共和国行政诉讼法》第八十九条第一款第一项之规定判决如下：

驳回上诉，维持原判。

【法官后语】

在数字时代，“去中心化”的“平台”组织形式对传统监管工具和体系造成了巨大的冲击，大型平台企业具有用户、数据、算力、管理和人才优势，能够较为自由地进行纵向一体化和跨行业扩张，甚至通过广泛投资并购来构建以自身为核心的层级嵌套式平台系统，稳定地从社会生产与再生产过程中谋求企业发展。

如何通过行政监管实现平台经济的健康有序发展，考验着数字平台、监管机关和司法机关的智慧。

目前，嵌套平台内多平台交叉，存在着平台责任主体难以确定的问题。嵌套平台作为现行数字平台的一种主流经营模式，因其交易的隐蔽性导致各方主体难以确定。与传统一手交钱、一手交货的经营模式不同，在网络平台的交易中，消费者只能通过平台披露的经营者的信息，才能够确定经营者身份。而在嵌套平台交易中，网络交易平台下设子平台，由子平台运营不同业务，甚至存在子平台连接其他平台的不规范情形。平台与平台内商铺之间、平台与跳转链接的APP之间的法律关系不明晰，各平台跳转链接时无显著提示。这对于平台公司来说是构筑了法律风险的“隔水舱”，但却成了消费者维权的“法律陷阱”。若平台未披露，消费者只能将平台认作行为主体。

那么，市场监督管理机关作为数字平台的监督者和管理者，应以何种标准判断嵌套平台是否履行了经营者信息公示的义务，进而监督管辖呢？

应以“明示公开”为判断标准，准确界定行为主体。一方面，从商品交易的角度来说，在商事活动中，应该遵循“商事外观主义”原则，以维护交易安全；另一方面，从法律规范角度而言，《中华人民共和国电子商务法》第十五条、第三十三条、第三十七条第一款均规定平台经营者应显著公开公示服务者信息。平台经营者有义务采用清晰、显著、合理的方式告知消费者明确的经营主体，此种公示有助于明晰服务者身份，给予消费者清晰的服务指引。

对于大平台内多个跳转业务的子平台，子平台的服务者身份亦应当进行明显位置的公示。由于平台主体交织嵌套等实际的公司关系，市场监督管理机关尚需进行调查后才能确认，故不能要求消费者能够进行“直触根本”客观正确地直观感知。因此，市场监督管理机关认定具体承担责任的平台者身份时，要以公示产生的直观效果进行确认，而不能单独地以发票显示主体、服务合同签订主体进行单独认定。至于公示的程度要符合一般人的理性认知，即在进行交易的界面能够有明显的法人主体的指引，而不是用“相关主体”“服务实际签约主体”等表述代指。对于一个平台服务由多个公司共同提供的，亦应做到分别公示。

就本案而言，在某区市监局履职过程中，某科技公司提交了其在××平台内就××酒店平台公示的相关材料。然而，从上述材料中可以看出，首先，在资质与规则中，并未公示某旅游公司的相关资质；其次，在告用户条款中，告知承担平台责任的公司的相关条款中只用了“包括但不限于以下……公司”字眼，使得服务条款中公示多个关联公司导致实际运营主体不易区分；最后，在消费者下单后支付前，在具体酒店订单页面的“订房必读”部分，仅提示“业务实际运营和相应责任由门店入驻签约主体公司负责”，对实际存在多个运营主体平台的情况下仅以“签约主体公司”代称，未具体公示明确的平台经营者，上述公示未达到清晰、显著、合理的公示，属于不完全履行平台经营者信息公示义务。在此种情形下，某科技公司作为××APP的开发公司，对其服务要承担平台经营者责任。因此，本案涉诉订单的平台经营者应认定为某科技公司，故某区市监局作为该区域市场监督管理部门，对周某的举报事项具有处理职权，某区市监局主张其无管辖权，属于认定事实不清。

综上，在数字平台从事商品或服务交易的，应该以公开的主体作为行为主体。平台主体交织嵌套的，以平台明示公开的主体作为责任主体，市场监督管理机关在进行管理时，亦应以此标准进行判断。

编写人：北京市第四中级人民法院　武楠　孙嘉琳

68

已办理退休手续人员，不得再行要求办理保险关系转移接续

——班某诉某区社会保险事业管理中心不履行养老保险关系转移职责案

【案件基本信息】

1. 裁判书字号

北京市第三中级人民法院（2023）京03行终1411号行政判决书

2. 案由：不履行养老保险关系转移职责纠纷

3. 当事人

原告（上诉人）：班某

被告（被上诉人）：某区社会保险事业管理中心（以下简称某区社保中心）

【基本案情】

2022年7月21日，班某向某区人力资源和社会保障局（以下简称某区人保局）社保综合科邮寄《履责申请》，申请事项为“申请某区人保局履行社会保险登记职责，要求转移异地视同缴费工龄和个人实际缴费不重复部分，合并计算我的养老金待遇，并在保证我的工龄的情况下选择享受北京市的养老保险待遇和医疗待遇”，某区人保局于2022年9月9日作出《关于班某女士来信的答复》，主要内容为，班某提出的诉求不符合人社部政策文件规定，属于不合法诉求，班某重复领取养老保险待遇的处理结果，按照政策规定，只能是由本人在黑龙江省与北京市之间，选择并保留其中一地的基本养老保险关系并继续领取待遇，其他的养老保险关系应予清理。2022年9月30日，怀柔区人民政府收到班某的《行政复议申请书》，班某要求撤销某区人保局作出的上述《关于班某女士来信的答复》，并依法履行法定职责为班某办理养老保险关系转移。2022年12月9日，某区政府作出《行政复议决定书》，认为养老保险关系办理转移接续手续的职责主体应为社会保险经办机构，某区人保局以自己的名义向班某作出答复属超越法定职权，故决定撤销某区人保局作出的《关于班某女士来信的答复》。2022年12月19日，某区社保中心与班某电话联系，确认班某的请求为将黑龙江省的基本养老保险关系转移接续到北京市。2022年12月26日，某区社保中心作出《某区社会保险事业管理中心关于班某女士〈履责申请〉的答复》（以下简称《涉案答复》），认为班某已在黑龙江省和北京市重复领取基本养老金待遇的情况下，提出将黑龙江省的基本养老保险关系转移接续到北京市的请求，不符合相关政策文件规定的基本养老保险关系转移接续办理条件，故社保经办机构不能为班某办理转移接续手续，并已将《重复领取待遇告知书》送达给班某。2023年1月17日，班某诉至法院，要求撤销某区社保中心作出的《涉案答复》并履行法定职责为班某办理养老保险关系转移手续。

【案件焦点】

1. 班某是否符合养老保险关系转移的条件；2. 已经按国家规定领取基本养老保险待遇的人员，是否不再转移基本养老保险关系。

【法院裁判要旨】

北京市怀柔区人民法院经审理认为：本案中，班某要求转移异地视同缴费工龄和个人实际缴费不重复部分，但班某已于2016年在黑龙江省退休，于2021年在北京市退休，班某未能提供充分证据证明其在办理退休手续前曾向某区社保中心提出基本养老保险关系转移接续的申请。班某在其办理退休后，要求基本养老保险关系转移接续的请求不符合《人力资源社会保障部、财政部城镇企业职工基本养老保险关系转移接续暂行办法》第八条第一项和第二条的规定。根据《人力资源社会保障部关于城镇企业职工基本养老保险关系转移接续若干问题的通知》第五条和《人力资源社会保障部办公厅关于职工基本养老保险关系转移接续有关问题的补充通知》第七条第一款规定，参保人员重复领取职工基本养老保险待遇（包括企业职工基本养老保险待遇和机关事业单位工作人员基本养老保险待遇，下同）的，由社会保险经办机构与本人协商确定保留其中一个基本养老保险关系并继续领取待遇，其他的养老保险关系应予以清理，个人账户剩余部分一次性退还给本人，重复领取的基本养老保险待遇应予退还。《国务院办公厅关于转发人力资源社会保障部财政部城镇企业职工基本养老保险关系转移接续暂行办法的通知》（国办发〔2009〕66号）实施之前已经重复领取待遇的，仍按照《人力资源社会保障部关于贯彻落实国务院办公厅转发城镇企业职工基本养老保险关系转移接续暂行办法的通知》（人社部发〔2009〕187号）有关规定执行。班某提出履责申请后，某区社保中心经过调查核实认定班某自2021年9月至2022年4月在黑龙江省和北京市重复领取基本养老保险待遇，并在法定期限内对班某作出《涉案答复》告知班某其不符合基本养老保险关系转移接续办理条件，不能为其办理转移手续，并无不当。现班某要求被告履行办理养老保险关系转移手续职责的诉讼理由不能成立，法院对其诉讼请求不予支持。判决如下：

驳回原告班某的诉讼请求。

班某不服一审判决，提出上诉。

北京市第三中级人民法院经审理认为：同意一审法院裁判意见。判决如下：驳回上诉，维持原判。

【法官后语】

一、什么是养老保险关系转移，班某是否符合养老保险关系转移的条件

养老保险关系转移，就是把在原工作地缴纳的养老保险费转到新工作地。参保人员跨省或者跨制度流动，需要转移养老保险关系。本案班某于 1982 年 6 月在黑龙江省参加工作，之后班某户口迁入北京市，在北京市开始缴纳基本养老保险，按照《人力资源社会保障部、财政部城镇企业职工基本养老保险关系转移接续暂行办法》第八条第一项规定："参保人员跨省流动就业的，按下列程序办理基本养老保险关系转移接续手续：（一）参保人员在新就业地按规定建立基本养老保险关系和缴费后，由用人单位或参保人员向新参保地社保经办机构提出基本养老保险关系转移接续的书面申请。"因此班某在北京市按规定建立基本养老保险关系和缴费后，即符合办理基本养老保险关系转移接续手续的条件。《中华人民共和国行政诉讼法》第三十八条第一款规定："在起诉被告不履行法定职责的案件中，原告应当提供其向被告提出申请的证据。但有下列情形之一的除外：（一）被告应当依职权主动履行法定职责的；（二）原告因正当理由不能提供证据的。"本案中，班某认为某区社保中心不履行为班某办理养老保险关系转移手续的法定职责。养老保险关系转移接续源于参保人员跨省流动就业，某区社保中心作为社会保险经办机构，不掌握参保人员的流动就业情况，所以养老保险关系转移接续应属某区社保中心依申请履责的事项，而并非某区社保中心应当依职权主动履行法定职责之情形。班某提供的证据不足以证明其办理退休手续前曾向某区社保中心提出基本养老保险关系转移接续的申请。

二、已经按国家规定领取基本养老保险待遇的人员，不再转移基本养老保险关系

《人力资源社会保障部、财政部城镇企业职工基本养老保险关系转移接续暂行办法》第二条规定："本办法适用于参加城镇企业职工基本养老保险的所有人员，包括农民工。已经按国家规定领取基本养老保险待遇的人员，不再转移基本养老保险关系。"本案中，班某于2022年7月向某区人保局邮寄《履责申请》，要求转移异地视同缴费工龄和个人实际缴费不重复部分，但班某已于2016年在黑龙江省退休，于2021年在北京市退休。班某在办理退休后，要求基本养老保险关系转移接续不符合上述规定。基本养老保险是国家的一项社会福利政策，是国家非营利性的社会保障。随着我国人口老龄化问题日益严重，养老金成为老年人最重要的生活保障之一。因此，重复领取职工基本养老保险待遇是国家明令禁止的违法行为，班某在客观上已构成重复领取基本养老保险待遇，因此重复领取的待遇应予退还。

编写人：北京市怀柔区人民法院　李雨

69

未依照税务机关的纳税决定缴纳或者解缴税款及滞纳金或者提供相应的担保，相对人要求撤销行政复议申请不予受理决定的，人民法院不予支持

——某药业公司诉某市税务局不予受理行政复议申请决定案

【案件基本信息】

1. 裁判书字号

吉林省长春铁路运输中级法院（2023）吉71行终57号行政判决书

2. 案由：不予受理行政复议申请决定纠纷

3. 当事人

原告（上诉人）：某药业公司

被告（被上诉人）：某市税务局

【基本案情】

2020年10月27日，广东某律师事务所与某药业公司服务合同案（2020）粤0303民初17360号民事判决发生法律效力后，广东某律师事务所申请强制执行，某市某区法院对某药业公司位于某市高新区二号路的房屋和土地使用权予以查封。在执行过程中，某市某区法院委托某某网站对公开司法拍卖。2021年8月17日，某药业公司被查封的房屋及土地使用权由孙某以成交价格人民币83831131.15元竞得。当日，孙某缴清全部价款。2022年7月20日，孙某向某市税务局致函《要求高新税务局履行职责的告知函》。2022年8月5日，某市税务局作出《情况说明》表示"该项交易所涉税款的纳税人为某药业公司……我局已在2021年11月将该交易事项所涉税款问题移交国家税务总局某市税务局第二稽查局（以下简称第二稽查局）处理并予以追缴税款"。2022年8月10日，孙某向某市税务局缴纳案涉不动产印花税20957.78元、契税2514933.93元。2022年8月17日，案涉房屋和土地转移登记至孙某名下。

2023年7月31日，第二稽查局向某药业公司作出〔2023〕6号《税务处理决定书》（以下简称6号税务处理决定），决定追缴2021年8月少缴的增值税4191556.56元、城市维护建设税293408.96元、教育费附加125746.70元、地方教育附加83831.13元、土地增值税5029867.87元，对上述少缴税款从滞纳税款之日起至实际缴纳税款之日止，按日加收万分之五的滞纳金。限某药业公司自收到本决定书之日起15日内到某市税务局将上述税款及滞纳金缴纳入库，并按照规定进行相关账务调整。并告知某药业公司，若同第二稽查局在纳税上有争议，必须先依照本决定的期限缴纳税款及滞纳金或者提供相应的担保，然后可自上述款项缴清或者提供相应担保被税务机关确认之日起六十日内依法向某市税务局申请行政复议。某药业公司在收到决定书后并未缴纳相关款项或提供相应担保。2023 年 8 月 21 日，某药业公司向某市税务局申请行政复议。某市税务局在收到行政复议申请后于 8 月 28 日作出〔2023〕1 号《行政复议申请补正通知书》，要求某药业公司补正缴纳或者解缴税款及滞纳金或者提供相应的担保等相关材料、营业执照复印件并加盖公章、法定代表人身份证明书并加盖公章、法定代表人身份证复印件并签名或盖章。9 月 20 日，某市税务局收到某药业公司补充材料。9 月 25 日，因某药业公司仍未缴纳或解缴税款及滞纳金或者提供相应的担保，某市税务局作出〔2023〕4 号《不予受理行政复议申请决定书》（以下简称 4 号不予受理决定）并邮寄送达，某药业公司不服该决定，提起行政诉讼。

【案件焦点】

某市税务局作出的 4 号不予受理决定是否合法。

【法院裁判要旨】

吉林铁路运输法院经审理认为：《中华人民共和国税收征收管理法》第八十八条第一款规定，“纳税人、扣缴义务人、纳税担保人同税务机关在纳税上发生争议时，必须先依照税务机关的纳税决定缴纳或者解缴税款及滞纳金或者提供相应的担保，然后可以依法申请行政复议；对行政复议决定不服的，可以依法向人民法院起诉。”该条对涉及税务征收行为的行政复议作出了明确规定。据此，对税务机关作出的行政行为提起行政复议的，应当同时满足以下条件：（1）该行政行为属于纳税争议。根据《中华人民共和国税收征收管理法实施细则》第一百条规定，纳税争议，是指纳税人、扣缴义务人、纳税担保人对税务机关确定纳税主体、征税对象、征税范围、减税、免税及退税、适用税率、计税依据、纳税环节、纳税期限、纳税地点以及税款征收方式等具体行政行为有异议而发生的争议。（2）申请复议前，应当依照税务机关的纳税决定缴纳或者解缴税款及滞纳金或者提供相应的担保，这是纳税争议行政复议的前置条件。因此，只有税务机关的行政行为属于“纳税争议”且行政相对人履行了复议前置条件的，才可以对税务机关作出的行政行为提起行政复议，否则复议机关有权作出不予受理的决定。本案中，第二稽查局针对某药业公司作出的税务处理决定，属于税务机关作出的补缴税款的征收行为，某药业公司对此处理决定不服所引发的争议，属于《中华人民共和国税收征收管理法》第八十八条第一款及《中华人民共和国税收征收管理法实施细则》第一百条所界定的“纳税争议”范围。《中华人民共和国税收征收管理法》第八十八条第一款已经对不服纳税争议应先行政复议，而提起行政复议必须先依照税务机关的纳税决定缴纳税款及滞纳金或者提供相应的担保条件作了特别的强制性规定，复议申请人行使权利应遵照此特别规定。某药业公司在提起行政复议时，并未向第二稽查局提交已缴纳税款及滞纳金或者提供有效担保方面的证据材料，某市税务局在收到行政复议申请后，对该申请是否符合条件进行了审查，其作出不予受理行政复议决定，认定事实清楚，适用法律、法规正确。《中华人民共和国行政复议法》第十七条规定，行政复议机关收到行政复议申请后，应当在五日内进行审查，对不符合本法规定的行政复议申请，决定不予受理，并书面告知申请人。某市税务局在收到某药业公司的行政复议申请材料后，因其申请材料不齐全，故通知其补正；在收到某药业公司的补正材料后，经审查作出不予受理决定，并送达某药业公司，符合上述规定，程序合法。综上，被诉行政行为具备合法性，某药业公司的诉讼理由不成立。

吉林铁路运输法院根据《中华人民共和国行政诉讼法》第六十九条之规定，判决如下：

驳回某药业公司的诉讼请求。

某药业公司不服一审判决，提出上诉。

吉林省长春铁路运输中级法院经审理认为：（1）上诉人某药业公司是否应承担涉案税款不属于本案审理范围。上诉人某药业公司认为其不应承担涉案税款，应是对 6 号税务处理决定或者不服 6 号税务处理决定提出行政复议申请被受理后实体审查内容，本案审理的行政标的 4 号不予受理决定系程序性复议决定，未从实体上对 6 号税务处理决定予以审查，因此上诉人某药业公司是否应承担涉案税款，不属于本案审理范围。（2）上诉人某药业公司不服 6 号税务处理决定属于纳税争议问题。《中华人民共和国税收征收管理法》第八十八条第一款规定："纳税人、扣缴义务人、纳税担保人同税务机关在纳税上发生争议时，必须先依照税务机关的纳税决定缴纳或者解缴税款及滞纳金或者提供相应的担保，然后可以依法申请行政复议；对行政复议决定不服的，可以依法向人民法院起诉。"《中华人民共和国税收征收管理法实施细则》第一百条规定："税收征管法第八十八条规定的纳税争议，是指纳税人、扣缴义务人、纳税担保人对税务机关确定纳税主体、征税对象、征税范围、减税、免税及退税、适用税率、计税依据、纳税环节、纳税期限、纳税地点以及税款征收方式等具体行政行为有异议而发生的争议。"按照上述法律规定，缴纳或者解缴税款及滞纳金或者提供担保是申请人不服纳税争议提起行政复议的前置条件。本案中，上诉人某药业公司不服第二稽查局作出的6号税务处理决定，系上诉人某药业公司作为相对人同税务机关的纳税争议。因此，上诉人某药业公司在未缴纳税款也未提供相应担保的情形下，向被上诉人某市税务局申请行政复议，未满足行政复议的前置条件。同时，被上诉人某市税务局在接收上诉人某药业公司行政复议申请材料、作出补正通知和不予受理决定，符合程序规范要求，被上诉人某市税务局4号不予受理决定并无不当。综上，一审判决认定事实清楚，适用法律、法规正确，程序合法。上诉人某药业公司的上诉理由不能成立，其要求撤销一审法院判决并改判撤销4号不予受理决定、判令被上诉人某市税务局受理上诉人某药业公司的行政复议申请，并依法对6号税务处理决定进行审查的上诉请求，本院不予支持。

吉林省长春铁路运输中级法院依照《中华人民共和国行政诉讼法》第八十九条第一款第一项之规定，判决如下：

驳回上诉，维持原判。

【法官后语】

一、在税收征收管理领域设置行政复议前置是我国行政争议救济途径的例外情形

所谓"行政复议前置"，是指根据法律、法规的规定，公民、法人或者其

他组织对行政机关作出的行政行为不服，必须先向行政复议机关申请复议，经过行政复议以后，对行政复议机关作出的行政复议决定仍然不服的，才能向人民法院提起行政诉讼，而不允许未经过行政复议程序直接向人民法院提起行政诉讼。行政复议与行政诉讼，都是解决行政机关与行政相对人之间行政争议的法律制度，行政复议是行政系统内部的一种监督和纠错制度，通过审查具体行政行为的合法性和适当性，为行政相对人维护其合法权益提供法律救济。行政诉讼则是行政系统外部的一种监督和纠错制度，人民法院依照司法程序审查具体行政行为的合法性，为行政相对人维护其合法权益提供法律救济。一般情形下，当事人有权选择行政争议的救济途径是行政复议还是行政诉讼，但考虑特殊情形下先行申请行政复议救济效果更佳，法律法规特别规定必须先申请行政复议，如《中华人民共和国专利法》《中华人民共和国税收征收管理法》《中华人民共和国军品出口管理条例》等。由此可见，复议前置的行政行为均属于专业性极强的领域，但行政诉讼面对的是所有的行政管理和服务领域，相对于某一专业行政机关，其专业性难以达到相同或更高层级，亦难以驾驭相应领域里的专业难题。因此，设定复议前置，既可以发挥行政复议的优势，又可以为后续的行政诉讼提供专业借鉴。需要说明的是，随着行政审判经验的积累和能力的增强，复议前置的范围也将逐渐缩小，如工伤保险、进出口商品检验领域都已取消复议前置的规定。

《中华人民共和国税收征收管理法》第八十八条第一款规定："纳税人、扣缴义务人、纳税担保人同税务机关在纳税上发生争议时……然后可以依法申请行政复议；对行政复议决定不服的，可以依法向人民法院起诉。"《中华人民共和国行政诉讼法》第四十四条第二款规定："法律、法规规定应当先向行政机关申请复议，对复议决定不服再向人民法院提起诉讼的，依照法律、法规的规定。"根据上述规定，对于复议前置行为，判断已经完成复议前置程序可以进入诉讼程序的标准，是复议机关对当事人的复议请求进行了实体判断并作出实体处理。如果复议机关仅对复议申请是否符合受理条件进行程序判断和处理，而未对复议请求中的实体问题进行判断和处理，则不能认为复议前置程序已经完成，当事人不能直接起诉。

二、缴纳或者解缴税款及滞纳金或者提供相应的担保是纳税争议申请行政复议的前提条件

《中华人民共和国税收征收管理法》旨在加强税收征收管理，规范税收征收和缴纳行为，保障国家税收收入，保护纳税人的合法权益、促进经济和社会发展。为保障国家税收收入，对滞纳税款的纳税人或扣缴义务人，采用了限期缴纳的行政命令和滞纳金的执行罚手段同时并用，促使纳税人、扣缴义务人及时履行纳税义务。为保护纳税人的合法权益，对征缴双方发生纳税争议时，纳税人、扣缴义务人、纳税担保人必须先依照税务机关的纳税决定缴纳或者解缴税款及滞纳金或者提供相应的担保，然后可以依法申请行政复议。

《中华人民共和国税收征收管理法》第八十八条第一款规定："纳税人、扣缴义务人、纳税担保人同税务机关在纳税上发生争议时，必须先依照税务机关的纳税决定缴纳或者解缴税款及滞纳金或者提供相应的担保，然后可以依法申请行政复议……"《中华人民共和国税收征收管理法实施细则》第一百条规定："税收征管法第八十八条规定的纳税争议，是指纳税人、扣缴义务人、纳税担保人对税务机关确定纳税主体、征税对象、征税范围、减税、免税及退税、适用税率、计税依据、纳税环节、纳税期限、纳税地点以及税款征收方式等具体行政行为有异议而发生的争议。"按照上述法律规定，缴纳或者解缴税款及滞纳金或者提供担保是申请人不服纳税争议提起行政复议的前置条件。纳税人、扣缴义务人、纳税担保人在未缴纳或者解缴税款及滞纳金也未提供相应担保的情形下申请行政复议，未满足行政复议的前置条件。行政复议机关在行政复议申请材料、作出补正通知和不予受理决定，符合程序规范要求，不予受理决定并无不当。

编写人：长春铁路运输法院　李长清

70

当事人的诉求已通过其他途径予以救济，复议机关是否仍应责令原行政机关履行法定职责

——袁某诉某州人民政府不予受理行政复议申请决定案

【案件基本信息】

1. 裁判书字号

新疆维吾尔自治区高级人民法院（2024）新行终152号行政判决书

2. 案由：不予受理行政复议申请决定纠纷

3. 当事人

原告（上诉人）：袁某

被告（被上诉人）：某州人民政府（以下简称某州政府）

【基本案情】

原告袁某系某市某乡村民。2020年1月4日某市人民政府向袁某及其家庭成员核发新（2020）某市农村土地承包经营权第×××号土地承包经营权证，承包地确权总面积为17.19亩。2021年1月28日，某市自然资源局作出征收土地预公告“为了解决农村村民住宅问题，经市人民政府研究决定，拟对部分乡村和某农场部分农用地进行拆迁……五、被征收土地范围内的土地所有权人在本公告发布十五日内，持土地权属证书或其他证明材料到某市自然资源局办理补偿登记。如对上述补偿标准有异议，权利人可在本公告发布之日起五日内，向某市自然资源局提出听证申请。公告发布之日起抢建房屋、抢种作物的不予办理补偿登记。”2021年4月30日，某市人民政府下发征用土地公告“因需征用某市某些乡、某农场和某市直管区的土地……”2021年7月29日，某市政府

向某市自然资源局作出《关于同意某大道征收安置方案的批复》，批复中对补偿标准、安置方案、涉及以下情况的安置方式等作出明确意见。之后，某大道征收安置方案作出调整，某市自然资源局向某市人民政府递交请示。2021 年 8 月 18 日，某市召开第十届人民政府第 85 次常务会暨第 76 次党组会议纪要，会议纪要第十七项中“同意某市自然资源关于调整某大道征收安置方案的请示的议题。会议要求，要做好征收群众的思想工作，事实补偿方案要一视同仁，大棚的征迁工作尽量延至农作物丰收后，减少青苗补助资金。此项工作由某市自然资源局牵头，各乡配合开展。”

另查明，袁某的部分土地在征地范围内。2021 年 9 月 3 日，案涉土地的地上附着物被某市自然资源局强制拆除。袁某向某市人民法院提起行政诉讼，请求确认强制拆除其位于某市某乡某村一组蔬菜大棚的行为违法。2023 年 7 月 10 日，库尔勒人民法院作出（2023）新 2801 行初 28 号行政判决，确认某市自然资源局于 2021 年 9 月 3 日强制拆除袁某位于某市某乡某村一组蔬菜大棚的行为违法。2023 年 10 月 27 日，袁某向某市自然资源局提交行政赔偿申请书。2024 年 1 月 4 日某市自然资源局作出某自赔字（2024）1 号赔偿决定书，决定对袁某土地补偿 186660 元、地上附着物补偿 52881 元，代缴社会保障费 29280 元，合计 268821 元。2024 年 1 月 8 日，某市自然资源局将赔偿决定书送达给袁某，其拒绝签收。

再查明，2022 年 12 月 22 日袁某向某市人民政府提交履行补偿安置职责申请书，请求对其位于某乡某村的温室蔬菜大棚土地征用进行安置补偿。某市人民政府未在法定期限内予以答复。2024 年 3 月 13 日袁某向某州政府提交行政复议申请书，请求确认某市人民政府不履行补偿安置职责的行为违法，并责令其限期作出补偿安置决定。2024 年 3 月 21 日，某州政府作出不予受理决定书，以某市人民政府并非补偿安置职责行为的责任主体，某市自然资源局是某大道项目征收补偿安置的责任主体，且某市自然资源局已作出赔偿决定，赔偿决定书中已明确救济途径为由，不予受理其复议申请。袁某不服提起本案诉讼。

【案件焦点】

1. 某州人民政府作出的不予受理决定书认定事实是否清楚，适用法律是否正确，程序是否合法，是否应予撤销；2. 在袁某提出赔偿申请且赔偿义务机关已作出赔偿决定的情形下，袁某还能否再行提出要求补偿义务机关作出补偿决定的诉求。

【法院裁判要旨】

新疆维吾尔自治区库尔勒市人民法院经审理认为：《中华人民共和国行政复议法》第三十条第一款规定“行政复议机关收到行政复议申请后，应当在五日内进行审查。对符合下列规定的，行政复议机关应当予以受理：（一）有明确的申请人和符合本法规定的被申请人；（二）申请人与被申请行政复议的行政行为有利害关系；（三）有具体的行政复议请求和理由；（四）在法定申请期限内提出；（五）属于本法规定的行政复议范围；（六）属于本机关的管辖范围；（七）行政复议机关未受理过该申请人就同一行政行为提出的行政复议申请，并且人民法院未受理过该申请人就同一行政行为提起的行政诉讼。”根据上述法律规定，本案审查的重点为袁某的复议申请是否符合上述受理条件。本案中，袁某的土地系集体土地，某市人民政府为了某机场公路工程建设需要，对某市部分区域土地实施征收工作，该情形符合《中华人民共和国土地管理法》第四十五条第一款第二项由政府组织实施的能源、交通、水利、通信、邮政等基础设施建设需要用地的情形，属于政府组织实施征收的情形。另结合某市人民政府下发的征用土地公告，该公告中对于征地范围、补偿标准、安置方式等内容进行公告，某市人民政府亦加盖印章，该情形符合《中华人民共和国土地管理法》第四十七条第一款“国家征收土地的，依照法定程序批准后，由县级以上地方人民政府予以公告并组织实施。”及第二款“县级以上地方人民政府拟申请征收土地的，应当开展拟征收土地现状调查和社会稳定风险评估，并将征收范围、土地现状、征收目的、补偿标准、安置方式和社会保障等在拟征收土地所在的乡（镇）和村、村民小组范围内公告至少三十日，听取被征地的农村集体经济组织及其成员、村民委员会和其他利害关系人的意见。”规定的情形。

依据上述法律规定，市、县人民政府是集体土地征收和补偿安置的法定行政主体，即市、县人民政府有权代表国家组织实施征收，也同时负有补偿安置的法定职责。结合至本案，某市人民政府应系案涉土地的法定征收主体。《中华人民共和国土地管理法实施条例》第三十一条规定："征收土地申请经依法批准后，县级以上地方人民政府应当自收到批准文件之日起十五个工作日内在拟征收土地所在的乡（镇）和村、村民小组范围内发布征收土地公告，公布征收范围、征收时间等具体工作安排，对个别未达成征地补偿安置协议的应当作出征地补偿安置决定，并依法组织实施。"结合到本案，在被征收人与征收主体未达成征地补偿安置协议的情况下，应由法定征收主体即某市人民政府作出征地补偿安置决定。某市人民政府主张其在2021年4月30日下发的征用土地公告第五项中已列明土地所有权人到某市自然资源局办理补偿登记手续或对补偿标准提出听证申请，经审查，该条款中的某市自然资源局应为某市政府确定的征收与补偿工作的组织实施部门，负责在征收过程中履行办理安置补偿登记事项及听证事项的组织实施工作，并非应当作出征地补偿安置决定的法定主体。

本案中，袁某已于2023年12月22日向某市政府提交履行补偿安置职责申请书，该申请具备履职申请的五个条件，即：（1）当事人向行政机关提出过申请，并且行政机关明确予以拒绝或者逾期不予答复；（2）当事人所申请的事项具有实体法上的请求权基础；（3）当事人是向一个有管辖权的行政机关提出；（4）当事人申请行政机关作出的行为应当是一个具体的、特定的行政行为；（5）行政机关对于当事人所提出的申请拒绝的，可能侵害的必须是当事人自己的权利。某市人民政府未在法定期限内予以答复，袁某向某州政府提出复议申请符合《中华人民共和国行政复议法》的规定，某州政府作为复议机关理应予以受理。经审查，袁某向某州政府提出要求某市人民政府履行补偿安置职责的复议申请，旨在解决其土地被征收后的安置补偿事项，而袁某在提出本案复议申请前，其已就案涉温室蔬菜大棚被违法强制拆除的行为向某市自然资源局提出行政赔偿申请，且其赔偿请求包含土地及设施损失、土地补偿费、安置补助费、征地农民社会保障费、停产停业损失费、精神损失费、委托代理费等《中华人民共和国土地管理法》中规定的各项补偿安置费用，某市自然资源局作为实施征收补偿以及强制拆除的部门，已按照袁某的申请作出行政赔偿决定并予以送达，并告知其行政复议及行政诉讼的救济途径。因此，对于袁某因土地被征收而引起的补偿安置事项，其已通过向实施部门即某市自然资源局提出赔偿申请的方式行使了权益保障的权利，而该赔偿决定对其救济途径也予以了告知，故其主张的权益保障、救济渠道等均可以得到保障。现袁某仍要求某市人民政府履行安置补偿职责，已不具备对其土地被征收而引起的补偿安置事项的必要性和实效性，且即便某州政府受理其复议申请，再决定某市人民政府履行职责已无实际意义。因此，某州政府未予受理袁某的复议申请并不影响其合法权益的保障，故对于袁某请求撤销某州政府作出的不予受理决定书的诉讼请求，本院不予支持。遂依照《中华人民共和国行政诉讼法》第六十九条的规定，判决如下：

驳回原告袁某的诉讼请求。

袁某不服一审判决，提出上诉。

新疆维吾尔自治区巴音郭楞蒙古自治州中级人民法院经审理认为：集体土地征收的法定补偿义务主体为县、市人民政府，案涉复议决定关于本案补偿义务主体为某市自然资源局的认定于法无据，原审判决已作出充分论述并就不当之处予以纠正，二审法院予以确认。

关于袁某提出赔偿申请且赔偿义务机关已作出赔偿决定的情形下，还能否再行提出要求补偿义务机关作出补偿决定的诉求。对于在征收工作中出现的违法强拆案件，被征收人同时享有对强拆行为和补偿行为提出赔偿和补偿诉请的选择权，但在被征收人选择赔偿程序救济，且赔偿义务机关所作赔偿决定已包含法定补偿项目的情形下，被征收人则不能再要求履行补偿职责，以避免重复救济。具体到本案，上诉人已向某市自然资源局提出赔偿申请，某市自然资源局作出的赔偿决定包含土地补偿费、安置补助费、附着物损失和社会保障费用，即已涵盖集体土地征收的法定补偿项目，上诉人如对该赔偿决定不服，应就赔偿决定提出复议或诉讼，而非通过本案诉讼要求某州政府履行复议职责，原审判决认为案涉不予受理决定不影响上诉人合法权益的保障并无不当，本院予以确认。上诉人提出的相关案例与本案案情不同，不具备参照前提，本院不予采信。与此同时，某州政府作为某市政府的上级机关，应及时关注赔偿决定的给付或提存情况，做好行政争议实质化解的指导工作。

原审判决认定事实清楚、法律适用准确、程序合法，上诉人的理由不能成立。遂依照《中华人民共和国行政诉讼法》第八十九条第一款第一项之规定，判决如下：

驳回上诉，维持原判。

【法官后语】

本案经人民法院审查，复议机关对原行政机关的法定职责认定不当，据此作出不予受理复议申请的决定不符合行政复议法的受理规定，另本案中行政相对人为违法强拆案件被征收人身份，对于与其相关的强拆行为和补偿行为提出补偿诉请具有选择权，其在提起案涉行政复议申请时，对于被拆除行为已先行选择向实施拆迁部门提起赔偿程序救济，实施拆迁部门即赔偿义务机关业已基于其提出的赔偿请求作出赔偿决定，该决定包含了法定补偿项目，在此情形下，行政相对人再向人民政府提起要求履行补偿安置事项已不具备必要性和实效性。故，人民法院虽认为复议机关不予受理不当，为避免行政相对人重复救济，减少行政程序空转，作出驳回行政相对人诉讼请求的结果。故，人民法院在审理涉行政复议案件，要遵循行政复议法的立法原则，即要严格审查复议机关是否按行政复议的受理范围受理复议申请，又要严格审查复议机关是否履行了监督行政机关依法行使职权的职责，还要充分发挥行政复议化解行政争议主渠道作用，实质解决行政争议的目的；同时要保障行政相对人的诉讼权利能得到切实可行快捷的权利救济。笔者现针对2024年1月1日施行的《中华人民共和国行政复议法》行政复议修订后的制度优势、司法实践中对不履行法定职责的审查、行政复议机关不予受理的救济途径，以及当事人的诉求已通过其他途径予以救济，复议机关是否仍应责令原行政机关履行法定职责以下四个方面进行分析：

一、行政复议受案范围的扩宽，更能充分发挥行政复议公正高效、便民为民护民的制度优势

2024年1月1日施行的《中华人民共和国行政复议法》第十一条对行政复议受案范围进行了扩大，将行政强制执行、行政补偿、行政赔偿、工伤认定、行政机关滥用行政权力排除或者限制竞争、行政协议、政府信息公开行为等行政行为新纳入行政复议受案范围，并进行了肯定式列举，从制度上实现了“应收尽收”。第二十三条第一款扩宽了行政复议前置的范围，列举了四类具体行政行为和一个兜底条款，即：(1) 对当场作出的行政处罚决定不服；(2) 对行政机关作出的侵犯其已经依法取得的自然资源的所有权或者使用权的决定不服；(3) 认为行政机关存在本法第十一条规定的未履行法定职责情形；(4) 申请政府信息公开，行政机关不予公开；(5) 法律、行政法规规定应当先向行政复议机关申请行政复议的其他情形。《中华人民共和国行政复议法》受案范围的修订，保证了行政争议进入行政复议的入口更宽、程序更简、效率更高，让多数行政争议能够进入行政复议渠道得到解决；同时将《中华人民共和国宪法》中保护人身权利、财产权利及受教育权利等公民合法的基本权利的不履行法定职责行为引入行政复议前置范围，是实现行政复议便民为民护民的务实之举，更有利于多数行政争议在行政复议程序中得到实质性解决，实现程序终结和实体终结的统一。同时在行政复议中不断提升行政复议公信力，提高社会公众选择行政复议解决行政争议的主动性，继而随着法治政府建设的持续推进，使社会治理体系和治理能力现代化水平不断提升。

二、行政机关构成不履行法定职责的法定要件

(一) 行政机关的具体法定职责：一是指法律、法规、规章及其他规范性文件规定的职责；二是指行政主体先前实施的行政行为，使相对人某种合法权益受到损害，行政机关应负有采取积极措施防止或消除损害的职责的先前行为；三是指行政机关已经许诺当事人其将履行某一职责，依据“允诺禁反言”的原则，这种承诺应视为行政机关的一种法定职责，即行政承诺；四是指行政机关或行政机关委托的单位为了实现行政管理或者公共服务目标，与公民、法人或

者其他组织协商订立的具有行政法上权利义务内容的协议，即行政协议（行政合同）。

（二）行政机关“不履行法定职责”是指负有法定职责的行政机关在依法应当履职的情况下不履职，从而使得行政相对人权益得不到保护或者处于无法实现的状态。司法实践中“不履行法定职责”主要包含以下两种情形：一是从狭义角度分析，主要是指申请行政机关履行法定职责，但行政机关明确拒绝履行或逾期不予答复的案件。主要包括《中华人民共和国行政复议法》规定的以下几种情形：(1) 第十一条第三项规定的，申请行政许可，行政机关明确拒绝审查申请材料或逾期不予答复的。(2) 第十一条第六项规定的，申请行政机关行政赔偿，行政机关明确拒绝审查申请材料或逾期不予答复的。(3) 第十一条第七项规定的，申请行政机关认定工伤，行政机关明确拒绝审查申请材料或逾期不予答复的。(4) 第十一条第十一项规定的，申请行政机关履行保护人身权利、财产权利、受教育权利等合法权益的法定职责，行政机关在法定期限内拒绝履行或逾期不予答复的。(5) 第十一条第十二项规定的，申请行政机关依法发放抚恤金、社会保险金或者最低生活保障费，行政机关在法定期限内拒绝给付或逾期不予答复的。(6) 第十一条第十三项规定的，认为行政机关不依法订立、不依法履行、未按照约定履行政府特许经营协议、土地房屋征收补偿协议等行政协议。二是从广义角度分析，还应包括申请行政机关履行其他法定职责的情形。司法实践中凡是未按照申请人请求履行法定职责的，或消极不履行行为，均属于未履行法定职责。既包括法律、法规、规章规定的行政机关职责，也包括上级和本级机关规范性文件以及“三定方案”中确定的职责，还包括行政机关本不具有但基于行政机关的先行行为、行政允诺、行政协议而形成的职责。上述列举的“法定职责”情形，若明确了公民、法人的权利或对公民、法人的权利义务造成影响，在司法实践中也应得到行政复议或行政诉讼的保障范围。

（三）人民法院审查行政机关构成“不履行法定职责”的法定要件。

1. 申请人的主体资格。依据《中华人民共和国行政诉讼法》第二十五条、第四十九条规定，审查申请人是否为与提起履职事项具有利害关系的人。具体审查申请人所要保护的法定权益是否产生实质影响；是否具有法律、法规对申请人所应保护合法权益的法定性；是否具有申请人主张保护权益的专属性；是否因行政主体怠于履职受到侵害的可能性。

2. 不履行法定职责的法定情形。一是行政相对人向行政机关提出了履行某项法定职责的具体请求；二是行政机关负有法律、法规、规章明确规定的行政管理法定职责；三是行政机关能够履行行政相对人提出请求的相应行政职责；四是行政机关存在以明示（明确拒绝履行）或默示（怠于履行或逾期不予答复）的方式不履行法定职责的表现。

三、行政复议机关不予受理决定的救济途径

在复议机关不予受理复议申请的情况下，当事人有两种途径可以选择：一是对原行政行为直接提起诉讼，因当事人实质是对原行政行为不服，故此种救济方式对当事人的合法权益的救济更为直接。另一种是对复议不予受理决定提起诉讼。具体存在两种情形：第一种情形是复议前置情形，复议前置情形是法律法规对必须先行经过行政复议实体审查的强制性规定，并授权复议机关必须对该行政行为的合法性、合理性予以审查。如行政复议机关不予受理复议申请或者在法定期限内不作出复议决定的行为，则该行政程序未进入复议程序，也未经复议机关的审查，该种情形下只能对复议不予受理决定提起诉讼。第二种情形是在非复议前置程序下，当事人可以选择提起对行政复议不予受理决定诉讼，亦可以选择提起对原行政行为的诉讼，因以上两个法律程序均是对同一争议进行审查，故两种诉讼方式不能同时进行，只能选择其一。否则会导致人民法院和复议机关对行政行为的重复处理，违反一事不再理原则。

四、当事人的诉求已通过其他途径予以救济，复议机关是否仍应责令原行政机关履行法定职责

“无诉则无判”，诉乃发动审判权的前提。《中华人民共和国行政诉讼法》第二十五条第一款“行政行为的相对人以及其他与行政行为有利害关系的公民、法人或者其他组织，有权提起诉讼”的规定，当事人提起行政诉讼应当具有诉的利益，否则起诉就不具备合法的诉讼要件。所谓诉的利益，就是当事人

向法院提出的诉讼请求，具有必须通过法院审理并作出判决予以解决的必要性和实效性。其中必要性是指有无必要通过诉讼手段解决当事人之间的纠纷。只有在具有利用诉讼制度的必要时，才能启动诉讼。反言之，如行政相对人所主张的权益已得到保护，诉讼的目的已实现，则其再另行起诉，已无诉的利益和权利保护的必要性。实效性是指通过法院判决能否使纠纷获得实质性解决，即通过法院判决能否达到最终解决争议的实际效果。若当事人就已经提起诉讼的事项在诉讼过程中或者其他途径已进行救济，并所诉请求已在其他途径中得到保障，应视为重复主张情形。本案中，行政相对人同时享有提起复议和主张赔偿的选择权，在其已选择向实施机关主张赔偿救济的前提下，再基于该行为提起履职之诉，已无诉的必要性和实效性，因此法院对本案行政相对人的诉求予以驳回，以避免复议机关和实施机关重复进行处理。

总之，行政复议是行政系统内部化解行政争议和自我纠错的监督机制，是公民、法人和其他组织向行政机关申请行政救济、解决行政争议、维护自身合法权益的法治保障。公民、法人或其他组织以申请复议的形式要求上级行政机关督促下级行政机关履行法定职责。行政复议机关行政机关不依法履行保护职责属于行政不作为，无论是拒绝履行还是未依法履行或者不予答复，都可以通过申请行政复议予以纠正。对于行政复议前置案件，复议机关对复议申请不予答复，或作出程序性驳回复议申请的决定，不能视为已经经过复议、未经复议，当事人只能对复议机关的不予答复、不予受理行为依法提起行政诉讼，而无权直接对原行政行为提起行政诉讼。

编写人：新疆维吾尔自治区巴音郭楞蒙古自治州中级人民法院

孟梅君　杨娜

71

坚持以人民为中心　实质化解赔偿困境

——某地区赔偿申请人撤回赔偿申请案

【案件基本信息】

1. 裁判书字号

新疆维吾尔自治区巴音郭楞蒙古自治州中级人民法院（2024）新 28 委赔字第 2 号国家赔偿决定书

2. 案由：国家赔偿

3. 当事人

赔偿请求人：杨某

赔偿义务机关：某县人民法院

【基本案情】

杨某向县法院申请执行沙某民间借贷一案中，某县人民法院执行部门依据杨某、沙某与案外人张某之间的执行和解协议，将沙某交付的部分案件款发放给案外人张某，杨某对此提出执行异议，上级法院裁定撤销某县人民法院作出的执行裁定书，追回发放给案外人张某的执行款，并发放给杨某。杨某于 2023 年 4 月 27 日以某县人民法院执行部门违法交付执行案款、不履行职责为由，向某县人民法院申请国家赔偿。某县人民法院受理其赔偿申请后，认为执行回转行为不属于国家赔偿的范围，遂对杨某的申请未予支持。杨某不服，遂向中级人民法院赔偿委员会提出赔偿申请。

【审理过程】

本案在审理过程中，承办法官践行“如我在诉，如我求偿的”理念，设身处地从赔偿申请人杨某的角度考虑，多次与赔偿请求人杨某沟通，寻求到赔偿请求人杨某诉求的根源和需求，积极与赔偿义务机关执行部门了解杨某诉求的解决途径和办法，并取得某县法院主要领导的支持，对赔偿请求人杨某的根本诉求制订了切实可行的解决方案，并一次又一次与赔偿请求人杨某对方案细节进行沟通和确认，最终对赔偿请求人杨某的需求与赔偿义务机关达成了一致方案继而进行了方案的落实，赔偿请求人杨某因其诉求从根本上被解决，故于 2024 年 6 月 4 日提交书面申请，提出撤回国家赔偿申请。中级人民法院赔偿委员会认为，在赔偿委员会作出决定前，赔偿请求人可以撤回赔偿申请。经审查，赔偿请求人杨某撤回国家赔偿申请系其真实意思表示，且不违反法律、法规的禁止性规定，故准许赔偿请求人杨某撤回国家赔偿申请。

【法院化解经验】

每一个国家赔偿案件的背后都是矛盾的集中点、当事人诉求的汇聚点，甚至是社会关注的热点焦点，因此，法官要扛起化解矛盾、定纷止争的责任，防止案生案、案生访，发挥熨平法律与真实之间褶皱的功能，从倾听入手传递真诚，在细节着眼找准症结，为当事人解心结、解问题。本案中，承办法官通过一次次不厌其烦的沟通协调，让当事人的态度由最初对赔偿义务机关的不满、抗拒、抵触，到最后解开心结，主动撤回赔偿申请，愿意以更加积极健康的心态参与社会治理，巴州中级人民法院一直积极作为，既解“法结”又解“心结”，充分反映了人民法院“从政治上看、从法治上办”的生动实践，体现了人民法官的责任担当，用真情延伸服务。

【法官后语】

“如我在诉”“如我求偿”反映的是人民情怀，是人民法院践行以人民为中心的生动注脚。国家赔偿法实施以来，在党中央坚强领导下，人民法院不断完善国家赔偿审判相关制度和工作机制，以“如我在诉”“如我求偿”的意识审理国家赔偿案件，在落实宪法规定、保障宪法实施、推动民主法治建设和人权法治保障，保障公民合法权益、促进国家机关及其工作人员依法行使职权、促进社会公平正义等方面发挥了重要作用。

本案是以赔偿请求人自愿撤回赔偿申请的方式结案，人民法院用“如我求偿”的意识实质化解纠纷，在双方当事人自愿、平等协商的基础上，充分尊重当事人的意思自治和自由处分，在平和的氛围中双方当事人通过协商解决赔偿纠纷，有利于调谐人民群众与行政机关、人民群众与司法机关的社会关系，有利于公正正义得到司法的最后守护。由于行政机关及司法机关的侵权行为，国家赔偿程序启动前，人民群众与行政机关、司法机关之间正常的社会关系已经处于不和谐状态，而诉讼程序及听证程序中的激烈对抗必然会进一步破坏本已不和谐的关系。本案解决纠纷的理念，符合“以和为贵”的中华传统文化价值取向，使当事人能够在平等、协商的过程中消减“对抗”的意识和强度，通过互谅互让，使当事人撤回赔偿申请，从而修复已被破坏的关系，维护了社会的安定、团结，最大限度地发挥了国家赔偿审判工作化解矛盾、定纷止争的作用，有利于国家赔偿纠纷的及时解决，有利于赔偿请求人取得国家赔偿权利的实现，符合国家赔偿法的立法宗旨。这是妥善解决国家赔偿纠纷的一种积极探索，同时也是近年来巴州中级人民法院国家赔偿审判工作在保障人权、实质解纷方面的新进展、新成效。

编写人：新疆维吾尔自治区巴音郭楞蒙古自治州中级人民法院
孟梅君　古丽娜尔·艾山

图书在版编目（CIP）数据

中国法院2025年度案例. 行政纠纷 / 国家法官学院，最高人民法院司法案例研究院编. -- 北京 ： 中国法治出版社，2025. 4. -- ISBN 978-7-5216-5070-9

Ⅰ. D920. 5

中国国家版本馆CIP数据核字第2025GJ3075号

策划编辑：李小草　韩璐玮　白天园

责任编辑：李若瑶　　封面设计：李宁

中国法院2025年度案例 . 行政纠纷

ZHONGGUO FAYUAN 2025 NIANDU ANLI. XINGZHENG JIUFEN

编者/国家法官学院，最高人民法院司法案例研究院

经销/新华书店

印刷/三河市紫恒印装有限公司

开本/730毫米×1030毫米　16开　　印张/21　字数/257千

版次/2025年4月第1版　　2025年4月第1次印刷

中国法治出版社出版

书号ISBN 978-7-5216-5070-9　　定价：79.00元

北京市西城区西便门西里甲16号西便门办公区

邮政编码：100053　　传真：010-63141600

网址：http：//www.zgfzs.com　　**编辑部电话：010-63141833**

市场营销部电话：010-63141612　　**印务部电话：010-63141606**

（如有印装质量问题，请与本社印务部联系。）